应急管理理论与实务丛书编委会

本书获广东省“211工程”三期重点学科建设项目“应急管理理论与实务”基金资助

应急管理理论与实务丛书

应急管理
预防、演练与自救

沈远平　江晓黎　杨思思　编著

暨南大学出版社
JINAN UNIVERSITY PRESS
中国·广州

图书在版编目（CIP）数据

应急管理预防、演练与自救/沈远平，江晓黎，杨思思编著．—广州：暨南大学出版社，2011.8（2016.7 重印）
（应急管理理论与实务丛书）
ISBN 978－7－81135－938－1

Ⅰ．①应…　Ⅱ．①沈…②江…③杨…　Ⅲ．①突发事件—公共管理　Ⅳ．①D035

中国版本图书馆 CIP 数据核字(2011)第 159381 号

应急管理预防、演练与自救

YINGJI GUANLI YUFANG YANLIAN YU ZIJIU

编著者： 沈远平　江晓黎　杨思思

出 版 人：徐义雄
责任编辑：暨　南　胡艳晴
责任校对：郑小燕　罗明艳
责任印制：汤慧君　王雅琪

出版发行：暨南大学出版社（510630）
电　　话：总编室（8620）85221601
营销部（8620）85225284　85228291　85228292（邮购）
传　　真：（8620）85221583（办公室）　85223774（营销部）
邮　　编：510630
网　　址：http：//www.jnupress.com　http：//press.jnu.edu.cn
排　　版：广州市天河星辰文化发展部照排中心
印　　刷：佛山市浩文彩色印刷有限公司
开　　本：787mm×960mm　1/16
印　　张：13.625
字　　数：266 千
版　　次：2011 年 8 月第 1 版
印　　次：2016 年 7 月第 2 次
印　　数：2001—3000 册
定　　价：30.00 元

总 序

我国正处在社会转型与体制转轨、机遇与风险并存的社会高风险期，加上各种自然灾害与人为事故纠结在一起，在社会急速变化的过程中，各类公共危机问题被迅速地集中和放大，蕴涵着不可忽视的各类风险。金融、环境、信息、流行疾病、民族分裂主义、自然灾害等非传统安全因素已成为威胁国家安全的组成部分，这些非传统安全危机深刻地考验着中国政府的执政能力。面对非传统安全危机，加强执政能力建设，趋利避害，化解风险，已成为中国政府长期面临的重要课题。从2006年1月国务院颁布《国家突发公共事件总体应急预案》起，就意味着战略性地应对公共危机已被擢升至国家高度。

"突发公共事件"是指突然发生，造成或者可能造成重大人员伤亡、财产损失、生态环境破坏和严重社会危害，危及公共安全的紧急事件。随着各国社会经济的快速发展，各类突发公共事件的危害日益突显。突发公共事件主要分为自然灾害、事故灾难、公共卫生事件、社会安全事件四类；按照其性质、严重程度、可控性和影响范围等因素分成四级，特别重大的是Ⅰ级，重大的是Ⅱ级，较大的是Ⅲ级，一般的是Ⅳ级。一国政府应对突发公共事件的能力已经成为评价其执政、施政能力的重要绩效标准。

北京大学丁元竹教授曾把中国社会的风险归结为十个方面：就业、"三农"、金融、贫富差距、生态与资源、台湾、全球化、国内治理危机、信心和诚信、艾滋病和公共卫生。

这是当代后发展国家现代化、城市化荆棘之路的共性，也是正在进行追赶型、跨越式发展的中国社会不得不面对与思考的问题。能源安全、环境安全、生态安全、金融安全、网络安全、信息安全、卫生安全、文化安全等涉及社会生活的多个领域，具有隐蔽性、危险性、突发性和非确定性的特点。进入21世纪以来，各种自然灾害、事故灾难、公共卫生事件、社会安全事件等频频发生，往往使国家遭受严重损失。研究社会转型期各类重大的突发公共事件和社会经济风险与自然条件状态下的各种自然灾害及次生灾害所带来的应急管理问题，提高突发公共事件应急管理能力成为政府不可回避且具有刻不容缓意义的现实课题。

中央综治办主任陈冀平曾指出，从目前的社会形势看，新的社会矛盾将不断产生，原有的一些社会矛盾可能随之凸显，并呈现出经济领域的新矛盾与其他领域的矛盾相互影响、相互作用的局面，主要表现为涉及农村土地征用、城镇房屋拆迁、国有企业改革、部分军队退役人员等方面的信访问题仍然十分突出，非法集资、股市房市受损、高校毕业生就业、医疗、养老、环境污染、城市公共服务与管理等诱发群体性事件的因素也正在增多。由经济纠纷引发的暴力讨债、绑架、哄抢等“民转刑”案件可能更加突出，流动人口犯罪、多发性侵权犯罪和非法集资等涉众型经济犯罪可能更加突出，城市社会治安问题向农村蔓延扩散的趋势可能更加突出，尤其是个人极端事件有可能进一步增多，治安问题的敏感性将会进一步增强，一起普通的刑事案件或治安案件有可能转变为社会热点问题，甚至诱发其他矛盾和问题。

近50年来，世界经济发展步伐加快，在石化能源体系支撑下的高碳工业，形成了火电、石化、钢铁、建材、有色金属等工业，并由此衍生出汽车、船舶、航空、机械、电子、化工、建筑等行业。气候变化主要是由人为活动排放的二氧化碳、甲烷、氧化亚氮等温室气体造成的。全球变暖的后果是冰川融化、海平面上升、生态系统退化和自然灾害频发。从企业应急管理和长远视角来看，企业外部市场变幻莫测，内部管理与控制日趋复杂。外部风险包括市场风险、竞争风险；内部风险则包括品牌风险、战略风险、文化风险、团队风险、领导人风险、财税风险、舆论风险、法律风险和技术风险等。

马凯在《求是》杂志中撰文指出：我国正处于工业化、城镇化快速发展时期，各种传统的和非传统的、自然的和社会的风险、矛盾交织并存，公共安全和应急管理工作面临的形势更加严峻。归纳起来，应急管理面临的态势包括三个方面：一是自然灾害处于频发期。我国是世界上自然灾害最为严重的国家之一，灾害往往具有种类多、分布地域广、发生频率高、造成损失重等特点。特别是近年来，极端气候事件频发，中、强地震呈活跃态势，自然灾害及其衍生、次生灾害的突发性和危害性进一步加重、加大。二是安全生产形势严峻。我国经济发展较快，能源、资源、运输供给长期偏紧，再加上安全生产基础薄弱，一些地方和企业责任不落实、监管不到位，生产安全事故发生率居高不下，重、特大事故时有发生。三是公共卫生事件防控难度增大。公共卫生事件的诱因和影响都呈较强的国际性特点，全球新发的三十多种传染病已有半数在我国出现，重、特大疫情和群体性不明原因疾病时有发生。随着人口流动量的加大和流动速度的加快，疾病的防控难度加大，造成的损失更加严重。而在食品、药品生产经营中市场秩序混乱、源头污染严重、监管力量薄弱等问题尚未得到根本解决。四是社会安全面临新的挑战。

我国改革发展进入关键阶段，各种利益关系错综复杂，国家安全面临的形势更加复杂严峻，维护社会稳定的任务更加艰巨。对当前国际金融危机造成的重大影响和可能引发的各类突发公共事件，我们要有充分的准备。2008 年 3 月 14 日，少数不法分子在西藏拉萨制造了打砸抢烧暴力事件，烧死或杀死藏汉群众 18 人，给当地人民群众生命和财产安全造成重大损失。之后，2009 年乌鲁木齐“7・5”打砸抢烧严重暴力犯罪事件又造成 197 人死亡，其中绝大多数是无辜群众。这场打砸抢烧暴力事件的发生，是由以热比娅为首的境外敌对势力和境内极少数人极力炒作广东韶关旭日玩具厂群殴事件，把一个一般的治安案件说成民族事件，从而极力煽动民族仇恨所致的。虎年春节期间，山西省的晋中、太原、吕梁、长治、晋城、阳泉等地区，到处都是地震将发的议论，一场大规模的群众恐慌在山西蔓延。2010 年 2 月 20 日晚至 21 日凌晨，许多山西人离家，躲避在广场、公园等地，夜不归宿，甚至开车逃往外乡。造谣人利用网络传播大地震谣言，而政府机构最初也处于一片迷乱中，直到 21 日早晨，山西省政府及各地区地震部门通过媒体及移动通信转达了政府公告，称群众这次避震行动是为谣言所惑，要广大群众安心。诸如此类的民生事件，实则是 2007 年哈尔滨水污染事件中短信传播哈尔滨要大地震的翻版，对于非常事件与突发事件，应该由民调机构和覆盖面广的大众媒体联合发布官方信息，以正视听。

应急管理是指政府及其他公共机构在突发公共事件的事前预防、事发应对、事中处置和善后管理过程中，通过建立必要的应急机制，采取一系列必要措施，以保障公众生命和财产安全，促进社会和谐、健康发展的有关活动。佐治亚州州立大学著名应急管理学家威廉・L. 沃认为：“应急管理就是对风险进行管理，以使社会能够与环境或技术危险要素共存，并应对环境、技术危险要素所导致的灾害。”应急管理是对突发公共事件的全过程管理，根据突发公共事件的预警、发生、缓解和善后四个发展阶段，应急管理可分为预测预警、识别控制、紧急处置和善后管理四个环节。应急管理又是一个动态管理，包括预防、准备、响应和恢复四个阶段，均体现在管理突发公共事件的各个阶段。

应急管理是一个完整的系统工程，可以概括为“一案三制”，即突发公共事件应急预案，应急机制、体制和法制。以政府应急管理为主线，围绕政府应急管理决策层次、技术管理层次、社会动员与响应机制等层次展开研究，达到在紧急状态下各行为主体凝聚人心、从容应对、缓解危机、减少缺失的效果。政府危机管理即政府在公共危机事件发生之前、发展过程之中和后危机时期，为减少和消除危机造成的危害和损失，根据危机管理计划和程序而对危机直接采取的对策及管理措施。政府应急管理是在政府常态型危机管理基础上的紧急状态的管理，各种信息资源、物质资源、人力资源如何高效配置与有效运筹，如何防止灾害的蔓延与次生灾害的扩大等，均是政府应急管理在紧急状态下需要解决的关键问题。我国正处于经济体制和经济增长方式双重转轨的特殊时期，存在着诱发公共危机的潜在的制度及非制度因素。高度重视公共危机管理、建立公共危机的预警机制和政府干预公共危机体系尤为必要。应急管理的基础是常规性政府危机管理，只有基础性工作常抓不懈，才能在紧急状态下临危不乱。

发达国家十分重视突发公共事件应急管理的研究，其研究范围覆盖了灾害或危机产生、发展、消亡的整个过程。日本是较早开展城市应急管理研究的国家，研究的领域和能力不断拓展，研究的水平处于世界前列。美国也在“9·11”事件发生后，组建了部级的美国国土安全部（DHS），标志着美国国家级突发公共事件应急管理体系从“综合应急管理”提升到“国家安全应急管理”的高度。相关国际组织也非常重视突发公共事件应急管理。联合国第二届世界减灾大会发表的《兵库宣言》要求各国将防灾减灾、保障国民生命和财产安全“作为国家的第一责任”，并将“确保减灾成为各国政府部门的工作重心之一”列为《兵库行动框架》（2005—2015 年）提出的五个行动重点之一。世界各国的政府部门、学术团体和专门机构已经开始从事各种针对突发事件的预防、监测、预报、识别、测定、控制、应急预案制定、事发时的快速反应及救灾、灾后的快速评估与重建的研究。

美国的乔治·华盛顿大学、马里兰大学、北达科塔州立大学和加拿大的尼加拉瓜学院等国外大学，在一些领域均有较为系统的研究，包括危机与应急管理，流行病及预防医学，危机和应急管理中的信息技术、自然、技术危害以及恐怖袭击之风险管理，大规模恐怖行动的预防和反应，危机管理、灾后重建以及组织持续，减灾管理，健康与医疗应急管理。上述研究系统地对政府层面与技术层面的公共危机与应急管理技术提供了强有力的理论指导。

公共危机与突发事件已成为构建和谐社会和可持续发展的重要隐患，越来越引起社会各界对如何有效应对突发事件、妥善预防和处理危机的高度重视。2006 年 1 月国务院颁布《国家突发公共事件总体应急预案》象征着从战略上应对公共危机已被提升至国家高度。中央进一步明确提出，要建立健全社会预警体系，提高保障公共安全和处置突发事件的能力。2007 年 8 月，全国人大常委会通过了《中华人民共和国突发事件应对法》。汪永清、莫于川、韩大元等学者对该法进行了解释。一些学者则比较研究了国外紧急状态下的法律制度，如徐高、莫纪宏等。目前，我国的研究基本上处于介绍国外经验，对我国应急管理存在的问题及对策等事实进行描述和提出对策措施的以研究为主的阶段，而上升到法理以及制度比较的研究尚欠深入，难以为应急管理的依法行政提供充分的理论支持。另外，对危机处理研究较多，对事后重建和救济研究较少，不利于依法规范政府行政行为，实现缓解公众利益和私人利益的矛盾、维护社会稳定的目的。

关于灾害及突发公共事件应急工程的研究国内外已经积累了大量的研究成果。从第一个应急管理国际组织——国际应急管理工程协会诞生之日起，各类研究成果层出不穷。这些成果几乎囊括了火灾、地震灾害、矿井塌陷、核泄漏事故灾难等具体灾害/危机的各领域。我国从 20 世纪 80 年代末开始创建许多研究学报和学术期刊，如《自然灾害学报》、《环境污染与防治》、《环境卫生工程》、《中国环境管理》、《中国减灾》等，针对我国自然灾害以及事故灾难的防灾减灾研究已经较为深入，目前国内较为集中的研究主要体现在城市灾害应急与管理，区域应急管理实务预案、演练及绩效，突发事件应急管理，现代城市公共安全应急管理，领导干部预防和处置突发公共事件实用指南与案例分析，公共危机与管理，国家与政府的危机管理，灾难性事故与事件应急处置，城市安全学，政府应急管理实务，中央和大城市政府应急机制建设，灾害应急处置与综合减灾，地震应急等研究领域。

政府应急管理和企业应急管理均需要建立应急管理综合平台和预案建设，运筹帷幄，才能在非常态情景下保持临危不乱，但是无论国内还是国外，对于突发公共事件的研究普遍侧重于技术和具体方法应用的应急工程研究，并形成了一类特殊管理理论与方法——应急管理，而蕴涵其中的基础科学问题研究还没有得到广泛关注。这样，构成了面向突发公共事件的应急管理和应急工程两个紧密结合、相辅相成的研究层面。其中，应急管理中的科学问题研究是应急工程问题研究的基础，而后者又是在前者指导下的实践。

从 2008 年暨南大学获教育部批准在全国率先招收应急管理本科生并成立全国首家应急管理学院，到 2009 年广东省“211 工程”三期重点学科建设项目“应急管理理论与实务”正式立项，再到暨南大学应急管理研究中心成立并成为广东省高校重点人文社科研究基地，得到了广东省政府、省政府应急办的大力支持和社会各界的广泛关注，我们深感责任的重大与使命的神圣。应急管理属于新型交叉管理学科，“211 工程”三期重点学科建设项目共设置了二十余个选题，从政治、经济、管理、公共卫生、新闻处置、社区与区域合作、应急管理史、应急管理平台等领域进行研究，试图对完善中国应急管理理论作出富有成效的尝试，也期盼对中国应急管理工作有所指导与借鉴。丛书的出版难免存在这样或那样的疏漏，期待读者给予批评指正。

暨南大学应急管理研究中心　暨南大学应急管理学院
广东省“211 工程”三期重点学科建设项目
应急管理理论与实务丛书编辑委员会
2011 年 4 月

前　言

自2003年我国抗击SARS取得成功之后，应急管理作为一个新兴的管理研究领域迅速发展起来。近年来，我国应对各种危机事件的能力不断提高，深得国内外的关注和赞扬。在不断取得进步的同时，我们也看到仍有许多值得改进的地方。总结以往的应急管理经验和教训，在应急管理的整个过程中，我们大多数应对措施普遍集中在事后的应急反应和处理方面，而在预防、预警、演练、培训、自救互助等事前管理方面存在着许多的不足。遵照《中华人民共和国突发事件应对法》中提出的“突发事件应对工作实行预防为主、预防与应急相结合”的原则，我们组织编写了这本《应急管理预防、演练与自救》，着重讨论、研究有关应急管理的事前管理工作。

本书共分八章，第一章是对应急管理的概述，主要阐述应急管理的基本概念，了解和掌握突发事件应急管理体系及应急管理的发展与现状；第二章研究应急预案管理，探讨各级组织如何编写、评估检验、修改和实施应急预案，以改变各级组织应急预案千篇一律的现象；第三、四章探讨应急预警机制及应急响应机制的建设与运作；第五、六、七、八章分别探讨应急演练的组织与实施、心理救援与心理干预、应急自救与互助及应急信息传播管理。本书在理论阐述的基础上注重应急管理的实际操作和实践，旨在提高应急管理的事前管理能力，使政府在突发事件发生时能够迅速反应和处理，将突发事件带来的损失降到最低水平。

本书是广东省“211工程”三期重点学科建设项目“应急管理理论与实务”的研究成果之一，由暨南大学应急管理学院、应急管理研究中心沈远平教授组织调研编写。沈远平教授负责设计全书的框架体系，编写了提纲和第七、八章，最后对全书进行审稿和定稿；江晓黎编写了第一、二、三章，杨思思编写了第四、五、六章。

由于本书内容仍在探讨研究之中，书中难免存在疏漏和不足之处，恳请读者批评指正。

编　者

2011年5月于暨南园

目　录

第一章　应急管理概述

第一节　应急管理的基本概念

一、突发事件与应急管理

（一）突发事件

1. 突发事件的概念

《中华人民共和国突发事件应对法》对突发事件（emergency）作了这样的界定：突然发生，造成或者可能造成严重社会危害，需要采取应急处置措施予以应对的自然灾害、事故灾难、公共卫生事件和社会安全事件。在我国学术界和法律界，“突发事件”又被称为“突发公共事件”。

突发事件是一种作用范围广泛，且对社会造成严重危害，具有强烈冲击力和影响力的事件，诸如飞机失事、火车脱轨、轮船沉没、毒气泄漏、食物中毒、火灾、爆炸、坍塌、漏水、漏油等恶性事故都属于突发事件。由于它的不可预测性和巨大的破坏性，往往会对社会经济发展和人民生活造成意想不到的灾难，甚至可能引发区域乃至全国、全球性的危机。

突发事件、危机状态、干扰情形都属于风险的范畴，三者的概念和定义存在着不同点。危机状态与突发事件都会给人们带来一定程度的危害，并且都需要紧急处理；干扰情形的危险程度远远低于危机状态，它是指稍稍偏离了原定计划的事件，因而它并没有造成很大的损失，可以通过一定的措施来解决。突发事件的特点是，一旦事件发生，它实际上就已经造成了很大的损失或负面影响。与此相比，危机状态却不一定。危机状态会持续短暂的时间，它对社会的影响不是转瞬即逝的，而突发事件的形成往往会有一个或长或短的过程。以下是风险事件的三种形式的比较：

表 1－1　风险事件的三种形式的比较

	干扰情形	危机状态	突发事件
系统运行	对正常运行构成影响	系统停滞或出现重大问题	已经造成巨大损失
造成损失	未造成损失或损失很小	已经造成一部分损失	不可挽回的重大损失
可觉察性	大多数人很难觉察到	已经可以深刻认识和感受到	人人皆知
负面影响	对心理影响较小	有影响，但未造成心理恐慌	严重影响心理状态

2. 突发事件的特征

（1）突发性。突发事件的发生虽然有一个量变到质变的过程，但由于事件突如其来，大多数演变迅速，解决问题的机会稍纵即逝，如果不能及时采取应对措施，将会造成更大的危害和损失。

（2）危害性。不论什么性质和规模的突发事件，都必然会不同程度地给社会造成一定危害，而且危机往往具有连带效应，可能引发次生或衍生事故，导致更大的损失和危机。

（3）不确定性。突发事件具有高度的不确定性，主要表现为在原因、变化方向、影响因素、后果等方面具有不确定性，突发事件瞬息万变，难以准确预测和把握。

（4）扩散性。随着时代的发展与社会的进步，地区、地域和全球一体化的进程不断加快，互相之间的联系和依赖更加紧密，因而有许多突发事件的影响具有广泛性、扩散性和跨区域性，如恐怖事件、社会暴动、传染病等。

（5）社会性。突发事件一旦发生将会对社会系统的基本价值观和行为准则构架产生深远的影响，它所影响的主体是公众而不是社会的个体，如 2008 年的“5·12”汶川大地震，其社会性影响是深远的。

3. 突发事件的危害

突发事件对人类社会的政治、经济、文化和社会心理等方面都有着不同程度的消极影响，主要包括五个方面：对人类生命的威胁；对公共财产造成的损失；对环境产生的各种破坏；对社会秩序造成的紊乱；对公众心理造成的障碍。

据统计，20 世纪仅自然灾害给全球带来的损失就极其惨痛，从表 1－2 中我们可以看到：20 世纪因自然灾害死亡的人数有 62 956 545 人，直接造成的经济损失达 9 106.33 亿元，严重地影响了各国经济的发展与人民的正常生活。

表 1－2　20 世纪全球自然灾害因灾死亡人数和经济损失统计

灾害种类	死亡人数（人）	死亡百分比（%）	损失（亿元）	损失百分比（%）
雪崩	3 684	0.006	0.28	0.003
寒冻	6 326	0.010	161	1.768
台风	1 131 307	1.797	1 368	15.028
干旱	10 235 762	16.259	369.9	4.062
地震	1 850 635	2.940	2 791	30.647
瘟疫	34 461 814	54.739	0.11	0.001
饥荒	7 534 675	11.968	0.89	0.010
洪水	7 451 484	11.836	2 964	32.548
热浪	17 906	0.028	66.58	0.731
滑坡	64 082	0.102	29.4	0.323
风暴	68 160	0.108	1 072.5	11.776
飓风	18 961	0.030	0.82	0.009
火山	109 436	0.174	32.4	0.356
森林大火	2 313	0.004	249.45	2.739
总计	62 956 545	100	9 106.33	100

资料来源：OFOA、CERD 公布的数据。

从表 1－2 中我们可以看出突发事件对人类社会造成的危害极其严重，仅是从生命威胁和财产损失这两个方面就可见一斑。而我们当前生活在一个经济全球化的时代，任何国家的突发事件引起的社会动荡都有可能产生“蝴蝶效应”，进而影响到全世界的各个角落。因而，如何对突发事件进行预防，突发事件发生后如何采取措施来阻止和控制其对人、财、物的继续损害，已经成为当今世界的一大课题与政府工作的重点之一。

（二）应急管理

1. 应急管理的概念与学科架构

现代应急管理（Modern Emergency Management，MEM）是指为了降低突发事件的危害，对造成突发事件的原因、过程及后果进行科学分析，有效集成社会各个方面的资源，运用现代技术手段和现代管理方法，对突发事件进行有效的预警、控制、应对与处理的过程。①

应急管理是一项复杂的系统工程，需要一个科学合理、协调有序的运行体系，即应急管理体系，以保证应急管理的高效、有序展开。应急管理体系是应急管理的基础。一个完整的应急管理体系应由组织体制、运作机制、法制基础和应急保障系统四部分构成。其中，组织体制包括管理机构、功能部门、应急指挥和救援队伍等方面的安排；运作机制是明确指挥、协调、职责方面的关系的机制；法制基础由一系列与应急管理相关的法律法规组成；应急保障系统则包括信息通信、物资装备、人力资源、资金财务等方面的保障。

作为一个新兴的边缘学科，应急管理涉及许多知识领域，包括管理学、公共安全、灾害学、信息系统、项目管理、运筹学、统计学、计算机科学与技术、通信技术、政治学及社会学等。可以说，现代应急管理集成了多个学科的前沿理论、方法及技术，其支撑学科主要有六方面，如图 1－1 所示。

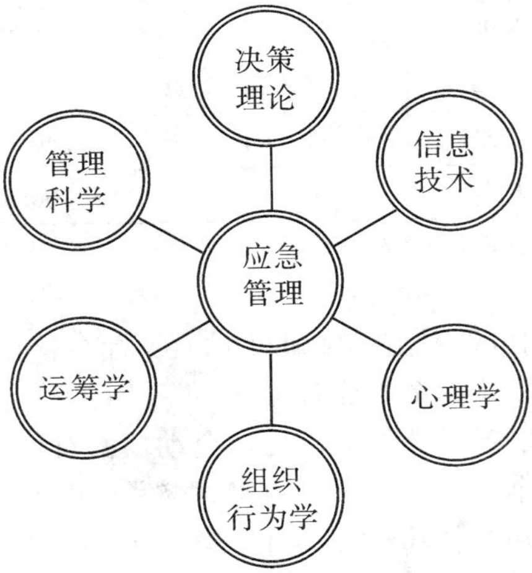

图 1－1　应急管理的学科架构

决策理论就是研究决策者如何在诸多方案中选取一个最优方案以达到预期目标的学科方向。由于突发事件本身具有不断变化及不可预知等复杂性，需要用到很多的决策理论和方法，以选择恰当的方法进行应急管理的决策。只有及时、正确的决策才能保证应急管理体系的有效性和及时性，进而减少突发事件带来的损

① 陈安，陈宁，倪慧荟等. 现代应急管理理论与方法［M］. 北京：科学出版社，2009. 5.

失，达到降低突发事件危害的目的。

信息技术是利用信息科学的原理和方法对人类的信息处理功能进行扩展的技术。信息是应急管理的重要资源与手段之一，由于突发事件的动态性以及不确定性，只有及时地搜集充分而准确的信息才能够保证应急管理机构作出迅速而正确的反应。当前，计算机技术和信息技术越来越多地被应用到应急管理中，使得信息资源和通信的共享，跨部门、跨区域及跨职权的指挥联合行动成为可能。

心理学是研究人的行为与心理活动规律的科学。突发事件对公众的心理影响可大可小，过小的心理感知可能使人们掉以轻心，从而对突发事件未能做好防范及应对工作；而对突发事件的过分关注与在意又可能引起公众恐慌，造成社会混乱。因此，应急管理工作中的一项重要任务就是要有效地进行公众心理变化情况的分析与控制。

组织行为学是研究一定组织中人的心理和行为表现及其客观规律，提高管理者预测、引导和控制人的行为的能力，以实现组织既定目标的科学。实施应急管理必然会涉及人的行为，包括个体和群体行为，不同环境下的行为特征也会有所差别，组织行为学可以为应急管理提供这方面的支持和依据。

应急管理中有关资源布局和调配、人员疏散技术与模型等问题主要采用了运筹学与管理学的研究方法。应急管理中要涉及组织和人、财、物的配置问题，而管理学正是各级组织管理的基本规律和一般方法，所以管理学自然能够成为应急管理的重要基础。

运筹学是近代应用数学的一个分支，主要研究如何将生产、管理等事件中出现的运筹问题加以提炼，寻找复杂问题中的最佳方案，然后利用数学方法进行解决。运筹学强调实际应用，是应急管理系统的研究与优化，是应急管理的支撑学科之一。

2. 预警机制

预警（early－warning）是指在灾害或灾难以及其他需要提防的危险发生之前，根据以往总结的规律或观测得到的可能性前兆，向相关部门发出紧急信号，报告危险情况，以避免危害在不知情或准备不足的情况下发生，从而最大限度地降低危害所造成的损失的行为。

通过预警机制的建立，我们可以防患于未然，减少或避免灾害的发生，并将灾害所造成的损失降到最低。例如，利用不断改进的技术对地震进行监测，对即将发生的地震进行预报，人们收到将发生地震的消息，就会在政府和专业人士的指导下采取有效措施来规避危险。

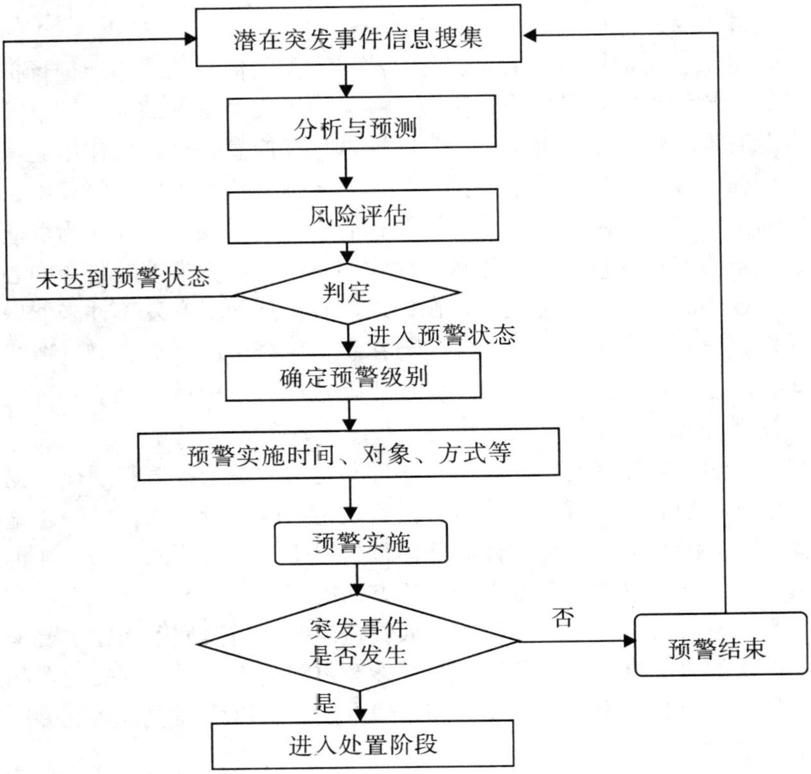

图 1－2　预警工作的一般程序

资料来源：张沛，潘锋．现代城市公共安全应急管理概论［M］．北京：清华大学出版社，2007.

如图 1－2 所示，预警机制是由一系列相互联系、先后有序的工作程序组成的，它的工作程序一般包括潜在突发事件信息搜集、分析与预测、风险评估、应急决策（包括判定预警状态、级别及预警实施时间、对象、方法、方式等）和预警实施，根据突发事件是否发生，决定进入处置阶段或结束预警。即确保能够及时准确地对突发事件的信息进行监测，对获得的监测信息能够科学合理地处理与分析，准确地判定未来的风险程度和把握事态的变化轨迹，及时地发布预警信息，保证应急管理体系和社会公众做好应对突发事件的准备，以期能够做到预防、控制与降低突发事件造成的负面影响。

关于预警的具体内容与建设方法将在本书的第三、四章进行详细讲解，在此不赘述。

3. 应急预案与演练

应急预案是针对可能的突发事件，为保证迅速、有序、有效地开展应急与救援行动，降低人员伤亡和经济损失而预先制订的有关计划或方案。制定应急预案可以为突发事件的现场应对提供指导，帮助应对人员用高效的行动将损失降至最低，因此制定预案是突发事件应急管理中的重要内容。

应急预案的编制是在辨识和评估潜在的重大危险、事件类型、发生的可能性及发生过程、事件后果、影响严重程度的基础上，对应急机构的职责、人员、技术、装备、设施、物资、救援行动及其指挥与协调等方面预先作出的具体安排。一个完整的应急预案明确了在突发事件发生之前、发生过程中以及结束之后，谁负责做什么、何时做，以及相应的策略和资源准备等内容。

预案演练是检验预案是否具备操作性和实战性的一个手段，通常会邀请有关专家和专业技术人员参与演练方案的制订，采用实战模拟的方式或虚拟的方式进行演练，通过研究应对演练过程中可能出现的复杂情况，增强演练的科学性和有效性，对已有的应急预案进行检验并进一步进行补充和完善。

（三）应急管理的法律法规

突发事件尤其是重大突发事件，会给国家、社会的秩序和公民的正常生活带来巨大威胁，因而应急管理是属于国家乃至全人类的共同课题。因此，在现代法治国家，为防止突发事件的巨大冲击导致整个国家生活与社会秩序的全面失控，就必须运用行政权力和实施系统配套的应急法律规范来调整公共紧急状态下的各种社会关系，以保证应急管理机制可以有效地运行，突发事件可以及时得到控制，使人们恢复正常的生产和生活秩序以及法律秩序。

1. 应急管理法律法规的作用与内容框架

严格来说，整个社会存在着两套完整的法律法规体系，一套是在正常社会状态下发挥社会调节器作用的法律法规体系；另一套则是指在紧急状态亦即在非正常状态下发挥调节作用的法律法规体系。应急管理的法律法规是整个国家法律法规体系的重要组成部分之一，它属于非正常状态下的法律法规体系，在应急管理过程中主要发挥如下四种作用：①规范行政紧急权力的行使；②权衡政府权力和公民权利；③实现社会法律法规的完善；④保障公民的合法权利。

应急管理法律法规中首要的工作就是统一规定政府在突发事件处理中的职权、职责，确立依法对抗紧急状态和突发事件的法治原则，使应对紧急状态的成功经验、管理措施、管理技术制度规范上升为具有国家强制力的法律规范，从而提升政府的应急管理能力。

应急管理的相关法律众多，但众多立法制度的框架内容不外乎围绕以下七个方面进行制定：

（1）突发事件的应对工作应当遵循的基本原则。

（2）主管机关、参与机关及其职责。

（3）预防与应急准备。包括应急预案的制定、应急演练、应急教育与培训、经费来源与物质保障、保险、监督检查、突发事件的监测与预警。

（4）报告与信息发布。包括报告的负责人，报告流程和时限，报告形式和内容，对迟报、谎报、瞒报的禁止等，以及信息的发布和通报。

（5）应急处置。这是立法的核心内容，包括组织、措施、救援程序等，由于各类突发事件情况不同，采取的应对措施差异也较大。

（6）恢复与救助。包括对正常生活、生产、教育、商业秩序的恢复；对应急管理中造成的财产损害的赔偿、补偿；对在突发事件应对中负伤、致残或牺牲的人员给予医疗抚恤；对在应急管理中有突出贡献的人员给予奖励；对事故发生原因及责任人的调查；对应急工作中的经验教训的总结等。

（7）法律责任。根据承担主体的不同，分为国家机关及其工作人员的法律责任、企事业单位的法律责任、公民的法律责任。

2. 应急管理法律法规的特点

应急管理法律法规是适用于突发事件发生的紧急状态下（即在非常规状态下）的行为规范，因而与正常状态下的法律法规有一定的区别，它具有如下特点：

（1）权力优先性。与立法、司法等其他国家权力及法定的公民权利相比，行政紧急权力具有某种优先性和更大的权威性，例如可以限制或暂停某些宪定或法定公民权利的行使。

（2）紧急处置性。为了防止公共利益和公民权利遭受更大的损失，即便没有针对某种特殊情况的具体法律规定，行政机关也可进行紧急处置。

（3）程序特殊性。行政紧急权力在行使过程中遵循一些特殊的行为程序，例如，可通过简易程序紧急出台某些政令和措施，或者对某些政令和措施的出台设置更高的事中或事后审查门槛。

（4）救济有限性。依法行使行政紧急权力可能造成行政相对人合法权益的损害，如果损害是普遍而巨大的，政府可只提供有限的救济，如给予适当补偿（但不得违背公平负担的原则）。

（5）社会配合性。这是指在非常规状态下，有关组织和个人有义务配合行政紧急权力的行使，并提供各种必要帮助。

3. 我国应急法制的基本构成

我国从 1954 年首次规定戒严制度至今，已经颁布了一系列与处理突发事件有关的法律法规，各地方根据这些法律法规又颁布了适用于本行政区域的地方立法，从而初步构建了一个从中央到地方的突发事件应急管理法律规范体系（如表1－3所示）。

表1－3 我国应急管理相关法律法规

类 型	内容与范围
战争状态法律规范	《国防交通条例》、《民用运力国防动员条例》、《兵役法》、《预备役军官法》和《人民防空法》
一般的紧急情况法律规范（涉及某些单行的紧急状态法律规范）	在我国批准和签署的国际条约、协议中，涉及一般紧急状态法的多达20余个，包括《对外合作开采海洋石油资源条例》第二十六条、《公安机关人民警察内务条令》第二十一条、《戒严法》第二条、《专利法》第五十二条，等等
恐怖性突发事件法律规范	恐怖性突发事件在一般紧急情况中危险度最高，但我国至今尚无国内法意义上的专门的反恐怖法律出台。目前除了最高人民法院、最高人民检察院、公安部2001年联合发布的《关于依法严厉打击恐怖犯罪活动的通知》以外，反恐怖机制主要体现于我国参加或缔结的国际条约、协议
骚乱性突发事件（群体性突发事件）法律规范	我国现阶段应对骚乱的主要法律是《戒严法》，还有《公安机关人民警察内务条令》第十三条、《民兵战备工作规定》第三十九条，等等
灾害性突发事件法律规范	目前我国的灾害性突发事件法律规范主要包括以下四个方面：①地震灾害法律；②洪灾法律；③环境灾害法律；④地质灾害法律
事故性突发事件法律规范	我国关于事故防治的立法范围非常广泛，立法形式涉及法律、行政法规、地方性法规和规章。主要的事故防治法律包括：①交通事故法律；②核事故法律；③公共卫生事故法律；④火灾事故法律；⑤生产安全事故法律
公民权利救济法律规范	涉及公民、法人和其他组织的合法权益由于公共危机的行政应急措施而受到损害之后的补救机制，包括行政复议、行政诉讼、国家赔偿和补偿方面的法律规范

二、突发事件的类别、级别的划分

突发事件应急管理，首先应该建立在对突发事件进行分类、分级与分期识别的基础上。这是因为合理划分突发事件的类别、级别和时期是应急管理部门迅速、科学地调配人员与资源的基础依据，也是预案编制的首要前提和突发事件应急管理的关键技术。

（一）突发事件的分类、分级与分期

对突发事件进行分类、分级与分期，主要是以事件的危害程度、影响方式和事件的影响范围三个方面为依据进行划分的。

1. 突发事件的分类

突发事件的种类繁多，我们可以从不同的维度对其进行划分，如表1－4所示。

表1－4　突发事件的分类标准

维　度	类　型
诱　因	自然性突发事件、社会性突发事件
危害程度	轻度危害、中等程度危害和重度危害的突发事件
预测性	可预测和不可预测的突发事件
可防可控性	可防可控突发事件、不可防不可控突发事件
发展阶段	潜伏期、爆发期、高潮期、缓解期和消退期的突发事件
影响范围	地方性、国家性或区域性、世界性的突发事件
应急管理中的主体态度	一致性突发事件、冲突性突发事件

为了对突发事件进行更加合理有效的管理，《国家突发公共事件总体应急预案》及2007年开始实施的《中华人民共和国突发事件应对法》，将突发事件划分为四个大类，主要包括自然灾害、事故灾难、公共卫生事件和社会安全事件。

（1）自然灾害是指那些由于自然原因导致的突发事件，包括洪水、地震、暴风雪、干旱和虫害等，如2004年印度尼西亚大海啸事件。

（2）事故灾难主要是由于人的活动或发展所导致的计划之外的事件或事故，包括车祸、化学品外泄、设备故障和城市火灾等，如2008年山东胶济铁路火车相撞事件。

（3）公共卫生事件是指由于病菌、病毒引起的大面积的疾病流行等事件，包括传染病、多人食物中毒等，如2003年SARS事件。

（4）社会安全事件主要是指那些人们蓄意而为的、会危及社会安全的突发事件，包括能源和核燃料短缺导致的紧急事件、暴乱、由人类破坏行为引起的社会动荡和战争，等等，如轰动全球的“9·11”恐怖袭击事件。

对突发事件进行分类应注意以下三个原则：①突发事件的分类并不是彼此截然对立的，它们在特定的情景下可能相互转化，即带来所谓的“涟漪反应”，如洪水引发的传染病等。②突发事件类型的具体规定应适时地进行调整和更新。在我们当前的高风险社会中，突发事件的不确定因素将会不断出现，例如，我国于1989年制定的《传染病防治法》，由于相关规定的不完备，给2003年SARS初期的疾病预防和控制造成了很多麻烦。③政府应急管理体系应当以突发事件为中心，在科学总结、归纳各类突发事件的特点、发展规律和应对机理的基础上，加强各类突发事件的应急管理机制建设以及相互之间的协调、配合和衔接。

2. 突发事件分级

将突发事件划分为不同的级别，从而采取不同的应急措施，这是各国应急管理的共同经验。当前，西方发达国家政府预警系统一般都强调对突发事件进行分级预警管理，对程度不同的突发事件实行不同级别的认定并采取相应的对策。例如，“9·11”恐怖袭击事件发生后，美国建立了一套五级国家威胁预警系统，用绿、蓝、黄、橙、红五种颜色分别代表从低到高五种危险程度（见表1－5）。①

表1－5　美国五级国家威胁预警系统

颜色	威胁程度	采取的行动
红	严重	动员紧急救护队，并布置工作人员评估紧急需要
橙	很高	地方、州和联邦机构开展协调工作，加强在实践中的安全工作
黄	较高	加强对重要地方的监视活动，并对将产生的威胁实施评估
蓝	警戒	检查紧急程序，通知公民所要采取的必要措施
绿	低	保持安全培训和准备状态

事件的危害程度和政府的控制能力是突发事件分级时需要考虑的两个主要方面。由于突发事件分级可以按照突发事件的客观属性（产生原因、影响范围、损失后果等），或是按照应急管理的主观属性（突发事件的影响程度、政府应对能力的强弱等）来分，划分时应该根据具体情况进行选择。

① 计雷，池宏，陈安等. 突发事件应急管理［M］. 北京：高等教育出版社，2006. 71.

分级的意义在于从政府的应急管理能力出发，科学地确定突发事件的级别。例如，有些突发事件损失和影响重大，但政府处理快速简单，这类事件的级别就不一定很高（如特大交通事故）；相反，有些突发事件起初危害和影响不大，但潜在危害很大，波及迅速，难以控制，这类事件的级别就应当被列为较高，如 2003 年肆虐全球的传染病 SARS。

表 1－6 应急管理组织与分级管理

国家级应急组织	省级应急组织	市级应急组织	县级应急组织
特别严重	特别严重		
	严重		
		较严重	
			一般

分级标准由国家相关的应急管理部门根据事件的性质、严重程度、可控性和影响范围确定，并加以细化。针对不同类型的突发事件，不同地域都应当根据实际情况确立不同的分级标准。分级制度的设置必须在一定程度上给予地方政府必要的应急处理权限，由于分级具有高度的不确定性，在确认主体、指标构成、级别认定、发布主体等各个方面都需要根据实际情况及时作出调整和更新。

3. 突发事件分期

突发事件从发生到结束通常遵循一个特定的生命周期。每一个级别的突发事件都有发生、发展和减缓的阶段，需要采取不同的应急措施。分期就是按照社会危害的发生过程将每一个等级的突发事件进行阶段性划分，作为政府采取应急措施的重要依据。根据社会危害可能造成危害和威胁、实际危害已经发生、危害逐步减弱和恢复四个阶段，可将突发事件总体上划分为预警期、爆发期、缓解期和善后期四个阶段。

表 1－7 突发事件四个阶段的应急措施

分　期	发生阶段	能力要求	主要任务
预警期	事　前	预警预备	防范事件的发生，尽可能控制事态发展
爆发期	事　中	快速反应	及时控制突发事件并防止其蔓延
缓解期	事　中	恢复重建	降低应急措施的强度并尽快恢复正常秩序
善后期	事　后	评估学习	对事件处理过程进行调查评估并总结经验

对突发事件进行分期，目的在于科学地规定与上述各个阶段相适应的应急措施（见表1-7）。

（1）预警期：主要任务是防范和阻止突发事件的发生，或者把突发事件控制在特定类型以及特定的区域内，要求具备预警预备能力。

（2）爆发期：主要任务是及时控制突发事件并防止其蔓延，要求具备快速反应的能力。

（3）缓解期：主要任务是降低应急措施的强度并尽快恢复正常秩序，要求具备恢复重建能力。

（4）善后期：主要任务是对整个事件处理过程进行调查评估并从事件中获益，要求具备评估学习能力。当然，由于突发事件演变迅速，各个阶段之间的划分有时可能难以确认，而且很多时候是不同的阶段相互交织、循环往复，从而形成突发事件应急管理特定的生命周期。

（二）分类、分级与分期下的应急管理

突发事件分类、分级和分期制度是采取应急措施的基础，从突发事件这三个不同维度来选择相应的应急机构，应急机构须遵循如下基本原则：①职责明确，分工合理；②分级管理，重心下移；③预防为主，平战结合。这三项原则分别对应于突发事件的分类、分级和分期制度（见表1-8）。

表1-8 应急管理组织体系的基本原则

制度	应急管理组织体系的基本原则
分类	职责明确，分工合理
分级	分级管理，重心下移
分期	预防为主，平战结合

1. 职责明确，分工合理

根据突发事件的类型，选择相应的应急管理负责机构，其他有关部门和单位提供必要的支持和协作。例如，对专业性、技术性强的事件（突发公共卫生事件等），应以相关的中央部委牵头，地方政府积极配合；而涉及跨省、跨部门或多领域的突发事件，则由国务院及其有关部门牵头，由防汛抗旱、抗震减灾等指挥部办公室对相关特别严重突发事件进行应急处置。另外，像经济类突发事件应急协调机构等根据形势发展的要求而新增设的专业议事协调机构也是应急管理机

构的重要组成部分之一。

2. 分级管理，重心下移

各地方、各部门按照分级管理、分级响应的原则，在国务院统一领导下，建立健全突发事件应急管理机制，明确各级应急管理机构的工作职责，强化地方政府“属地管理、就地消化”的能力。首都的突发事件应由北京市政府应急管理机构统一协调管理，对于其他条件比较成熟的大城市，可建立辐射范围广的大都市（甚至是区域性）应急管理体系，而县级政府应急管理的范围则应以能够保障乡村应急管理基本要求为标准。

3. 预防为主，平战结合

突发事件一旦发生，损失就已经造成，因而预防才是应急管理机构的主要日常工作。应急管理机构应当按照“长期准备，重点建设”的要求，重点加强突发公共事件应急管理的准备、预备和预警等基础性工作，提高政府的突发公共事件预警和防范能力，做好日常的应急培训、演练以及其他各项基本制度建设，使得国家应急管理工作基于制度，成于规范。

根据过去的经验，对应不同类型、不同级别的突发事件设置不同的应急管理保障机构是政府应急管理的首要工作，只有设置了健全的应急管理机构，才能够使国家应对突发事件时可以做到统一联动、有条不紊、及时高效。

三、突发事件的生命周期管理

（一）突发事件的生命周期

突发事件的产生和发展是一个动态的系统过程，其生命周期可以分为：潜伏期→爆发期→高潮期→缓解期→消退期→新的潜伏期，如图 1 – 3 所示。在潜伏期时，风险事件会慢慢累积，如果累积的风险没有得到消减，就会进一步恶化，当累积的风险大于系统的负荷能力时，突发事件就会在 A 点爆发、突变，并进一步演化，在短时间内迅速扩展，攀升至最高点 B 点，进入高潮期。如果可以有效控制，突发事件进入消退期，经过善后处理，突发事件渐渐消除，恢复常态，重新进入新的潜伏期；如果突发事件爆发后，没有得到有效的控制，就会使突发事件演变为危机，使危机曲线继续上扬，或引发其他突发事件，给社会造成更大的危害。

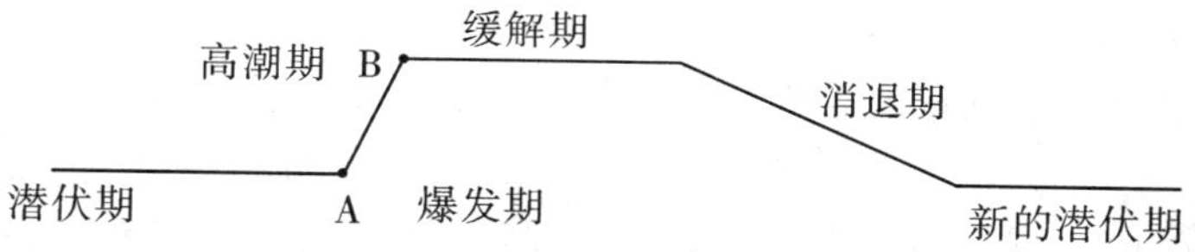

图 1－3　突发事件的生命周期

从突发事件的生命周期图可以看出，在整个演变过程中，如何对突发事件进行有效的控制，是应急管理的关键所在。在潜伏期便及时发现、消减危机因素，防止其达到爆发的临界点，是应急管理平时的主要目标，也是应急管理的最高目标。同时，一旦突发事件爆发，如果处理得及时、得当，也有可能使之朝着有序的方向发展，恢复原有平衡或达到新的平衡。使突发事件转危为机是应急管理的另一个目标，也是战时的主要任务。

（二）危机管理的生命周期理论

应急管理的对象是突发事件，即突然发生的、会造成或者可能造成严重社会危害，需要采取应急处置措施予以应对的自然灾害、事故灾难、公共卫生事件和社会安全事件。而危机管理的对象可以视为一种急迫而又构成重大威胁和危害的事件，是那些极端的突发事件，或者特别重大的突发事件。所以，危机管理是包含在突发事件应急管理之内的。因此，危机管理的生命周期理论对应急管理来说有着重要的借鉴价值。

1. 芬克的四阶段生命周期模型（1986）

芬克（Fink）用医学术语形象地对危机的生命周期进行了描述：第一阶段是征兆期，线索显示可能有潜在的危机发生；第二阶段是发作期，具有伤害性的事件发生并引发危机；第三阶段是延续期，危机的影响持续，同时也是努力清除危机的过程；第四阶段是痊愈期，危机事件已经解决。

2. 米特罗夫的五阶段模型（1994）

危机管理专家米特罗夫（Mitroff）提出了五阶段模型，内容如下：

信号侦测——识别危机发生的警示信号并采取预防措施；

探测和预防——组织成员搜寻已知的危机风险因素并尽力减少潜在损害；

控制损害——危机发生阶段，组织成员努力使其不影响组织运作的其他部分或外部环境；

恢复阶段——尽可能快地让组织恢复正常运转；

学习阶段——组织成员回顾和审视所采取的危机管理措施，并整理使之成为今后的运作基础。

3. 最基本的三阶段模型

三阶段模型把公共危机管理分成危机前（pre-crisis）、危机发生（crisis）和危机后（post-crisis）这三个大的阶段，每一阶段又可分为不同的子阶段。

上述相对比较成熟的危机生命周期的理论都将危机管理的内容与危机本身的生命周期对应起来，可以说这些模型的思考模式本质上是类似的。

（三）突发事件的生命周期管理模式

美国危机管理大师罗伯特·希斯（Robert Heath）在《危机管理》一书中率先提出危机管理4R模式，对应急管理有着积极的指导意义。图1－4是罗伯特·希斯的危机管理4R模式，可以通过它来实现对突发事件的生命周期管理。[①]

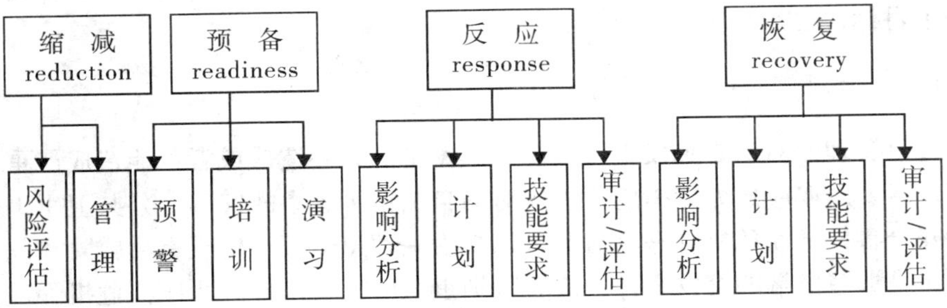

图1－4　罗伯特·希斯的危机管理4R模式

有效的危机管理是对4R模式所有方面的整合，其中，缩减管理贯穿于整个危机管理的过程。在预备模块中，运用缩减管理的风险评估法可以确定哪些预警系统可能会失效，从而可以及时地予以修正或加强。在反应模块中，缩减管理可以帮助管理者识别危机的根源，找到有利于应对危机的方法。在恢复模块中，缩减管理可以对恢复计划在执行时可能产生的风险进行评估，从而使恢复工作产生更大的反弹效果。

应急管理的管理内容的流程分析可以采用与上面危机管理的内容相类似的方法。突发事件发生后，首先要进行风险的识别评估，然后根据事件的各种表现形式及这些形式对事件产生的各种影响进行分析整理，对事件不断发展的趋势进行预测，并根据分析研究的结果对突发事件进行分类、分级，启动预测预警系统，向社会发布预警信息。同时启动应急管理系统，政府及相关部门根据已获取的突发事件信息进行有效响应，通过对事件的影响进行分析研究，对核心的问题进行

① 资料来源于MBA智库百科（http://wiki.mbalib.com/wiki/4R%E6%A8%A1%E5%BC%8F）。

重点应对，采取包括调动应急物资及紧急救援设备、调遣相关人力资源等一系列行动。一旦突发事件发生，应及时采取相应的方案对其进行管理控制，防止事件进一步扩大及演化，积极调动各方面的物资力量进行应对，实现动态系统管理。待到采取一系列救援措施之后，应急管理逐渐进入恢复阶段。该阶段包括应急过程中的快速恢复和应急结束后的全面恢复，直到系统重新回到平衡状态。

第二节 突发事件应急管理体系

一、突发事件应急管理的机理研究

（一）突发事件应急管理的主体与客体

应急管理是管理主体对突发事件的介入和应对行动。因此，我们首先要明确突发事件机理，找到事件的源头、事件形成的规律和事件发展的动力，以便在应急管理中找到相应的应对策略并确定应急处理的重点。

应急管理的主体指的是处理突发事件的人员、组织和机构，他们对突发事件应急管理起着统筹管理的主导作用。按照地域级别分为三级：国际性应急管理主体，如世界卫生组织危机小组安全理事会；国家级应急管理主体，如国家安全监管总局；各省、市、县等地区级应急管理主体，如城市紧急报警服务中心。应急管理中的客体指的是处置的对象，即各种突发事件。

（二）突发事件的机理分析

突发事件的机理就是事件所遵循的内在逻辑和规律，即突发事件发生、发展、衍生及其影响扩散的自身规律。了解各种突发事件的发生机理，有助于让我们在应急处理过程中控制整个事故的局面，占据主动优势，增强运用科学技术方法减少各方面损失的能力。

突发事件主要经历发生、发展和演化三个阶段，与这三个阶段相对应的是突发事件的三大机理，即突发事件的发生机理、突发事件的发展机理和突发事件的演化机理，图 1－5 所示为突发事件的机理分析。

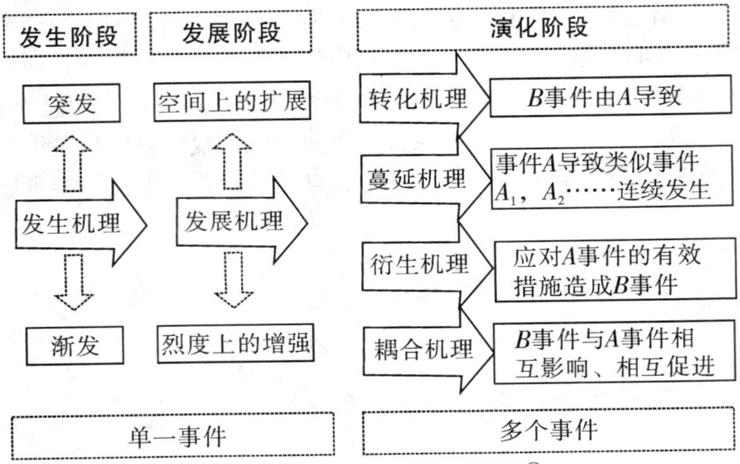

图1－5　突发事件的机理分析①

1. 突发事件的发生机理

突发事件的发生是由一个或多个隐患由量变到质变而导致的，隐患可以包括自然方面或人为方面。例如，森林大火的发生可能是由于天气干燥引发的自燃，也可能是由于人为的过失失火或者纵火行为。突发事件的发生可以是单因素引发的，如因道路结冰出现连环交通事故；也可能是多因素共同作用造成的，如经济增长率下降、严重的通货膨胀、汇率大幅波动、证券市场价格急剧波动等因素共同引发的金融危机。另外，突发事件发生之初，可能是隐蔽的，如自燃事件、经济情况持续的不显著下滑等；也可能是爆炸性的，如恐怖袭击、地震等。

由于突发事件发生的原因多种多样，要及时有效地处理突发事件只有从源头开始就及时发现，在其扩大发展的过程中就将其控制，才可能成功地实现应急管理。

2. 突发事件的发展机理

突发事件的发展是指事件发生之后，由于其自身原因和外在的环境条件，在空间上扩大和烈度上增强的过程。在突发事件的发展过程中，内在的因素通常在于其本身发展的机理，如传染病本身的传染性让受害群体不断扩大，而外在的因素往往会推动突发事件不断恶化，如森林大火的燃烧往往是火苗伴随着大风或燃烧带逐渐靠近易燃区的过程。突发事件的发展是一个内在和外在因素综合推进的过程，其空间和烈度的变化往往会为突发事件扩大发展提供更好的外部条件，进而推动整个突发事件发展扩大。

① 陈安，陈宁，倪慧荟等. 现代应急管理理论与方法［M］. 北京：科学出版社，2009. 51.

因此，应对突发事件首先要从突发事件的内外因着手。对于内部问题，要从根本上采取切实有效的手段排除其发展要素，让其无法迅速发展。而控制外因是应急管理更重要的一个方面，包括如何妥善疏散和安置可能遭受风险的人群，根据事件发生发展的时间、气候、位置等来不断转换应对手段。在整个过程中要坚持实时监控的原则，根据实际情况及时调整方法，减少事态发展的不确定性，提高管理的控制力，从而实现对突发事件的发展过程的控制。

3. 突发事件的演化机理

突发事件的演化是指事件在发生或发展过程中其性质、类别、级别、范围等方面的变化过程。我们将突发事件的演化分为转化、蔓延、衍生和耦合四种形式。

（1）突发事件的转化是指由于各事件之间具有一定的因果逻辑关系，在某种情况下已经发生的突发事件，将引发另一种事件发生。突发事件的转化主要有两种形式：一种是接力式，即在引发后生突发事件后，前生突发事件结束，如水灾过后往往会有传染病流行；另一种是连锁式，即在引发后生事件后前生突发事件仍然在进一步发展蔓延，如地震引发海啸后仍然伴随着海啸危害人类的生命财产。后一种的影响更加严重。

（2）突发事件的蔓延是指在一定环境条件下的自身趋势性的发展，包括突发事件扩大蔓延、危害信息蔓延、心理恐慌的蔓延。在时间上可以分为间断性蔓延、连续性蔓延和反复性蔓延三种形式。突发事件的蔓延过程往往具有很大的隐蔽性，使人不易察觉其趋势。例如，森林大火发展初期的火势蔓延，一些未知传染病的扩散，等等。

（3）突发事件的衍生是指前生突发事件的发生导致了后生突发事件的发生，但后者并非以前者为导因，两者之间的联系具有一定的偶然性。如大旱之后，地表与浅部淡水极度匮乏，迫使人们饮用深层含氟量较高的地下水，从而导致了地氟病，这些都是衍生出来的突发事件。此外，还有许多情况是由于处理突发事件过程中顾此失彼，当人为控制前生突发事件时，经常会因管理措施不当或者是因恐慌造成的不合作，而导致新的突发事件的发生。

（4）突发事件的耦合是指由于突发事件之间的相互作用，其中一个突发事件在另一个突发事件的作用下发展演化，后者通过对前者的反馈影响前者，从而使得两个突发事件都不断地发展扩大。例如，2005 年吉化爆炸事件起初由吉林省一个企业生产事故，演变为松花江水体污染事件，进而引发哈尔滨市民恐慌和长达数天停水的重大公共安全事件，又因污染水体漂流至俄罗斯而导致两国之间的外交危机。

（三）应急管理的运作机理

突发事件的机理是应急管理机理研究的一个方面，与之对应的另一个方面则是应急管理主体自身运作规律的研究。应急管理的机理基本上是由突发事件的机理决定的，它们之间存在着很强的关联性，应急管理的运作机理如图 1－6 所示。

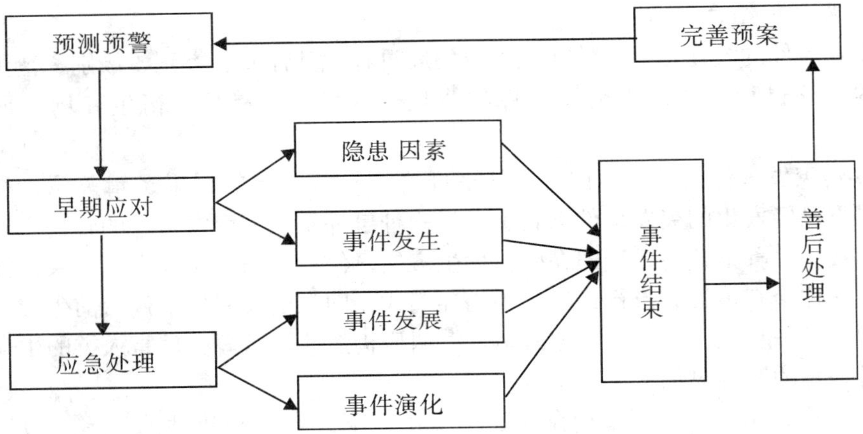

图 1－6　应急管理运作机理

在平时状态，完善预测预警机制，建立预测预警系统，开展风险分析，做到早发现、早报告、早处理。突发事件发生后，启动相关应急预案，及时、有效地进行处理，控制事态，以防事件的发展演化。组织开展应急救援工作，指挥并组织相关地区、部门开展处置工作，必要时多个相关部门共同参与处置突发事件，统一调配资源。突发事件得到控制或结束后，对伤亡人员、应急处置工作人员，以及紧急调集、征用的有关单位及个人的物资，要按照规定给予抚恤、补助或补偿，并提供心理及司法援助。根据受灾地区恢复重建计划组织实施恢复重建工作进而完善预案。

二、构建应急管理体系

（一）应急管理体系的目标与原则

应急管理体系是由专业技术、管理方法、行为规范、实施机构组成的有机结合体，以实施完成各种应对突发事件的方案和措施。应急管理体系以政府的统一领导为核心，以各种法律法规为基础，以全面整合各方面的资源和社会共同参与为手段，以求达到快速、及时、有效预防与消减突发事件的目标。

1. 应急管理体系的目标

应急管理体系的主要目的是要在了解突发事件的发生发展规律的基础之上，采取适当的措施和方法，在突发事件发生之前、发展过程中以及事后处置期间，减小突发事件带来的影响和损失。为了达到这个目的，在应急管理体系建设过程中，我们应该瞄准下列目标：

（1）在平时能够正常运行，可提供一系列突发事件事前准备的功能。应急管理体系应该包括建立平时的应急预案、安排演练、组织实施相关的技术培训，以提高安全保障度，协调各种资源进行日常的防范处理准备工作等。

（2）防止突发事件的发生，尤其是在警戒期间做好突发事件防范处理准备。应急管理体系中对突发事件的预测和预警功能是至关重要的组成部分，它直接关系到整个体系的效率。而在警戒期间根据事态的发展，做好突发事件的防范处理准备则是恰当处置突发事件的关键保障。

（3）一旦突发事件发生，以最快的速度响应，把事件所造成的损失降低到最小。突发事件发生后，保障体系应能迅速掌握事件发展态势，调集各种资源，根据相应的预案对事件进行恰当的处置，减小事件的影响，从而降低损失。①

2. 应急管理体系的原则

应急管理体系的建设与运作应遵循以下原则：

（1）以人为本、预防为主的原则。生命高于一切，应急管理的首要责任也应是以人为本，把保护和挽救公众生命安全放在首位，将突发事件的监测、预警、预防等放在应急管理的核心环节，以预防为主，加强日常的检查与监督，完善整个预防体系，从而降低突发事件发生的几率。

（2）指挥统一、运转协调的原则。应急管理是一个系统性的工作，因此各个部门之间的配合与沟通是实现有效控制的关键。因此，明确统一指挥的机构，建立各部门积极配合的管理机制与法制，实现组织、行为、资源和信息的全面整合与调配是应急体系的另一个原则。

（3）效率原则。突发事件具有突发性与不确定性，为了防止灾难后果的产生或扩大，必须采取高效、迅捷的对抗措施来排除危险，因而应急管理的效率原则就显得尤为重要。为了保证应急管理的效率，首先就要保证执法程序的快捷性，其次应保证权力集中的同时给予各具体管理部门高度的裁量权，集中的权力可以避免各自为政的情况出现，进而实现资源的统一调配。而由于突发事件本身的特点，在采取紧急措施时可能不会按照正常的程序进行，因此要给予具体管理

---

① 计雷，池宏，陈安等. 突发事件应急管理［M］. 北京：高等教育出版社，2006. 32.

部门充分的自主空间。

（二）构成现代应急管理体系的七大系统

从整体结构上讲，城市应急管理体系应当分为两大部分：一部分是物理结构，另一部分是运行机制。体系的正常运行，依赖于七大系统，即指挥调度系统和六大支持系统（见图1－7）。指挥调度系统是城市突发事件应急管理系统的“大脑”，是体系中的最高决策机构。六大支持系统分别是：①信息管理系统；②资源保障系统；③决策辅助系统；④教育培训系统；⑤处置实施系统；⑥宣传系统。它们分别对指挥调度提供不同功能的支持，以保证指挥调度系统作出及时有效的决策，同时它们之间也存在相互协作、相互支持的关系。

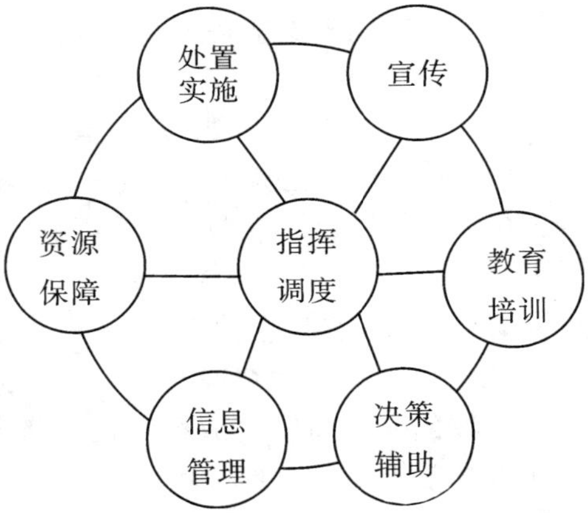

图1－7 应急管理体系七大系统

各系统的主要功能分别是：

1. 指挥调度系统

可以说指挥调度系统是整个应急管理系统的核心部分，负责应急管理的统一指挥，包括进行决策、向各个相关机构发出指令或进行授权，并协调其他系统的功能。

2. 信息管理系统

应急管理系统的信息中心负责应急信息的实时共享，为其他系统提供信息支持。平时负责对信息进行采集、分类、传输、储存、维护等；战时除了上述功能，还要进行信息的初步分析、预案初步筛选、预警信息的发布等。

3. 资源保障系统

对突发事件发生前、发生中及发生后各个阶段进行预防监视、实时处理、发布信息等管理，从而保证系统的反应速度，加强整体性和联动性。平时承担应急资源的储存、日常养护、资源评估等功能；战时负责应急资源调度，以及处置过程中的资源保障。

4. 决策辅助系统

决策辅助系统是为应急管理提供方法与决策建议的系统，它以安全保障的机制机理研究、事件和机构的分类分组方法的研究和安全保障度评价方法的研究为基础，包括实现预案库管理、提出安全培训和演练方案、形成资源优化配置方案、进行评估和预警分析、为事件的处置提供决策资料和决策建议、对突发事件进行评价等内容。

5. 教育培训系统

平时负责突发事件应急处置的课程设计、教材编制，对专业人员的培训，对大众的培训等工作；在警戒期间负责对相关部门及人员进行演练与相关突发事件管理知识的培训，以帮助管理人员做好应对准备。

6. 处置实施系统

处置实施系统是对“指挥调度系统”形成的预案和指令进行具体实施的系统，负责执行指挥调度系统下达的命令，完成各种应急任务。此系统就现有的实际情况来看，可以由警察、消防、医院、社区保安组织等组成。

7. 宣传系统

宣传系统负责对公众的宣传工作，根据指挥调度的命令，分析什么信息用何种方式能最快地传递给受众，起到公众自救、稳定民心等积极作用。平时主要宣传一些突发事件预防与安全工作生产的知识，对大众进行普及教育；战时可以将突发事件的相关信息、决策及进展进行公布，保证大众的知情权并对公众进行相关培训教育，保证人们可以正确应对突发事件，避免造成大众恐慌，以形成良好的应急管理的社会氛围。

总之，指挥调度系统是应急管理体系的“大脑”，是体系中的最高决策机构，其他六个为支持系统，它们分别对指挥调度提供不同功能的支持，以保证指挥调度系统作出及时有效的决策，同时它们之间也存在着相互协作、相互支持的关系。

（三）应急管理能力的评价

突发事件应急管理能力是指应急机构在应对突发事件时，能够高效有序地开展应急行动，通过对组织体制、应急预案、灾情速报、指挥技术、资源保障、社会动员等方面的综合运用，力求在较短时间内使突发公共事件所造成的人员伤亡和财产损失降到最低，对社会所造成的负面影响减到最小，保证社会连续、稳定运行的一种综合应急处理能力。

影响突发事件应急管理能力的因素主要有内部和外部两个方面：内部因素包括应急管理者的知识、能力和素质，应急管理机构的决策能力，信息搜集、传递与分析水平和应急管理体系权责明确；外部因素包括社会成熟度、应急主体的经济因素、危机情境和传媒的能力。

应急管理能力的评价是一项涉及面极广的系统工程。评价指标体系应从系统的角度，通过对城市环境、人文、经济特征及区域应急管理措施的综合分析评价，来系统地反映城市应急管理中存在的优势与不足。其评价结果可以作为反馈信息，以提高城市应急管理水平。因此，应急管理的评价是在对反映突发事件应急管理能力的相关评价指标集进行基础数据的定量分析的基础上，根据一定的评价模型，对突发事件应急管理能力进行全面、综合的反映和描述。

应急管理体系评价的过程主要分为三个步骤：首先，给出评价指标集。评价指标集是综合评价体系的主要组成部分，它由一系列有内在联系、有代表性的，能够概括城市应急管理水平的要素组成。其次，查询计算基础数据集。基础数据集是定量分析评价指标的基础，它包括分析评价指标所需的原始统计数据。最后，用模糊综合评价方法给出评价模型。评价模型是一种定量化分析模型，它利用数学模式去描述系统诸要素间的关系，通过一定的演算方法，给出定量的结果。评价模型的分析对象是评价指标集。根据指标集中不同子集的特点，可采用不同的评价模型，合理的评价模型对于客观地分析城市应急管理系统的特征有着重要的意义。城市应急管理能力综合评价体系结构可用图 1－8 表示。

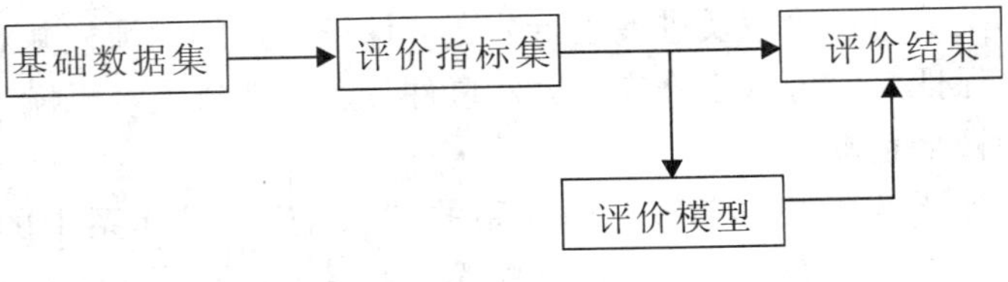

图 1－8 城市应急管理能力综合评价体系结构

三、突发事件的应急管理机制

应急管理机制是应急管理主体依据突发事件的机理，为及时有效地控制突发事件而制定的各种制度化、程序化的应急管理的行为准则和规范。应急管理的具体形式表示为各机构的职责以及用来协调和规范各管理层面工作的规则、法律、法规、政策等。

一般应急管理可分为四个步骤：对突发事件的预防、准备、响应及突发事件之后的恢复。与这四个步骤对应的应急管理的机制建设，是应急管理有效运行的一系列制度机制和条件保障，也是应急管理的基础和核心。应急管理机制是一个动态的博弈过程，为了在突发事件中能够最大限度地减弱危机产生的影响，对其进行有效的控制，至少有五个部门的应急管理机制是需要着力建设与完善的，包括体系运行机制、预警机制、应急处置机制、善后协调机制以及评估机制。

（一）体系运行机制

通过分析突发事件本质属性和机理，应急管理体系最重要的运行原则可以概括为以下四个方面：

（1）统一指挥、分工协作原则。如前所述，应急管理体系由七个不同职责的系统构成，要想实现同一目的，需要统一指挥、分工协作，这既是管理体系有效运行的要求，又是由突发事件的综合性决定的。

（2）分类、分级处理原则。对突发事件进行分类、分级，不同类型、不同级别的突发事件采用不同的应对方法。同时要对机构进行分类、分级，使得机构与相应的突发事件进行挂钩，以便明确职责，同时也为整个体系的应急能力评估做好准备工作。

（3）及时切换原则。主要包括平战切换和级别切换。平战切换包含两个方向的动作：一是一旦在信息反馈体系中发现突发事件的先兆，应及时根据分级判定机理标识出突发事件级别，采取应对措施，并发出早期警告；这一阶段如不能消除该突发事件，则立即发出警报，激活战时保障系统。二是在保障系统对突发事件处理结束后，应该关闭战时保障系统，进入平时状态。

级别切换是在没有突发事件发生先兆的情况下，为了确保在特殊时期的安全需要，指挥调度机构可以主动调整安全保障系统的安全级别，或进入战时保障系统。

（4）资源的协调及管理原则。在这里，资源包括人力、信息、知识、物力、财力，它们可能来自政府、企业、公共组织、大学以及其他社会相关单位。在应急处置过程中，本地区或系统内部的应急资源应首先得到最大限度的利用，当本地的资源和能力难以承受时，再向外部寻求支持和救援。同时要建立应急处置过程中征用不同所有者资源的法律、法规、政策等，并制订出相应的补偿方案。

（二）预警机制

预警机制主要包括：①对预警范围的确定。严格规定监控的时间范围、空间范围，以及监控对象范围。②预警级别的设定及表达方法的规定。如美国核安全管理委员会对突发事件制定的五种警戒级别，按照从轻微到严重的顺序，分别以五种颜色编码。③通知的次序、范围和方式。即一旦发生了突发事件，第一时间应该通知哪些机构和哪些人，以何种方式通知。④对突发事件涉及的范畴和领域的预判，识别突发事件的类别和级别，以匹配应对预案。

（三）应急处置机制

应急处置机制主要包括：①分类、分级原则。②以预案为核心采取实施应对措施原则。③生命优先原则。④涉及国家安全问题时的处理原则。⑤战时协同及授权辅助规定，以避免各机构之间合作效率低下、调动无力等情况。

（四）善后协调机制

善后协调机制主要包括：①对使用系统内外的各种资源的补偿原则。②灾区的重建策略。③事故的报告和总结原则。④对相关人员问题的奖惩原则等。

（五）评估机制

评估机制主要包括：①对突发事件的分类、分级指标体系。②预案及预案库的有效性。③应对效果的评估体系。④对体系整体和各机构应对能力的评估。⑤处置效果的动态评估等。

总之，以上讨论的应急管理机制，都是从应急管理体系的目标出发设定的。结合突发事件的特性，应急管理机制的建设，应以充分发挥各级政府的管理职能和社会各种力量为出发点，按照属地化管理的原则，以块为主，条块结合，形成全社会共同参与的防治格局。政府和社会有明确的任务与职责，建立以政府和行业为中心的协调机制，建立以法律法规为支撑的管理系统。

第三节　应急管理的发展与现状

一、应急管理的产生与发展

（一）应急管理的产生

应急管理的产生最早可以追溯到上古时代，在人类发展的历史长河中积累了大量的应急管理实践，并形成了许多应急管理的早期思想，大禹治水就是勤劳古朴的劳动人民对突发事件进行管理的最早记录之一。直到近代，虽然应急管理有了长足的发展，如在火灾、洪水及流行性传染病的防治等方面人们已经有了许多管理措施与解决方法，但在理论与实践方面却仍然没有取得突破性的进展。

现代应急管理产生于西方发达国家，以20世纪60年代美国建立联邦应急管理署（Federal Emergency Management Agency，FEMA）这一专门应对国内突发事件的机构为标志，预示着应急管理领域新时代的到来。1993年，第一个应急管理国际组织——国际应急管理协会（The International Emergency Management Society，TIEMS）成立于美国佛罗里达州，使命是保障这个世界是一个安全的世界，开发和实现现代应急管理工具和技术。除美国外，俄罗斯、日本和韩国等国家也都有类似的应急管理部门从事突发事件应对工作。

现代应急管理在我国起步较晚，2003年SARS事件发生之后，应急管理才真正进入中央和地方各级政府的视野。但在政府的有力推动下，随后的短短几年间，无论是理论研究还是实践操作都发展迅速，并于2005年成立了中国第一个应急管理专业委员会，是隶属于“中国优选法统筹法与经济数学研究会”的一个正式学术组织。

（二）应急管理的发展趋势

近年来，由于频频发生的重大突发事件对社会安全构成了巨大的威胁，应急管理作为一个新兴的热点学科普遍为人们所关注。当前应急管理的研究主要分为两类：一类主要研究应急资源的布局及调配、管理能力的培训、人员疏散的技术与模型等；另一类则主要研究应急管理体系和应急机制。当代发达国家都已经建立了运行良好的应急管理体制，包括应急救援法规、管理机构、指挥系统、应急队伍、资源保障和公民知情权等方面，形成了比较完善的应急救援系统，并逐渐向建立标准化应急管理体系（SEMS）方向发展。

1. 政府最高层机构成为应急管理的决策核心

应急管理作为政府管理职能的一个重要内容，均由行政首长担任最高指挥官和最终决策者，以一个高层政府机构作为应急管理的决策核心。如美国应急管理体制是一个以总统为核心，以国家安全委员会为决策中枢，由国会负责监督的综合性、动态的组织体系。在我国，国务院是突发事件应急管理工作的最高行政领导机构。在国务院总理领导下，通过国务院常务会议和国家相关突发事件应急指挥机构，负责突发事件的应急管理工作。必要时，派出国务院工作组指导有关工作。

2. 统一指挥、加强协同成为应急管理体制建设中的重点

建立统一指挥、协同有序的应急管理机制，是各国应急管理体制共同追求的

目标。其关键是在一个核心枢纽机构的指挥协调下，各机构和部门纵向能对接，横向能联动，也就是地方应急管理系统与中央应急管理系统的对接，本地、本部门应急管理系统与其他部门应急管理系统的联动。以美国为例，在近100年的发展中，美国在危机管理方面遵循的基本理念是：出现一种危机，出台一部法案政策，同时由一个主要的联邦机构负责管理。1979年美国将处理危机和有救灾责任的联邦机构重新组合，成立了联邦应急管理署（FEMA），建立了一个包含指挥、控制和预警功能的综合突发事件管理系统。

3. 建立职能灵活转换的各级政府的应急管理机构

各国政府都已经将应急管理作为政府的重要公共职责，从中央到地方，逐步建立不同级别的、专职专人的，具有综合性、协同性的管理职能机构是各国应急管理的一个发展趋势。应急管理机构具有注重平时与战时之间职能的有机结合和灵活转换的特点。在平时，应急管理机构的职能包括负责制定应急管理规划、进行应急物资及装备储备、加强对风险的监测和预防、组织应急管理人才培训、开展应急演习等；在战时，应急管理机构的职能主要是制订应对方案，协调各相关部门、机构的应急处置等。

二、我国应急管理的发展

（一）我国应急管理的发展阶段

从研究的数量和研究深度上来看，我国应急管理研究大致可分为三个阶段，这三个阶段大体也与我国应急管理体系建设的实践发展阶段相一致。

第一阶段：2003年以前是应急管理研究的萌芽时期，当时的研究主要集中在灾害管理研究方面，包括部门应对、单项应对突发事件的应急管理研究。目前可以检索到最早研究应急管理的学术文章是魏加宁1994年发表于《管理世界》第6期的《危机与危机管理》，该文较为系统地阐述了现代危机管理的核心内容。

第二阶段：2003年至2007年是应急管理研究快速发展的时期。这一阶段应急管理的研究主要集中于危机的生命周期等方面的整体介绍，逐渐开始进行横向研究，并拓展到各个具体领域。受2003年SARS事件的影响，突发事件应急管理引起了人们的广泛关注，其相关研究著作和论文呈现“井喷”态势，数量剧增。随着2006年底国务院应急管理专家组的成立，应急管理研究进入了繁荣期。各研究机构和高等院校成立了与“应急管理”相关的研究机构，如清华大学危机管理研究基地、中央财经大学危机管理研究院、上海交通大学应急管理研究中心，一些科研机构和高等院校开始招收危机管理、应急管理方向的研究生。2008

年，暨南大学获准成立应急管理学院，开始了我国最早的应急管理专业本科教育。这一系列措施逐步壮大了应急管理的研究队伍，也促使应急管理教育和宣传普及得到快速发展。

第三阶段：2008年以后，应急管理研究进入质量提升时期。无论是在应急管理专题研究方面，还是在研究应急管理整体框架方面，其内容覆盖面更加全面且更为深入。这一时期的应急管理研究理论性越来越强，学科融合越来越紧密，按照综合化、系统化、专业化、协同化、规范化的应急管理体系建设思路，应急管理研究也呈现出向综合化方向发展的特点。

（二）我国应急管理体制及缺陷

应急管理体制主要是指应急管理机构的组织形式，它属于应急管理体系的一部分，又在一定层面上包括应急管理机制部分。应急管理体制是一个由政府机构与社会组织相结合的纵横交错的复杂系统，主要包括应急管理的领导指挥机构、专项应急指挥机构、日常办事机构、工作机构、地方机构及专家组等不同层次的机构。

我国应急管理体制是一种建立在政治动员基础上的平战转换体制和部门分割型体制，主要由公共危机管理决策机构、公共危机管理指挥与协调机构、公共危机管理执行机构和公共危机事件系统四大子系统组成。在突发事件发生时，决策机构根据信息系统发来的信息进行危机决策，并将作出的决策发至指挥与协调机构，由该机构进行应急指挥和协调，并将具体指令下发至执行机构，进行具体的决策执行、应急救援，最后进入公共危机事件系统。虽然我国的应急管理体制已经初具规模，但是在实践预防、应对突发事件的过程中仍存在着一定的问题：

（1）我国应急管理是以“条”为主的单灾害防御体系，主要是按行业、分部门进行。例如，我国有防汛抗旱、抗震减灾、公安、反恐怖、反劫机等专业应急指挥与协调机构。这种应急管理体制有着很强的针对性，集中了大量的专业人才来解决突发事件。但是它也有着致命的缺点，即难以应对并发灾害及其演变产生的复杂后果，存在着临时性、模糊性、协调不畅等问题。

（2）我国应急管理体制缺乏组织化保障，缺乏监督问责机制。管理仍然是运动式而非制度化的，在横向上的分散管理没有一个综合的应急协调指挥中心，导致应急管理政出多门、权限交错，临时“搭台唱戏”反应慢、成本高，且不易积累经验教训。

（3）缺乏科学的灾害评估体系，部分应急预案操作性不强。建立科学的灾害评估体系，是全面反映灾情、确定减灾目标、制定减灾对策的重要依据。缺乏一整套关于灾前预测评估、适时跟踪评估、灾后实地评估和减灾效益的科学评估系统。另外，由于应急管理建设基础薄弱，缺少专业相关人才，致使有的地方虽然建立起了应急预案，但往往是照搬照抄、生搬硬套，缺乏实际的、科学的调查研究，所以容易导致应急预案成为一种摆设，其操作性可想而知。

（4）我国应急基础设施不健全，社会应急管理意识薄弱。应急管理工作信息支撑和信息沟通机制缺乏，没有形成城市灾害应急网络，公共卫生体系不健全，应急管理人才不足，缺乏系统的培训机制及机构。此外，人们缺乏防灾意识和自救、互救的能力。突发事件应急管理是一个复杂且涉及广泛的工作，只有社会各界全面参与和配合才能更好更快地应对突发事件的产生、发展与演变，从而达到有效管理的目的。

（三）我国应急管理体制的完善与发展

为了克服我国应急管理体制的缺陷，进一步完善我国的突发事件应急管理能力，在充分利用现有政府行政管理机构资源的情况下，一个依托于政府应急办发挥枢纽作用，协调若干个议事协调机构和联席会议制度的综合协调型应急管理新体制正初步确立。

2006年6月15日出台的《国务院关于全面加强应急管理工作的意见》中提出，要“健全分类管理、分级负责、条块结合、属地为主的应急管理体制，落实党委领导下的行政领导责任制，加强应急管理机构和应急救援队伍建设”。2007年，随着《中华人民共和国突发事件应对法》的出台，“建立统一领导、综合协调、分类管理、分级负责、属地管理为主的应急管理体制”成为我国应急管理体制建设的新目标。

在综合管理上，我国主要把突发事件分为四大类，并规定了相应的牵头部门。如表1－9所示，第一类为自然灾害，主要由民政部、水利部、地震局等牵头管理；第二类为事故灾难，由国家安全监管总局等牵头管理；第三类为公共卫生事件，由卫生部牵头管理；第四类为社会安全事件，由公安部牵头管理。最后，由国务院办公厅总协调。

表1－9 我国应急管理体制

危机类别	法律体系	职能部门	应急预案体系
自然灾害	《防洪法》、《防震减灾法》、《军队参加抢险救灾条例》、《气象法》、《公益事业捐赠法》	民政部、水利部、国土资源部、地震局、国家林业局	《国家自然灾害救助应急预案》、《国家防汛抗旱应急预案》、《国家地震应急预案》、《国家突发地质灾害应急预案》、《国家处置重、特大森林火灾应急预案》
事故灾难	《安全生产法》、《消防法》、《煤炭法》、《国务院关于预防煤矿生产安全事故的特别规定》、《煤矿安全监察条例》	国家安全监管总局、铁道部、交通部、建设部、民航总局、电监会	《国家突发环境事件应急预案》、《国家核应急预案》、《国家通信保障应急预案》、《国家处置城市地铁事故灾难应急预案》、《国家处置电网大面积停电事件应急预案》
公共卫生事件	《突发公共卫生事件应急条例》、《食品卫生法》、《传染病防治法》、《动物防疫法》	卫生部、农业部、食品药品监管局	《国家重大食品安全事故应急预案》、《国家突发重大动物疫情应急预案》、《国家突发公共卫生事件应急预案》、《国家突发公共事件医疗卫生救援应急预案》
社会安全事件	《国家安全法》、《民族区域自治法》、《戒严法》、《行政区域边界争议处理条例》、《中国人民银行法》	公安部、外交部、中国人民银行、民航总局、新闻办、国家粮食局、国家安全部	《国家金融突发事件应急预案》、《国家粮食应急预案》、《国家涉外突发事件应急预案》

在应急管理法制与机制建设方面，截至2008年，我国已制定涉及突发事件应对的法律35件、行政法规37件、部门规章55件，有关文件111件。全国应急预案体系也初步形成。2006年1月国务院发布了《国家突发公共事件总体应急预案》，有关部门制定了或正在制定包括《国家地震应急预案》在内的25件专项预案、80件部门预案，31个省份制定了本地区的总体预案和专项预案。在应急管理机构的设置上，国家层面上设有负责统筹协调全国应急管理工作的国务院应急管理办公室，省、市、县各级政府也设立了相应的应急管理机构。应急管理成为政府的一项日常工作，政府应急管理逐渐走上了正规化和制度化的轨道。

2007年11月《中华人民共和国突发事件应对法》的正式实施标志着我国的应急管理制度建设进入一个新的阶段，明确了我国要建立以统一领导、综合协调、分类管理、分级负责、属地管理为主的应急管理体制。这部法规从应急管理的机构设置到预防与应急准备、监测与预警、应急处置与救援、事后恢复与重建的各个环节均加以明确。2008 年初的南方雪灾、“5·12”汶川大地震、“奥运火炬国际危机”为政府和民间社会积累了大量应急处置经验，极大地推动了我国应急管理体制的发展。截至目前，应急管理领域的“一案三制”（应急预案和体制、机制、法制）、“一网五库”（应急工作联络网、法规库、救援队伍库、专家库、典型案例库、救援物资库）体系已经建立，并被纳入地方政府应急管理工作的日常规划中。

尽管作为一门新兴学科，政府应急管理才刚刚起步，但是由于形势发展的需要和各级政府的高度重视，我国在积极培养应急管理人才与加强应急管理研究和宣传的同时，还主动地和其他国家开展广泛的合作，学习借鉴其他国家应急管理的经验与成果。例如，2005 年 11 月 2 日，我国农业部和美国农业部就禽流感防控问题在北京首开联合研讨会，双方商定将建立有效的合作机制，增进在禽流感防控方面的有关法律法规、国际标准的交流，提高有关防控决策和政策的透明度。

三、国外应急管理体系简介

（一）美国应急管理体系

当前美国应急管理的基本特点是统一管理、属地为主、分级响应、标准运行。各级政府的应急管理部门统一调度和指挥突发事件应急管理的相关工作，当突发事件发生后，无论事件的规模有多大、涉及范围有多广，应急响应的指挥任务都由事发地的政府来承担，联邦与上一级政府的任务是援助和协调，一般不负责指挥。而分级响应强调的是应急响应的规模和强度，而不是指挥权的转移。在同一级政府的应急响应中，可以采用不同的响应级别，确定响应级别的原则之一是事件的严重程度。标准运行主要是指从应急准备一直到应急恢复的过程中，要遵循标准化的运行程序，包括物资、调度、信息共享、通信联络、术语代码、文件格式乃至救援人员服装标志等，都要采用所有人都能识别和接受的标准，以减少失误，提高效率。

在美国，各种适用于应急管理的法律法规和法案有很多，除了《国家安全法》以外，最重要的就是《全国紧急状态法》和《反恐怖主义法》。另外，关于地震、洪灾、建筑物安全等问题也都有相应的专项法案，对各种突发事件的过程、期限以及权力进行了详细规定。“9·11”之后，又有了《使用军事力量授权法》、《航空运输安全法》等相关法律，形成了一个规范的法律法规体系。[①]

美国应急管理体制实行联邦、州、县、市、社区五个层次的管理与响应机构，形成了一个比较完善的应急管理组织体系。在联邦政府层面，有国土安全部及下属机构；在州政府层面，各州均设有应急管理机构，例如，在地方政府层面，州下面的各级地方政府一般都有应急管理中心。

国土安全部是一个超政府部门，主要由移民和归化局、海关总署、联邦紧急管理署、交通安全局、海岸警卫队、联邦调查局（FBI）、中央情报局（CIA）等22个部门的有关机构组成。其中，联邦应急管理署（FEMA）是联邦政府应急管理的核心协调决策机构，是美国联邦政府应急救援的最高行政部门，统一负责全国各种灾害和突发事件的紧急事务工作。

美国联邦应急管理署（FEMA）的职责包括：在灾害规划、预防、减轻、反应和恢复行动的各个阶段全面支持各地方政府；在总统宣布的灾害和紧急事件中协调联邦政府的援助；促进有关灾害破坏效应的研究成果的实际应用；和平时期提供培训、教育与实习机会，加强联邦、州与地方应急官员的职业训练，等等。在重大灾害发生时，根据联邦应急反应计划，有关的部委将迅速派出负责人和高级专家到应急指挥中心工作。美国防灾救灾主要依靠州政府和州下属的县、市事务管理局提出申请报告，联邦政府紧急事务管理局立即组织审查，并派人到现场调查；当联邦应急管理署（FEMA）认为发生的灾害超出州政府救灾能力时，会立即向总统报告，同时联邦应急管理署（FEMA）协调各部门做好进入灾区的一切准备，在总统签字授权后，联邦应急管理署（FEMA）立即协调各部门按计划开展救灾工作。

除了健全的应急管理体制和法制之外，美国政府非常重视消防教育训练，全国各大、中、小城市均设有消防训练中心，内部设备完善，有高楼救生训练场所、烟雾试验室、水中救溺训练池等模拟救灾实际情景的训练场所，不仅对消防队员进行训练，还向学校和市民开放。美国凭借其先进的科学技术和雄厚的物质基础，以及比较完善的应急管理体系，其应急管理水平已经在世界上处于比较领先的地位，但是这并不表示美国的应急管理体系已经完善，它在实际运行和管理方面还存在着不足之处，我们要结合自身的特点有选择地学习和借鉴美国应急管理体系，才能真正提升我国应急管理工作的能力和水平。

---

① 资料来源于新疆维吾尔自治区人民政府网（http：//www. xinjiang. gov. cn/10013/10035/10005/2007/37930. htm）。

（二）日本防灾减灾机制

目前，日本已经形成了一个以国家应急管理法制为依托的全政府式应急管理组织体制，该体制包括首相召集的中央防灾会议与安全保障会议，以及负责协调与实施具体措施的内阁官房（相当于中国的国务院办公室）。内阁总理大臣为最高指挥官，内阁官房负责整体协调和联络，通过安全保障会议、中央防灾会议以及相关省厅负责人紧急协议等决策机构制定应急对策，由国土厅、气象厅、防卫厅和消防厅等部门负责具体实施组织制度。

在这一体制下，中央各部门和地方政府分别建有各自的应急管理体系。在地方则建立了知事直管型的全政府式应急管理组织体制，相应地也有地方防灾会议。在一般情况下，上一级政府主要向下一级政府提供工作指导和技术、资金等支持，但不直接参与管理。

当突发事件发生时，成立由政府一把手为总指挥的“灾害对策本部”，组织和指挥本辖区的力量进行应急处置。除地震外，上一级政府通常根据下一级政府的申请予以救援。根据突发事件类型的不同，将会相应地启动不同的应急管理部门，如突发公共卫生事件由“厚生劳动省”牵头应对，自然灾害主要由“中央防灾会议”负责，经济危机由“金融危机对策会议”处理化解，国家安全事宜由“安全保障会议”研究对策。当危机事态满足以下条件时则由内阁官房代表政府负责综合协调应对：必须立即应对紧迫性的事态，出现或可能发生国民的生命财产遭受重大损害的紧急事态，必须由政府统一应对的事态。

日本是一个十分重视法律和规则的国家，早在 1946 年日本就颁布了《灾害救助法》。1961 年制定颁布了《灾害对策基本法》，该法对防灾理念、目的、防灾组织体系、防灾规划、灾害预防、灾害应急对策、灾后修复、财政金融措施、灾害紧急事态等事项作了明确规定。目前日本各种防灾减灾法律有近 40 部，包括 1999 年实施的《传染病防治法》和 2003 年通过的“有事法制”等法案，日本已经形成了一个系统的安全法律法规体系，促使日本应急管理机制在防灾救灾等方面发挥有力的作用，这是日本应急管理工作值得我们借鉴的一个方面。

日本应急管理工作值得我们借鉴的另一个方面是，重视应急管理的教育和社会宣传。日本首相和各有关大臣积极倡导、参与防灾演习，在每年 9 月 1 日即日本国民“防灾日”进行全民防灾训练，以提高全民防灾意识与能力。日本各都道府县教育委员会基本上都编写了《危机管理和应对手册》或《应急教育指导资料》等教材，指导各类中小学开展灾害预防和应对教育，以及通过电视、杂志、互联网等媒体为公众提供各种应急教育。正是这种全社会教育参与的应急管理理念，使日本政府应对各种突发事件时，可以调动各方面的积极性，实现全社会参与防灾救灾的目标。例如，在1995年发生的阪神大地震中，当时震区与外界的信息中断，政府根本无法了解灾情，日本媒体发挥了重要的作用。社会媒体机构出动了18架采访用的直升机，在震区上空了解情况，并通过电视画面将这些情况迅速准确地传达给了政府及国民，使应急管理工作可以及时有序地开展，这与日本培养全民应急管理和互助自救意识是分不开的。

（三）外国国家应急管理经验借鉴

我国应急管理体系建设与完善任重而道远，但是危机事件却不可能等我们慢慢把机制健全了才发生。因此，加快我国应急管理体制建设、人才培养与学科建设的方法之一，就是吸收和借鉴外国发达国家的管理经验，结合我国应急管理体制的特点，取长补短，从而明确应急管理工作的重点与发展方向。

1. 强化应急管理能力建设

（1）要加强领导干部、应急管理专业人员培训，推进专家库和人才库建设，完善专家辅助决策机制，提高应急管理决策能力。特别是要设立专家有偿服务资金，以提高专家的积极性和主动性。

（2）要加强综合、专业、专职与兼职、志愿者等应急救援队伍建设，特别是要加强各类应急救援队伍的资源整合，加大专业救援队伍的能力培训，不断提高突发事故的预防和现场处置能力。

（3）加大应急信息平台重点项目建设，加强专业应急信息保障机制。当前，要适应时代的要求，以各级政府应急平台建设为载体，建立纵向贯通、横向集成的应急资源综合管理和应用系统，整合现有应急系统资源，实现监测监控、预测预警、信息报告、辅助决策、调度指挥和总结评估等功能，提高装备标准化，建立和完善公共应急的保障机制。

2. 加大宣传和培训力度，提高公民防灾避灾的参与意识

强调全民参与、培养互助自救意识，加强基层应急力量的整合，建立专职与兼职相结合的应急救援队伍是应急管理工作的一个重点。另外，组织民间团体和志愿者队伍参与应急管理工作，是有序应对突发事件的客观需要，是增强公众互助自救意识和能力的有效方式，是降低政府成本和提高工作效率的重要手段。

不断完善基层信息报告工作，拓宽信息报告渠道，特别要将应急救援设备、技术向基层倾斜，提高突发事件的预测预警和应急响应速度。强化基层固本强基，以应急管理工作“进基层、进社区、进企业、进学校”为抓手，拓宽基层科普宣传教育的涉及面，充分利用电视、广播、报纸、网络等媒体平台，有针对性地开展应急科普宣传教育活动，增强公众防灾自救意识和能力。

3. 建立健全应急管理的责任和监督机制

我们已经进入了一个高风险的时代，公共灾害和自然灾害的潜在威胁越来越大，常常不仅涉及几个部门或地区，更可能跨区、跨省，造成大面积灾害影响。为了可以在灾害发生时有力协调、统一行动，在日常工作中有效整合各省市应急管理力量，需要有一个有效的管理体制进行规范，所以建立城市应急管理联动体制是我国应急管理体制建设的一个重要工作。保证应急管理部门在整合多元主体共同参与决策的同时，可以发挥联动系统高效、统一的指挥作用来进行快速决策，以有效调动资源，形成合力。

另外，要使应急管理工作真正落到实处，还需要建立相对应的监督机制贯穿应急管理的全过程，以监督机制来促进突发事件应急管理工作的顺利开展，包括突发事件之后的应急管理问责机制，以保证在应急管理工作顺利实施的同时，促进我国应急管理体制的健全与完善。

第二章　应急预案管理

第一节　应急预案管理的概述

一、应急预案的基本概念

（一）什么是应急预案

应急预案是针对可能发生的重大事故或灾害，为保证迅速、有效地开展应急救援与行动、降低事故损失而预先制订的有关计划或方案。应急预案是应急管理体系中的有效工具，主要包括对事故灾害的预测、辨识与评价，对人力、物品和工具等资源的确认和准备，建立场内外合理的应急组织，设计行动措施、方案和实施技术，并对事故后的清除、整理和恢复作出初步的指导等方面的内容。

一个完整的预案体系应包括预案制定、预案评估和修订、预案的培训与演练等，同时，预案的制定应该具有可行性、可操作性、及时性和全面性等特点。完整的应急预案是在突发事件事前、事发、事中、事后的各个进程中，明确谁来做、怎样做、何时做以及调配相应的资源和策略的行动指南，是政府组织、管理、指挥、协调应急资源和应急行动的整体计划和程序规范。

我国突发事件应急预案体系包括：

（1）突发事件总体应急预案。总体应急预案是全国应急预案体系的总纲，是国务院应对特别重大突发事件的规范性文件。

（2）突发事件专项应急预案。专项应急预案主要是国务院及其有关部门为应对某一类型或某几种类型突发事件而制定的应急预案。

（3）突发事件部门应急预案。部门应急预案是国务院有关部门根据总体应急预案、专项应急预案和部门职责为应对突发事件而制定的预案。

（4）突发事件地方应急预案。具体包括省级人民政府的突发事件总体应急预案、专项应急预案和部门应急预案；各市（地）、县（市）人民政府及其基层政权组织的突发事件应急预案。上述预案在省级人民政府的领导下，按照分类管理、分级负责的原则，由地方人民政府及其有关部门分别制定。

（5）企事业单位根据有关法律法规制定的应急预案。

（6）举办大型会展和文化体育等重大活动，主办单位应当制定的应急预案。

上述预案由各级人民政府和有关部门、单位按照统一领导、分级负责的原则分别制定。

（二）应急预案的作用与意义

预案体系的建立健全可以极大地提高突发事件应急管理的效率，有统计表明，有效的应急系统可将事故损失降低到无应急系统情况下的6%，而与没有应急预案的应急系统相比，具备自动启动应急预案的应急管理系统是其工作效率的300多倍，因为在应急管理中，通常是第一时间处置的好坏决定伤亡的大小和处置成本的高低。

应急预案的目标是科学有序地控制紧急事件的发展并尽可能将其消除，它主要包括两个方面：一是将事故对人、财产和环境的损失与影响减小到最低程度；二是将政府应急管理工作正式纳入规范化、制度化、法制化的轨道。

应急预案的主要作用可以归结为以下五点：

（1）应急预案确定了应急救援的范围和体系，使应急管理不再无据可依、无章可循，尤其是通过培训和演练，可以使应急人员熟悉自己的任务，具备完成指定任务所需的相应能力，并检验预案和行动程序，评估应急人员的整体协调性。

（2）应急预案有利于应急管理主体作出及时的应急响应，降低事故后果的严重程度。应急行动对时间要求十分敏感，不允许有任何拖延，应急预案预先明确了应急各方的职责和响应程序，在应急资源等方面进行先期准备，可以指导应急救援迅速、高效、有序地开展，将事故造成的人员伤亡、财产损失和环境破坏降到最低。

（3）应急预案是各类突发事件的应急基础。通过编制应急预案，可以对那些事先无法预料到的突发事件起到基本的应急指导作用，成为开展应急救援的“底线”。在此基础上，可以针对特定事故类别编制专项应急预案，并有针对性地制定应急预案，进行专项应急预案准备和演习。

（4）应急预案建立了与上级单位和部门应急救援体系的衔接。通过编制应急预案可以确保一旦发生超过本级政府应急能力的重大事故，可与上级有关应急机构及时联系和协调。

（5）应急预案有利于提高风险防范意识。应急预案的编制、评审、发布、宣传、演练、教育和培训，有利于各方了解面临的重大事故及其相应的应急措施，有利于促进各方提高风险防范意识和能力。

（三）我国应急预案的法规要求

我国近年来颁布了一系列的法律法规，针对危险化学品、特大安全事故、重大危险源等应急救援预案的制定作了明确的规定和要求，并规定各级人民政府或生产经营单位应制定相应的重大事故应急预案，编制和实施预案时应以相关的法律法规为依据。

《安全生产法》要求："生产经营单位对重大危险源应当登记建档，进行定期检测、评估、监控，并制定应急预案，告知从业人员和相关人员在紧急情况下应当采取的应急措施"；"县级以上地方各级人民政府应当组织有关部门制定本行政区域内特大生产安全事故应急救援预案，建立应急救援体系"。

《国务院关于特大安全事故行政责任追究的规定》要求"市（地、州）、县（市、区）人民政府必须制定本地区特大安全事故应急处理预案。本地区特大安全事故应急处理预案经政府主要领导人签署后，报上一级人民政府备案"。

《危险化学品安全管理条例》规定："县级以上地方各级人民政府负责危险化学品安全监督管理综合工作的部门应当会同同级其他有关部门制定危险化学品事故应急救援预案，报经本级人民政府批准后实施。危险化学品单位应当制定本单位事故应急救援预案，配备应急救援人员和必要的应急救援器材、设备，并定期组织演练。危险化学品事故应急救援预案应当报设区的市级人民政府负责危险化学品安全监督管理综合工作的部门备案。"

《特种设备安全监察条例》规定："特种设备使用单位应当制定特种设备的事故应急措施和救援预案。"

《消防法》规定："消防安全重点单位应当制定应急疏散预案，定期组织消防演练。"

《使用有毒物品作业场所劳动保护条例》规定："从事使用高毒物品作业的用人单位，应当配备应急救援人员和必要的应急救援器材、设备，制定事故应急救援预案，并根据实际情况变化对应急预案适时进行修订，定期组织演练。事故应急救援预案和演练记录应当报当地卫生行政部门、安全生产监督管理部门和公安部门备案。"

此外，相关法规还有《防震减灾法》、《防洪法》、《气象法》、《人民防空法》、《海上交通安全法》、《环境保护法》及《海洋环境保护法》等。①

---

① 刘铁民. 应急体系建设和应急预案编制［M］. 北京：企业管理出版社，2004. 13.

二、应急预案的类型级别与基本结构

（一）应急预案的类型

目前，我国特大城市应急预案根据其功能与目的的不同，主要分为综合预案、专项预案和现场预案三类，由于三者各自所处的层次和适用范围不同，其内容在详略程度和侧重点上也有所不同。

综合预案是城市的整体预案，以场外指挥和中心指挥为主，侧重于应急救援活动的组织协调。预案从总体上对城市的应急方针和政策、应急组织结构、相应的职责以及应急行动的总体思路等方面进行了全面综合的阐述。

专项预案主要针对某种特殊的、具体的突发事件，如危险物质泄漏、火灾、地震等的应急管理而制定的。专项预案是在综合预案的基础上，充分考虑了某特定危害的特点，对应急的形势、组织机构、应急活动等进行更具体的阐述，具有较强的针对性。

现场预案是以现场设施或活动为具体目标而制定并实施的应急预案。它是在专项预案的基础上，根据具体情况需要而编制的，通常是针对事故风险较大的场所或重要防护区域等所制定的预案。

另外，根据我国突发事件的不同类型，应急预案还可以分为自然灾害应急预案、事故灾难应急预案、公共卫生事件应急预案和社会安全事件应急预案四类。而根据应急预案的时间特征，应急预案又可划分为常备预案和临时预案（如偶尔组织的大型集会）等。

（二）应急预案的级别

根据突发事件严重程度与涉及范围不同，应急预案可以分成五个级别，即国家级应急预案，省级应急预案，地区/市级应急预案，县、社区级应急预案和企业级应急预案，如图 2 –1 所示。各级应急预案对突发事件的预测预警、信息报告、应急响应、应急处置、恢复重建及调查评估等机制都作了明确规定，形成了包括事前、事发、事中、事后各环节的一整套工作运行机制。

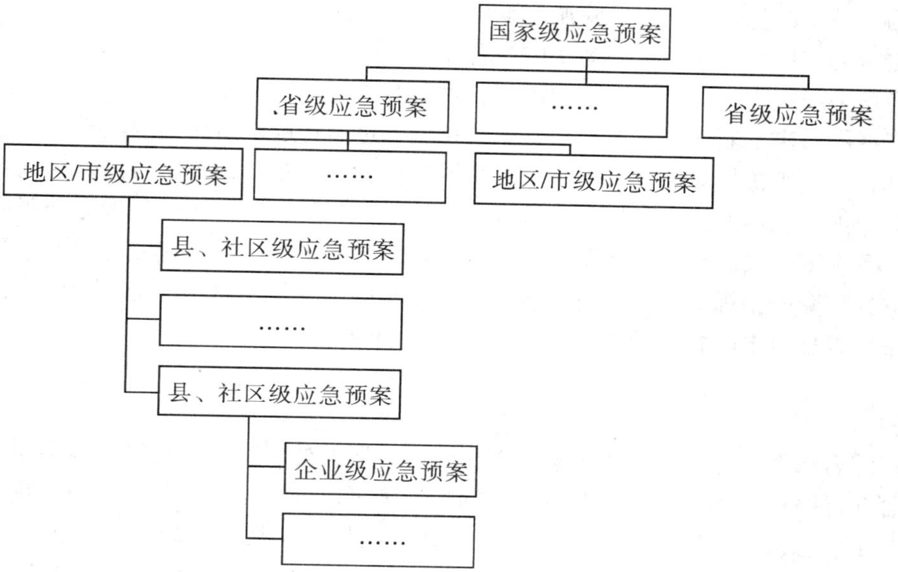

图 2－1　应急预案的级别

（1）企业级应急预案。事故的有害影响局限在一个单位（工厂、仓库等）的界区之内，并且可被现场的操作者遏制和控制在该区域内。这类事故多发生于企业内部，一般不会扩展到社区（公共区）范围，预案编制以可操作性为标准。

（2）县、社区级应急预案。所涉及的事故及其影响可扩大到公共区（社区），但可被该县（市、区）或社区的力量和所涉及的工厂或工业部门的力量所控制。

（3）地区/市级应急预案。事故影响范围大，后果严重，或是发生在两个县或县级市管辖区边界上的事故，应急救援须动用地区的力量。本级应急预案与省、国家级应急预案的区别主要在于其包括应急响应程序和标准化的具体操作程序，应急救援活动的责任、功能、目标明确，每一个程序都必须通过现场实际演练与评审。

（4）省级应急预案。针对可能发生的规模极大的灾难事故（如特大火灾、爆炸、毒物泄漏事故），或需要用事故发生的城市或地区所没有的特殊技术和设备进行处理的特殊事故（如省级特大事故隐患、省级重大危险源等），应建立相应的省级事故应急预案。这类预案与国家预案大体相似，所发生的事故须用全省范围内的力量来控制。

（5）国家级应急预案。对事故后果超过省、直辖市、自治区边界，并被列为国家级事故隐患、重大危险源的设施或场所，应制定国家级应急预案，它是一种宏观的、以场外应急指挥为主的综合预案。①

各个级别之间是由上到下的统一管理的有机体系，企业或县、社区级事故应急指挥中心应不断向上级机构报告事故控制的进展情况、所作出的决定与采取的行动，由上级机构对此进行审查、批准或提出替代对策。依据事故的规模、社区和企业能够提供的应急资源及事故发生的地点是否使社区范围外的地方处于风险之中等标准，及时作出事故是否升级的决定。政府主管部门应建立合适的报警系统，并配套一个标准程序，将事故发生、发展的信息传递给相应级别的应急指挥中心，根据对事故状况的评价，实施相应级别的应急预案。

（三）应急预案的基本结构

综合预案、专项预案和现场预案由于各自所处的层次和适用的范围不同，其内容在详略程度和侧重点上会有所不同，但都可以采用相似的基本结构。我们采用基于应急任务或功能的“1＋4”预案编制结构（见图2－2），即一个基本预案加上应急功能设置、特殊风险预案、标准操作程序和支持附件四个分预案，以保证各种类型预案之间的协调性和一致性。②

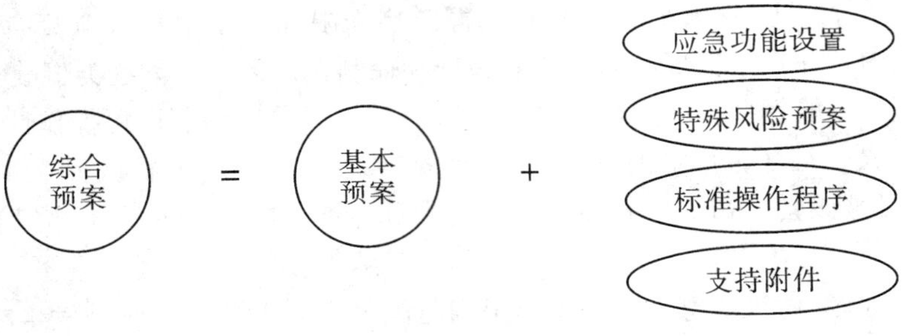

图2－2 “1＋4”预案编制结构

1. 基本预案

基本预案也称“领导预案”，是对应急预案的总体描述，主要阐述应急预案所要解决的紧急情况，包括最高行政领导承诺、基本方针政策、应急的组织体系、主要职责以及基本程序等。

---

① 樊运晓．应急救援预案编制实务［M］．北京：化学工业出版社，2006.74.

② 计雷，池宏，陈安等．突发事件应急管理［M］．北京：高等教育出版社，2006.124.

2. 分预案一：应急功能设置

该预案应紧紧围绕应急工作中的主要功能而编制，明确执行该预案的各部门和负责人的具体任务。

应急功能设置分预案要明确从应急准备到应急恢复全过程的每一个应急活动中，各相关部门应承担的责任和工作的目标，每个单位的应急功能要以分类条目和单位——功能矩阵表来表示，还要以部门之间签署的协议书来具体落实。

应急管理需要多少功能？一般来说，它依风险的水平和可能导致的事故类型的不同而不同。但在一般意义上，应具有一些基本应急功能，其核心的功能包括接警与通知、指挥与控制、警报与紧急公告、通信与信息、事态监测与评估、警戒与管制、人群疏散、人群安置、医疗与卫生、公共关系、应急人员安全、消防与抢险、泄漏物控制、现场恢复等。这里应明确每一个应急功能所对应的职责部门和目标。为直观地描述应急功能与相关应急机构的关系，可采用应急功能矩阵表（见表2－1）。①

表2－1　应急功能矩阵表

应急机构	应急功能													
	接警与通知	指挥与控制	警报与紧急公告	通信与信息	事态监测与评估	警戒与管制	人群疏散	人群安置	医疗与卫生	公共关系	应急人员安全	消防与抢险	泄漏物控制	现场恢复
应急中心	R	S	R	R	S					S				
公安部门	S	S	S	S	S	R	R	S	S	S	S	R	R	S
卫生部门	S		S		S			S	R		S			
建设部门	S				S			S				S	S	S

① 刘铁民. 应急体系建设和应急预案编制［M］. 北京：企业管理出版社，2004. 21.

（续上表）

应急机构	应急功能													
	接警与通知	指挥与控制	警报与紧急公告	通信与信息	事态监测与评估	警戒与管制	人群疏散	人群安置	医疗与卫生	公共关系	应急人员安全	消防与抢险	泄漏物控制	现场恢复
铁路部门	S						S	S					S	
财政部门					S		S	S	S		S	S	S	S
科技部门					S				S		S	S		S
民政部门								R	S				S	
教育部门							S	S		S				

注：R—负责部门；S—支持部门。

3. 分预案二：特殊风险预案

特殊风险预案建立在公共安全风险评价的基础上，按照自然灾害（地震、洪水、风暴等）、事故灾难（危险化学品事故、大型设备故障、管道腐蚀泄漏导致中毒等）、社会安全事件和公共卫生事件分类，提出其中有若干类不可接受风险。根据风险的特点，针对每一特殊风险中的应急活动，分别划分相关部门的主要负责、协助支持和有限介入三类具体的职责。不同企业和不同行业的风险不同，事故类型也不同，应针对其不同的特殊风险水平来制定相应的特殊风险管理内容。

4. 分预案三：标准操作程序

由于在应急预案中没有给出每个任务的实施细节，各个应急部门必须制定相应的标准操作程序，为组织或个人提供履行应急预案中规定的职责和任务时所需的详细指导。一般操作标准程序依照操作指令检查表和对检查表的说明进行，一旦应急预案启动，相关人员可按照操作指令检查表逐项落实行动。标准操作程序是应急预案中最重要和最具可操作性的文件，回答的是在应急活动中谁来做和怎样做等一系列问题。

5. 分预案四：支持附件

这部分内容最全面，是应急管理的支持体系，应急策划中的危险分析、资源分析和化学危险品的一些数据、管理内容、工艺过程、专家库系统等材料都在支持附件中体现，包括对应急救援的有关支持保障系统的描述及有关附图和附表。

三、应急预案的主要内容

应急管理的预案是一个开放、复杂和庞大的系统，应急预案的设计和组织实施应遵循体系要素构成和持续改进的指导思想。应急预案的基本内容主要由五大要素构成：方针与原则、总体策划、应急准备、应急响应和灾后恢复。

（一）方针与原则

方针与原则是应急管理预案编制与救援工作实施的纲领部分，它指明了应急管理工作的优先方向、政策、范围和总体目标。应急工作的策划和准备、应急策略的制定和现场应急救援及灾后恢复，都应当围绕方针和原则展开。

（二）总体策划

策划是制定应急预案的技术基础，通过全面系统地认识和评价可能发生的潜在事故的类型、性质、区域、分布及事故后果，分析应急救援力量和可用资源情况，为所需的应急资源提供建设性意见。因此，总体策划主要包括风险评价、资源分析和法律法规要求三个二级要素。

（1）应急预案中的风险评价。风险评价主要针对可能导致重大人身伤亡和财产损失及产生严重社会影响的重大事故灾害风险展开。对易燃易爆、有毒有害的重大风险列出清单，逐一评价；对一些事故发生概率较低，但预期后果特别严重的重大风险应进行定量化风险评价。

（2）资源分析。首先初步确定应急救援活动所需资源的类型（人力、装备、资金和供应）和规模（要标明具体数量），其次调查清楚现有资源概况和尚欠缺的资源种类和数量，最后提出资源补充、合理利用和资源集成整合的建议方案。

（3）法律法规要求。应明确国家、政府和行业法律法规要求，掌握关于应急方面的法律法规，遵守相应的法规情况等，尤其应关注一些和应急救援活动密切相关的法规、标准的规定。

（三）应急准备

应急准备包括应急指挥机构，应急设备、设施与物质，应急人员培训，应急预案演练，教育宣传及互助协议六个二级要素。

（1）应急指挥机构与职责。应明确分为场内与场外两类应急指挥中心。前者的职责主要是对整个应急救援活动的组织协调、资源调配和扩大应急救援活动的指挥，而后者是直接承担起现场的控制灾害、救护人员和工程抢险等具体实效的救援任务。

（2）应急设备、设施与物质。包括基本物质、专用设备和经费支持，这些内容都要建立标准化操作程序。

（3）应急人员培训。其核心是制订一个行之有效的培训计划。培训的目标是提高各类应急救援人员的素质和能力。

（4）应急预案演练。应急预案演练的目标是检验其应急行动与预案的符合性、应急预案的有效性和缺陷，以及对于应急能力水平的评估。

（5）教育宣传的目标是提高全体公众的应急意识和能力。

（6）互助协议。主要是紧急时刻需要协助的机构与组织之间建立的联系，这种联系是通过事先签订互助协议的方式实现的。

（四）应急响应

应急响应是应急预案中的核心内容，它包括如下十个二级要素：

（1）现场指挥与控制。要以事故发生后确保公众安全为主要目标。按照应急预案的响应程序指挥、协调救援行动，合理使用应急资源，使事故迅速得到有效控制。

（2）报警与通知。这是应急救援迅速启动的关键。接到报警后进行信息筛选与分析，并迅速向有关应急机构发出事故通知，包括突发事件的地点、时间、类型、范围，初步分析事故趋势。

（3）警报系统及程序。事故被确认后立即通报政府应急主管部门和相应的应急指挥中心，及时向公众和各类救援人员发出事故应急警报，建立通信程序。

（4）确保报警和通信器材完好，并能合理和正确使用报警和通信器材。保持信息渠道24小时畅通。

（5）应急救援的事态监测。包括制定的监测组织对大气、土壤、水和食物等样品采集与被污染状况的测定，对风险的全面评估，以及监测和分析事故造成的危害性质及程度，以便提高或降低应急警报级别并采取相应的对策。

（6）应急救援的人员疏散与安置。应使所有公众熟悉报警系统、集合点、逃生线路、避难所及总体疏散程序，准确地估计事故影响的地域和人员范围，以便组织疏散、撤离，积极搜寻、营救受伤及受困、失踪人员，建立应对现场毒物泄漏的避难所、疏散区域，保障受灾人员的临时生活等。

（7）警戒与治安是现场救援工作顺利开展的保障。救援现场要设定警戒线（区域），执行事故现场警戒和交通管制程序，保障救援、物质供应、人员疏散的交通畅通和事故发生前后的警戒开始与撤销的批准程序。

（8）应急救援中的医疗与卫生服务。由专业的、接受过急救和心脏恢复培训的人员组成医疗救援小组，在当地卫生部门的配合下，及时提供急需的医疗设备和急救药品。

（9）应急救援行动的原则应是优先确保公众和应急救援人员的安全，严禁冒险指挥，防止造成次生灾害。

（10）在重大事故中应明确应急过程中的媒体及公众发言人，协调外部机构及时与各部门联系，做好相关社会服务。

（五）灾后恢复

灾后恢复是指在突发事件结束之后的一系列应急管理工作，包括恢复计划、资源补给计划、征用资源的赔偿计划、灾后心理辅导与建设等方面。由于突发事件结束后可能对社会大众造成一定的负面影响，因此灾后恢复工作是应急预案和管理中的重要组成部分。在应急预案中，灾后恢复工作的操作性内容除了以上提到的计划部分外，还应明确要采取的措施和相应的策略是什么，以及这些措施和策略如何执行，如谁负责什么、何时做、怎么做以及资源的配送方案等。

操作性预案必须细化的内容包括预案适用的范围和条件，资源的布局和配置状况，所要采取的措施、方案及动态调整方法，资源配送方案及方法等。

第二节 应急预案的编写

一、应急预案编写的文件体系

（一）预案文件体系

应急预案是一个完整的文件体系，详尽而完善的预案文件可以促进应急行动的有效管理与实施。要编写好应急预案，首先应该明确文件体系的内容，它是由四级文件——总预案、程序、说明书和记录构成的一个完整的预案文件体系。

一级文件是总预案。它包含了对紧急情况的管理政策、预案的目标、应急组织和责任等内容。

二级文件是程序。它说明某个行动的目的和范围。程序内容十分具体，比如该做什么、由谁去做、什么时间和什么地点等。它的目的是为应急行动提供指导，但同时要求程序和格式简洁明了，以确保应急队员在执行应急步骤时不会产生误解。格式可以是文字叙述、流程图表，或是两者的组合等，应根据每个应急组织的具体情况选用最适合本组织的程序格式。

三级文件是说明书。它对程序中的特定任务及某些行动细节进行说明，提供给应急组织内部人员或其他个人使用，如“应急队员职责说明书”、“应急监测设备使用说明书”等。

四级文件是记录，即对应急行动的记录。包括在应急行动期间所做的通信记录、每一步应急行动的记录等。

从记录到总预案，层层递进，组成了一个完善的预案文件体系。从管理角度而言，可以根据这四类预案文件等级分别进行归类管理，既保持了预案文件的完整性，又因其清晰的条理性便于查阅和调用，保证应急预案能得到有效运用。编写应急预案文本文件仅仅是应急预案的第一步，其有效性必须经过评估和演练才能得以检验并不断改进。

（二）预案主要程序文件

程序文件是根据突发事件生命周期的全过程编制的书面应对程序，不同类型的应急预案所要求的程序文件是不同的，一个完整的应急预案应包括六方面内容（见表2－2）：

（1）预案概况——对紧急情况应急管理提供简述并作必要说明。

（2）预防内容——对潜在事故进行分析并说明所采取的预防和控制事故的措施。

（3）预备程序——说明应急行动前所需采取的准备工作。

（4）基本应急程序——给出任何事故都可适用的应急行动程序。

（5）专项应急程序——针对具体事故危险性的应急程序。

（6）恢复程序——说明事故现场应急行动结束后所需采用的清除和恢复行动。

表 2-2　应急预案程序文件内容

预案程序文件内容			
预案概况	目录	基本应急程序	监测与报警
	预案分配表		指挥与控制
	实施令		通信联络
	名词、定义		应急关闭程序
	简介		现场疏散
	目的		医疗救援
	政策、法规依据		政府协调
	安全状况	专项应急程序	火灾与泄漏事故应急程序
	可能的事故情况		爆炸事故应急程序
	应急计划指导思想		其他事故应急程序
	应急组织与职责	恢复程序	起因调查
	应急计划评估、检查与维护		损失评价
预防内容	消防措施		事故现场恢复
	关键设备、设施的检测与检验		生产恢复
	安全评审		索赔程序
预备程序	人员培训		
	演练		
	物资供应与应急设备		
	记录保存		
	互助合作		
	员工与社区居民安全意识		

二、预案的编制过程

应急预案的具体编制过程可以分为成立预案编制小组、风险识别与评估、应急能力评估、编制应急预案、预案的评审与发布和预案的实施六个基本步骤。

（一）成立预案编制小组

应急预案的编制需要来自不同部门、不同专业领域的相关人员共同参与，是将专业知识与现场实际相结合，在各方面人才通力合作下才能完成的。因此，通过成立预案小组，将城市各有关职能部门、各类专业技术有效地结合起来，可以保证应急预案编制的准确性和完整性，而且预案小组也为城市应急各方提供了一个非常重要的协作与交流机会，有利于统一应急各方的不同观点和意见。

预案编制小组的成员一般应包括：市长或其代表，应急管理部门，下属区或县的行政负责人，消防、公安、环保、卫生、市政、医疗急救、卫生防疫、邮电、交通和运输管理部门，技术专家，广播、电视等新闻媒体，法律顾问，有关企业，以及上级政府或应急机构代表等。预案编制小组的成员确定后，必须确定小组领导，明确编制计划，保证整个预案编制工作的组织实施。

（二）风险识别与评估

风险识别与评估的主要内容是危险分析。危险分析是应急预案编制的基础和关键过程。危险分析的结果不仅有助于确定需要重点考虑的危险，提供划分预案编制优先级别的依据，而且也为应急预案的编制、应急准备和应急响应提供必要的信息和资料。

危险分析包括危险识别、脆弱性分析和风险分析。

1. 危险识别

危险识别是风险评估的前奏，通过危险识别寻找一定区域中可能存在的重大危险因素，然后对其进行风险评估是危险识别的主要目的。危险识别应分析本地区的地理、气象等自然条件，以及工业和运输、商贸、公共设施等的具体情况，总结本地区历史上曾经发生的重大事故，以识别出可能发生的自然灾害和重大事故。危险识别还应符合国家有关法律法规和标准的要求，不同的预案规定的内容各不相同。一般在危险识别中，至少应该包括如下内容：

（1）危险化学品工厂（尤其是重大危险源）的位置和运输路线。

（2）伴随危险化学品的泄漏而最有可能发生的危险（如火灾、爆炸和中毒）。

（3）城市内或途经城市进行运输的危险化学品的类型和数量。

（4）重大火灾隐患的情况，如地铁、大型商场等人口密集场所的火灾隐患。

（5）其他可能的重大事故隐患，如大坝、桥梁等存在的安全隐患。

（6）可能的自然灾害，以及地理、气象等自然环境的变化和异常情况。

（7）具体环境中需要考虑的危险因素等。

2. 脆弱性分析

脆弱性分析的目的是确定一旦发生危险事故，城市的哪些地方容易受到破坏。脆弱性分析结果应提供下列信息：

（1）受事故或灾害严重影响的区域，以及该区域的影响因素（如地形、交通、风向等）。

（2）预计位于脆弱带中的人口数量和类型（如居民、职员，以及敏感人群——医院、学校、疗养院、托儿所）。

（3）可能遭受的财产破坏，包括基础设施（如水、食物、电、医疗）和运输线路。

（4）可能的环境影响因素。

另外，不同地区的薄弱环节各有差异，人口集中度、产业集中度、城市生命线的可靠性和各系统之间的相互依存度都不一样。

3. 风险分析

风险分析是根据脆弱性分析的结果，评估当事故或灾害发生时，对城市造成破坏（或伤害）的可能性，以及可能导致的实际破坏（或伤害）程度。通常可能会选择对最坏的情况进行分析。风险分析可以提供下列信息：

（1）发生事故和环境异常的可能性（如发生洪涝灾害的可能性，或同时发生多种紧急事故的可能性）。

（2）对人造成的伤害类型（急性、延时或慢性的）和相关的高危人群。

（3）对财产造成的破坏类型与后果。

（4）对环境造成的破坏类型与后果。

要做到准确分析事故发生的可能性是不太现实的，一般不必过多地将精力集中到对事故或灾害发生的可能性进行精确的定量分析上，可以用相对性的词汇（如低、中、高）来描述发生事故或灾害的可能性，但关键是要在充分利用现有数据和技术的基础上进行合理的评估。

（三）应急能力评估

应急能力评估应以危险分析为基础，对已有的应急资源和应急能力进行评估，包括城市应急资源的评估和企业应急资源的评估，明确应急救援的需求和不足。

应急资源包括应急人员、应急设施、装备和物资等；应急能力包括人员的技术、经验和接受的培训等。应急资源和应急能力将直接影响应急行动的快速有效性。预案制定时应当在评价与潜在危险相适应的应急资源和应急能力的基础上，选择最现实、最有效的应急策略。应急能力评估的标准有很多，为了便于读者理解，表2-3引用了铁永波等（2005）提出的城市灾害应急能力二级指标体系，以供参考。

表2-3　城市灾害应急能力二级指标体系

一级指标	二级指标
灾害监测预报能力	对已有灾害的监测预报能力 对可能存在的灾害的监测预报能力 预报精度的高低 预警设施的完善情况
灾害防御能力	城市建筑抗灾能力的大小 防御措施的情况
城市居民应急能力	防灾意识的普及程度 公众参与防灾学习情况 公众对防灾计划的了解情况 居民的自救能力
政府部门的快速反应能力	有无编制灾害应急预案 指挥部门到达现场的速度 灾害信息的发布能力 灾害损失评估能力
应急救援能力	现场指挥救灾能力
应急资源保障能力	通信能力 运输能力 救援队伍的人力投入 救灾资金的储备情况 医疗救助能力 灾民安置能力 救灾物资供应能力 灾害立法的情况

资料来源：铁永波，唐川．城市灾害应急能力评价指标体系建构［J］．城市问题，2005（6）．

（四）编制应急预案

应急预案的编制必须基于突发事件风险分析结果之上，符合城市应急资源的需求和现状以及有关的法律法规要求。此外，预案编制时应充分收集和参阅已有的应急预案，以尽最大可能地减少工作量和避免应急预案的重复和交叉，并确保与其他相关应急预案协调一致。其主要内容包括风险等级分析，书写预案，建立应急训练时刻表，与外部组织的协调，与其他社团机构保持联系，应急救援预案的检查、演练与修正，寻求最终批准以及预案的批准与分发等。

另外，预案编制小组在设计应急预案编制格式时还应考虑：

（1）合理组织。应合理地组织预案的章节，以便每个不同的读者能快速地找到各自所需要的信息，避免其从一堆不相关的信息中去查找所需要的信息。

（2）连续性。保证应急预案各个章节及其组成部分，在内容上相互衔接，避免内容出现明显的位置不当。

（3）一致性。保证应急预案的每个部分都采用相似的逻辑结构来组织内容。

（4）兼容性。应急预案应尽量采取与上级机构一致的格式，以便各级应急预案能更好地协调和对应。

（五）预案的评审与发布

为保证应急预案的科学性、合理性以及与实际情况相符合，必须对编制好的应急预案进行评审，包括组织内部评审和外部评审。内部评审是编制小组成员内部实施的评审，是对预案初稿的内容完整性、语言流畅性等方面的评价与审核。外部评审是由本城市或外埠同级机构、上级机构、社区公众及有关政府部门实施的评审，评审的目的是确保预案能够被城市各阶层接受。根据评审人的不同，外部评审又可分为专家评审、同级评审、上级评审、社区评审和政府评审。

城市重大事故应急预案经过评审后，应由城市最高行政官员签署发布，并报送上级政府相关部门和应急机构备案。

（六）预案的实施

应急预案经批准发布后，其实施便成了城市应急管理工作的重要环节。应急预案的实施包括：开展预案的宣传贯彻，进行预案的培训，落实和检查各个有关部门的职责、程序和资源准备，组织预案的演练及定期评审和更新预案，从而使应急预案有机地融入城市的公共安全保障工作之中，真正将应急预案所规定的要求落到实处，并在整个过程中不断完善预案。

三、预案实例及注意事项

为了便于对预案编制进行理解和操作，以下以《北京市地震应急预案》为例，对其编制的内容框架进行说明。

1. 总则

（1）编制目的。

（2）编制依据。

（3）指导思想和工作原则。

（4）地震事件的分类。

（5）地震灾害事件的分级。

（6）适用范围。

该部分的主要作用是说明突发事件应急管理的意义，应急管理的总体指导思想和原则，对突发事件进行分类、分级，指明预案的目的、适用范围以及制定和执行预案的法律依据等。

2. 组织机构及职责分工

（1）指挥机构及其职责。

（2）办事机构及其职责。

（3）成员单位及其职责。

（4）地震应急专业队伍。

（5）地震现场工作队的组成及主要职责。

（6）地震灾害紧急救援队。

（7）现场指挥部的组成及其职责。

该部分主要针对城市应急管理机构、人员构成、职责，以及机构工作机制作出明确规定。

3. 预测、预警机制

（1）监测与预测。

（2）预警等级。

（3）预警的发布与撤销。

（4）预警响应。

该部分主要规定平时要注意对潜在突发事件的监测，建立预警系统和预警机制，及时提醒有关部门和公众执行预防措施。

4. 应急响应

应急响应措施主要包括以下内容：

（1）地震监测与震情、灾情速报。

（2）人员紧急救助。

（3）医疗卫生救援。

（4）疏散安置。

（5）通信保障。

（6）交通运输保障。

（7）电力保障。

（8）城市公共设施抢险与应急恢复。

（9）建筑物抢险与安全鉴定。

（10）生活必需品和救灾物资供应。

（11）社会治安保障。

（12）消防与特种救援。

（13）次生、衍生灾害防御。

（14）灾害损失评估。

（15）地震应急救济款发放。

（16）文物、档案应急保护。

（17）新闻发布。

（18）社会动员。

（19）港澳台与涉外事务。

（20）呼吁与接受外援。

（21）分级响应。

（22）扩大应急。

（23）应急结束。

该部分主要规定突发事件爆发后的应对工作的指导原则——分级应对，就是对不同级别的应急预案，使用与事件级别匹配的资源，并根据事件的发展及时进行调整。

5. 其他地震事件的处置

6. 信息报告与发布

7. 善后恢复

5、6 和 7 都是关于突发事件后期处置的说明，包括对事件带来的直接或者间接影响的处置，对预案、预防工作和应急工作的总结，对事件原因的调查，以及对相关人员的奖励和惩罚等，具体内容可以参考北京市地震应急预案的原文进行理解。

8. 应急保障措施

（1）指挥系统技术保障。

（2）现场救援和工程抢险装备保障。

（3）应急救援队伍保障。

（4）地震应急避难场所保障。

（5）救灾物资保障。

（6）应急资金保障。

该部分是为了保证应急管理相关部门能够协同运作，为了快速有序地采取措施，尽快控制事态发展，从而对财力支持、物资保障、人力资源保障、法制保障、科研保障和社会动员与舆论支持等方面提出的相关要求。

9. 宣传教育、培训和演练

宣传教育可以促进预案的指导思想在具体实施过程中有效发挥，使来自不同领域的机构之间、人员之间相互配合从而共同完成任务的工作。培训工作的对象除了普通公众之外，更重要的是应急管理的直接参与者，并在培训的基础上，在条件允许的情况下进行演练，以便通过演习找出预案的不合理之处，并帮助相关人员熟悉预案中的内容，保证一旦发生突发事件，相关部门与人员可以有序地按照应急预案的规定进行应对。

10. 附则

(1) 名词术语、缩写语的说明。

(省略)

(2) 预案管理。

①预案制定。

本预案由北京市人民政府负责制定，北京市地震应急指挥部办公室负责解释。

本预案所涉及的区县、相关部门及企事业单位要按照各自的地震应急职责，制定本地区、本系统、本部门、本单位的应急预案，并报市地震应急指挥部办公室备案。市地震应急指挥部办公室负责督促、指导区县和相关单位应急预案的编制工作。

②预案修订。

随着相关法律法规的制定、修改和完善，相关情况发生的变化，以及在应急处置过程和各类应急演练中发现的问题，适时对本预案进行修订。原则上每三年修订一次。

③监督、检查与奖惩。

市地震应急指挥部办公室依据《中华人民共和国防震减灾法》、《破坏性地震应急条例》、《国家地震应急预案》和《北京市实施〈中华人民共和国防震减灾法〉办法》等有关规定，对本预案实施中的行为进行奖惩，定期或不定期地检查各地区、有关部门和单位应急人员、设施、装备等资源的落实情况。

④预案实施时间。

本预案自印发之日起实施。《北京市破坏性地震应急预案》（京政办发〔2001〕4号文件）同时废止。

为了便于理解预案的制定，这里呈现了北京市地震应急预案的附则部分——

预案管理的全部原文，其余不再赘述。[①]

第三节　应急预案评估与演练

一、应急预案的评估

（一）应急预案的评估方法

突发事件应急预案的制定是一个持续的过程，它的结果必须能迅速反映现场的新发展、条件的新变化，以及新的数据、知识、设备和物资的可获得情况。因此，当一项预案编好后，首先需要对以下内容进行检验：系统的完整性、报警系统、信息的传递速度及合作质量、应急反应系统的质量、外部机构合作、外部人力和物力的提供情况、实施保护和补救措施的速度、事件的监控、应急人员、管理机构和当地指挥中心的通信联络等。

应急预案的评估就是评估预案的科学性和可操作性，其目的是发现问题，提高预案质量，完成对应急预案的检验。预案评估的主要方法是专家评估法与演练法。专家评估法是一种静态的评估方法，是从现有预案的逻辑结构、应对措施的逻辑顺序、应急资源的配置情况等方面来进行评估的。由于这种评估并不全面，多是作为预案演练的补充形式，或者将两者结合起来进行预案检验，可以起到相互补充的作用，达到较好的评估效果。

在专家评估法中常见的综合评估工具有模糊综合评价法、综合评分法、综合指数法、功效系数法、最优值距离法、多元统计方法等。在实际应用中，可以根据不同背景选择不同的工具进行评估，由于这些工具过于专业和复杂，这里不再一一介绍。

（二）应急预案的前评估

按评估的时间不同可以将预案的评估分为前评估和后评估两类。预案的前评估是指在应急预案实施前对其进行评估，主要是针对一个应急预案，从其编制原则、构成要素和内容等方面进行评估。因为预案制定是否科学、内容是否完备等都会影响到应急预案的实施效果，因此本文在应急预案实施前选择多级指标，建

---

① 资料来源于首都之窗—北京市政务门户网站（http：//www. beijing. gov. cn/zfzx/gzzd/yjya/t777038. htm）。

立综合评估指标体系进行评估，其中一级指标是应急预案编制的科学性、应急预案构成要素的完备性、应急预案内容的完整性和应急预案的可操作性。在这四个一级指标下面又建立二级和三级指标，整个指标体系如表2－4所示。

表2－4 应急预案的综合评估指标体系

一级指标	二级指标	三级指标
应急预案编制的科学性	指导思想的科学性	具有正确的减灾思想
		具有对突发事件机理的正确认识
	应急预案的系统性	对突发事件的系统分析
		应急预案生成的方法、原则和程序的系统性
	选择编制人员的科学性	选择的编制人员的单位覆盖广度
		制订应急预案的编制计划
	预案编制流程的合理性	在应急预案编制前要进行风险评估
		应急预案编制后要经过评审和演练
应急预案构成要素的完备性	具有明确的情景	明确的自然情景
		明确的社会情景
	具有明确的客体	应对的事件的类型
		应对的事件的级别
	具有明确的主体	明确应对的负责部门或单位
		明确各个部门的人员职责
	具有明确的目标	确定实施要达到的具体目标
		明确各个目标的优先顺序
	具有可行的措施	各项措施有明确的目的
		各项措施有明确的执行者
		各项措施之间有合理的逻辑关系
	具有科学的方法	使用科学的管理方法
		使用科学的措施和辅助方法

（续上表）

一级指标	二级指标	三级指标
应急预案内容的完整性	具有应急预案适用的范围	应急预案适用的地域范围
		应急预案适用的类型和级别
	具有有效的脆弱性评估	地区的整体脆弱性情况
		地区内各点脆弱性的情况
	具有突发事件的分类、分级	具有分类、分级的指标
		具有对突发事件分类、分级的结果
	具有资源布局的评估	评估资源满足需求的程度
		确定各种资源的存放地点
	具有合理的应急体系	体系结构完整合理
		体系内机构职责明确
	具有预警功能	具有预警功能
应急预案的可操作性	具有机制保障	国家的法规政策保障
		颁布预案地区的法规政策保障
		联运机制的保障
	具有资源保障	本地区的资源情况
		资源的定期评估和补充
		邻近地区的资源互助
	应急方案具有逻辑性	应急方案的合理性
		应急方案之间衔接的合理性
	应急方案具有灵活性	动态调整的理论思想
		动态调整的方法支持

资料来源：于瑛英，池宏，高敏刚．应急预案的综合评估研究［J］．中国科技论坛，2009（2）．

（三）应急预案的后评估

应急预案的后评估是指在预案实施后对其实施效果进行及时的评估。由于应急预案的实施可以看作是一个项目的实施，因此预案后评估是借鉴了项目管理中后评估的方法。应急预案的实施是为了减少突发事件造成的影响和损失，因此对应急预案实施的后评估主要是从应急预案的实施过程和实施效果两个方面进行评估。表 2－5 所示为应急预案的后评估指标体系。

表 2－5 应急预案的后评估指标体系

一级指标	二级指标
实施过程评估	接警以及出警的及时性
	操作过程的逻辑性
	应对者职责的明确性
	资源的充分性
	资源运送的及时性
	调整的灵活性
实施效果评估	社会损失挽回情况
	经济损失挽回情况
	生命财产损失挽回情况

资料来源：于瑛英，池宏，高敏刚．应急预案的综合评估研究［J］．中国科技论坛，2009（2）．

对应急预案进行效果评估是为了分析原因，比如，在应急预案实施过程中出现资源未能满足需求的情况，是由于地区资源布局不足，还是资源调度过程时间耽误，或者是应急指挥者对资源需求判断失误？

如果是地区资源布局不足的原因，则返回去分析在应急预案制定过程中是否进行了资源布局的评估，资源布局的评估结果是否可以解释此次出现的结果；如果是调度过程时间耽误，分析其是否由应急指挥体系出现职责不明确的情况所造成，这需要返回制定过程中分析应急体系的合理性；而对资源需求判断失误，则可能是由于对此种突发事件的分级不合理、突发事件各级别对资源需求的分析不合理，或者是应急指挥者经验不足等原因造成的。

总之，对应急预案的评估是根据后评估的结果，将前评估和后评估相结合，从而实现对应急预案从制定到实施再返回到制定的一个动态评估过程，进而为未来制定有效的应急预案提供参考。

二、应急预案演练

应急演练是指来自多个机构、组织或群体的人员针对假设的突发事件，执行实际紧急事件发生时各自职责和任务的排练活动。应急预案演练是对预案的科学性、有效性和可操作性进行检验的最佳方法，它可以检测预案培训效果、测试设备和保证所制定的应急预案和程序的有效性。发现应急预案制定以及实施过程可能出现的问题，是应急预案评估的内容之一。

（一）应急预案演练的目的与意义

应急预案演练是预案评估的最有效方法，它通过实战或虚拟的场景来检查预案的实施效果。应急预案演练的意义在于，通过演练可以在事故真正发生前暴露预案和程序的缺陷，发现应急资源的不足，改善各个应急部门、机构、人员之间的协调性，增强全员应对突发重大事故救援的信心和应急意识，提高应急人员的熟练程度和技术水平，进一步明确各自的岗位与职责，提高各级预案之间的协调性和整体应急反应能力。通过应急预案演练，主要可以实现以下目的：

（1）测试和验证应急管理体系在应对可能出现的各种意外情况方面所具备的有效性、充分性和适应性，保证制定的措施能全面应对出现的紧急情况。

（2）通过对现实应急能力的评估，检查预案的科学性与可行性，在事故发生前暴露预案和程序的缺点，并对应急预案的缺陷进行分析诊断，以便通过持续改进，提高整体应急反应能力。

（3）明确每个人的岗位和职责，对事故预案各组织机构人员、职能和工作情况进行评估，提高各种应急响应人员、部门和机构之间的协调水平，提高应急处理体系的反应能力、处理能力、协同作战能力和应急处理的实战水平。

（4）对突发事件应急准备情况进行检验，辨识出缺乏的人员和物资，以及资金调运过程中存在的问题，制订调整、补充方案。

（5）在企业应急管理的能力方面获得公众认可和信心，增强应急处理人员对预案的熟悉程度和对突发事件应急处理的信心，提高应急处理人员的突发事件处理能力和反应速度。

（6）加强企业与外部应急救援机构的联系，提高利用外部救援资源的能力。努力增加企业应急预案与政府、社区应急预案之间的合作与协调。

但是，由于客观条件限制、成本较高等原因，不是所有的预案都可以通过演练来检验，此时可以采用专家评估法弥补其缺陷。

（二）应急预案演练的种类

从演练规模的角度分析，可以将突发事件预案分为单项演练、组合演练和全面演练。

1. 单项演练

单项演练是为了发展和熟练掌握某些基本操作或完成某种特定任务所需的技能而进行的演练，这种演练是在应急处理人员完成对基本知识的学习以后进行的。

例如，通信联络、报警、报告程序演练，化学侦察动作演练（对突发事件发生区边界确认行动，在危害区边界变化情况时判定行动，对滞留区地点及危害程度侦察等），消毒去污行动演练，公众信息传播演练，等等，都属于单项演练。

2. 组合演练

组合演练是一种为了发展或检查应急组织机构之间及其与外部救援机构之间的相互协调性而进行的演练，是将具有较紧密联系的多个应急任务组合在一起进行的演练，注重检验突发事件应急处理体系各机构、各环节间的相互协调、相互配合关系，其目的是要交流信息，加强应急行动中各应急处理组织之间的配合和协调性。组合演练可能涉及多个应急处理项目，如危险化学品泄漏处理、环境监测和消毒、人员撤离和救治之间的衔接、配合；火灾处理、系统隔离、生产系统恢复之间的应急处理配合等。

3. 全面演练

全面演练又称为综合演练，是应急体系内所有承担应急处理任务的组织或其中绝大多数组织参加的为全面检查执行预案可能性而进行的演练，主要目的是验证各应急处理组织执行任务的能力，检查相互之间的协调能力，检验各类组织能否充分利用现有人力、物力来降低突发事件后果的严重程度及确保公众的安全与健康，检验各类组织能否高效地调配和利用应急资源和应急力量。通过演练，要达到提高应急预案处理的可靠度与可行度、能发现预案中存在的主要问题、提供改善预案的决策性措施的目的。

根据实际情况确定采取哪种突发事件应急预案的演练方式时，通常应考虑以下因素：突发性事件应急处理机制建立和预案编制进展情况；准备演练的事故预案涉及的危险源性质及其危害程度；企业现有的应急响应能力；演练的成本及现有人力、物力资源情况；国家或上级机构对突发事件应急预案演练的有关规定。

（三）应急预案演练的过程

突发事件应急预案演练的组织和策划是一项复杂的任务，需要成立演练策划小组，由专人负责制订演练计划。一般突发事件应急预案演练分为三个阶段，即准备阶段、实施阶段和总结改进阶段。

1. 准备阶段

准备阶段是保证演练成功的关键，准备充分的演练可以有效验证突发事件应急预案的充分性和可行性，及时发现突发事件应急预案中存在的缺陷和问题。为保证演练的效果，一般要求参与演练的人员不能参加演练的策划和方案设计。准备阶段的主要任务见表2－6。

表 2－6　演练准备任务表

工作过程	工作任务
文件准备阶段	确定演练目标、规模与响应级别 确定参演人员种类 设计演练场景，如人员受到伤害或围困、现场对外通信中断；火势猛烈、初期扑救失败、威胁附近其他物质、警戒失效等 设计模拟人员的动作 评估演练过程中潜在的事故风险，制定防控措施 编制演练方案、演练评价记录表格、演练规则等 评审演练方案 确定、批准演练方案
物资准备及培训阶段	备妥模拟人员需用器材，以及出现潜在事故时的应急器材 备好演练记录用具 对参演人员进行现场处置方案培训 应急救援器材使用方法培训 对模拟人员说明动作要求 明确模拟演练通信要求 明确演练出现异常情况时立即终止的信号
信息沟通阶段	向上级部门或政府有关部门报告演练时间、地点、类别、规模等事宜，向演练可能影响到的友邻单位传递演练信息 请相关人员参与观摩

2. 实施阶段

演练的实施阶段主要是按照演练方案，及时向参加演练人员提供预想的突发事件发生、发展情况及影响范围，以考察应急处理人员的处理问题能力、响应速度及相互协调配合情况。实施阶段评价人员要做好参加演练队伍和人员的现场表现记录，为总结分析提供依据。

3. 总结改进阶段

总结改进阶段主要是对突发事件应急预案能否满足突发事件应急处理要求进行总体评价，主要包括以下内容：演练各项信息的汇总；演练评价人员与参加演练人员的交流、访谈；参加演练人员的自我评价；演练策划小组针对演练得失情况组织讨论与交流；演练评价人员讨论确定突发事件应急预案的不满足项；编写演练总结报告，制定针对不满足项的改进和补救措施；必要情况下，修订突发事件应急预案，跟踪检查不满足项的整改进度。

应急演练是一种综合性的训练，也是训练的最高形式，演练应该在培训和训练后进行。演练应在模拟突发事件的条件下实施，应更加逼近实际的训练和检验训练效果。突发事件应急演练也是检查应急准备周密程度的重要方法，是评价应急预案准确性的关键措施，演练的过程也是参演和参观人员的学习和提高能力的过程。

三、应急预案演练案例①

以下是以某化工企业火灾预案的应急演练为例，对突发事件的应急预案的演练作一个简单的描述。

（一）应急预案演练方案

预案名称	应急预案——装油台初起火灾扑救			演练地点	中心装车台
组织部门	安环部	总指挥	李总	演练时间	2007年11月12日（周一）15：00—17：00
参加演练单位	安环部、生产部、储运班、厂办公室、财经部、厂部				
演练类别	实际演练	全部预案	重点演练部分：油车火灾扑救、灭火器使用、泡沫系统使用、消防车操作		
物资准备	35千克干粉灭火器2个、8千克干粉灭火器2个、4千克干粉灭火器2个；泡沫消防车1台、消防水带6条、示范车1台；对讲机2台，桌子1张，指挥部旗子1面、指挥旗4面，支援车1台，卫生箱1个				

① 资料来源于百度文库（http：//wenku.baidu.com/view/6ff802a0b0717fd5360cdc02.html）。

演练过程描述	一、事故描述：1台油槽车在装油过程中，由于静电接地不可靠，静电跳火造成油槽车突然起火，火苗从罐顶往上蹿，人员无法接近，并且有部分油已溢出槽车造成车身起火，有1名操作人员被烟熏窒息晕倒在地，火灾有蔓延扩大的危险 二、应急程序 1. 报警：现场（首先发现人）高喊示警，装卸操作人员立即停泵，切断电源，关闭各油路管线阀门。巡查的消防保卫人员立即用对讲机通知门卫，门卫值班人员按动火警电铃，同时拨打电话报告安环部长、厂办公室，厂办公室报告各领导（拨打119火警电话） 2. 疏散：在场巡查的消防人员立即疏散周围车辆和无关人员，组织现场操作人员、油车司机和押运员等使用装车台预置的灭火器灭火、用消防水带喷淋保护 3. 初期扑救：专职消防人员出动消防车开赴装车台，指挥员侦察火情，两名消防员转移晕倒的伤员，消防车上两名消防员架设泡沫炮喷射泡沫 4. 指挥部和各应急组就位：指挥部设在化验室北面（火场上风向），指挥部根据现场情况汇报和实地侦察，对指挥、行动、策划、资金、行政5个核心职能作出及时、准确、果断的决策，并迅速下达指令 5. 生产应急：生产车间视情况对生产装置进行应急措施处理，并从室外消防栓“消3”、“消6”处调出两支水枪冷却保护生产装置，阻绝火势向装置蔓延 6. 攻坚：指挥部指挥专职消防队，启动消防泡沫泵进行大面积泡沫覆盖，两人从“消内4”处调出1支泡沫枪，两人从“消内3”处调出1支泡沫枪，同时向火源喷射泡沫 义务消防队启动消防水系统，分工如下：1人启动消防水泵，1人改系统流程，两人从室外消防栓“消4”处调出1支水枪，两人从室外消防栓“消5”处调出1支水枪，同时向事故车辆和周围设备喷水冷却保护 7. 警戒：疏散组疏散场内的车辆和人员，必要时疏散周围居民，引导救援人员和车辆就位，维护门口和厂内外道路畅通，预防坏人乘机破坏 8. 医疗救护：抢救受伤人员，在现场对受伤人员作必要的医疗处理，联系医疗单位救治受伤人员 9. 通信联络：及时做好厂各负责人之间的联系，并按总指挥的要求与政府、消防、公安、环保、安监、保险等单位保持联系，稳定场外人员的情绪（及时拍照记录） 10. 设备抢修：准备必要的工具和器材，根据应急救援需要进行抢修，应急救援完毕后，紧急抢修迅速恢复设备的良好状态 11. 后勤保障：及时组织餐饮和应急物资供应，保障应急资金及时到位，保障防护器材的供应 三、恢复程序 1. 清理“余火”防止复燃；2. 清洗现场；3. 设备抢修，恢复生产

<table>
<tr><td colspan="4">演练记录</td></tr>
<tr><td colspan="2">预案适宜性和充分性评审</td><td colspan="2">适宜性：☑全部能够执行 □执行过程不够顺利 □明显不适宜
充分性：□完全满足应急要求 ☑基本满足，需要完善
□不充分，必须修改</td></tr>
<tr><td rowspan="5">演练效果评审</td><td>人员到位情况</td><td colspan="2">☑迅速准确 □基本按时到位 □个别人员不到位
□重点部位人员不到位 ☑职责明确，操作熟练
□职责明确，操作不够熟练 □职责不明，操作不熟练</td></tr>
<tr><td>物资到位情况</td><td colspan="2">现场物资：☑现场物资充分，全部有效 □现场准备不充分
□现场物资严重缺乏
个人防护：☑全部人员防护到位 □个别人员防护不到位
□大部分人员防护不到位</td></tr>
<tr><td>协调组织情况</td><td colspan="2">整体组织：□准确、高效 ☑协调基本顺利，能满足要求
□效率低，有待改进
抢险组分工：☑合理、高效 □基本合理，能完成任务
□效率低，没有完成任务</td></tr>
<tr><td>实战效果评价</td><td colspan="2">□达到预期目标 ☑基本达到目的，部分环节有待改进
□没有达到目标，须重新演练</td></tr>
<tr><td>器材设备状态</td><td colspan="2">水压：0.5 帕 泡沫压力：0.5 帕 灭火器使用情况：良好
消防车喷射泡沫情况：发泡不理想
消防水系统运行情况：良好
消防泡沫系统运行情况：流程太远，出水速度慢</td></tr>
<tr><td colspan="2">存在问题和改进措施</td><td>存在的问题：见下面总结</td><td>改进措施：见下面总结</td></tr>
</table>

演练方案是演练策划人员依据预案和假设的事故场景编制的“演习剧本”，目的是检验、锻炼和提高应急人员应对生产安全事故的现场处置能力，并通过潜在的事故场景模拟事故在发生或发展阶段出现的景象，以贴近实战的方式对生产安全事故预案进行演练。因此，演练方案是预案由文本转为行动必不可少的过渡性文件，只有完善的演练方案，才能指导和掌控预案演练行动顺利并有效实施。

（二）应急预案演练示意图

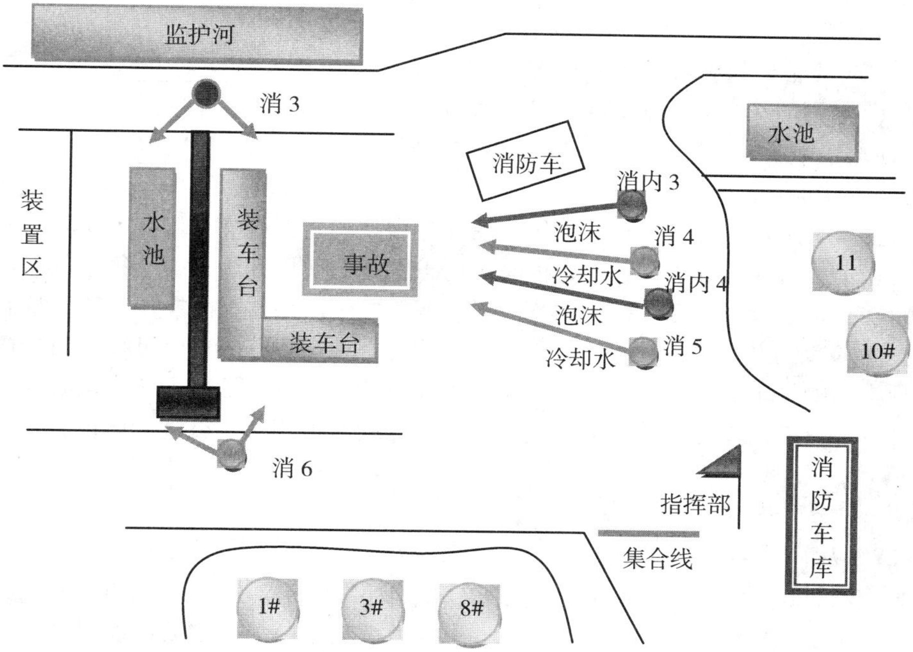

图2-3 装油台初起火灾扑救示意图

演练示意图如同作战的地图，可以简单明了地给人们呈现出整个预案演练的过程与行动，对于地形复杂的演练场所尤其需要，但不是必需的。

（三）应急预案演练程序

1. 人员就位（15：00）

（1）指挥部、医疗救护组、观摩人员在指挥部处待命。

（2）储运班2人在平台，2人在下面。

（3）安环部人员2人在装车台地面，其余人员在厂区门岗。

2. 请示

现场指挥：“应急预案演练人员就位完毕，请指示。”总指挥：“按原定计划进行！”

现场指挥发出指令：“演习开始。”——装车台用对讲机报告门岗，按动火警电铃。

3. 实施

（1）启动泡沫泵、循环水泵、监护河补水泵；救护伤员、铺设水带（等指令后方可出水）。

（2）4台干粉灭火器上下齐射。（喷完后人员撤离）

（3）消防车喷射泡沫；消内3、消内4喷射泡沫（水代替）；“消4”、“消5”向车辆喷水；“消3”、“消6”向装置喷水。

4. 现场总结并清场

在整个过程中要有针对性地组织一些专项技能培训演练，如在个体防护器材的使用上，将空气呼吸器、防毒面具等防护器材的使用方法，教会每一位岗位人员，在日常的检查中随时提问并现场考核职工佩带防护器材的操作技能，从而不断提高各岗位人员的基础知识水平和操作能力。预案演练的整个过程应当严格按照预案中的规定进行，整个过程中参与人员应严肃认真、积极配合实施演练，明确各自的责任与义务，并将演练过程中发现的问题报相关人员进行记录。

（四）应急预案演练总结

2007年11月12日（周一）15：00—17：00，厂区装车台进行了一次消防应急演习，历时90分钟左右。此次演习由安环部组织，厂部、厂办公室、生产部、财经部、安环部、储运班所有人员共110人参加，参加消防应急组的人员有28人。现场成立指挥部，演习总指挥是李总，×××任现场指挥，×××任消防应急组长。

1. 演习效果

该演习方案经过一周的研究和策划，上报有关领导，下发各部室、车间，并经过认真的学习和组织，严格按照演习方案进行演习。目的在于增强员工的消防安全意识和自我保护意识，提高全员对火灾等突发事故的应急处理能力，以及厂区在生产过程中对突发事故的有效控制能力。在此次演习中，各部门高度重视，人员到位速度快，各项演习项目认真到位，参演人员配合默契，模拟效果较好，通过演习对设备器材考验彻底。演习的三个主要目的是锻炼协同能力、全体人员熟悉特定的灭火方法、考验检查消防设施和器材，目的基本达到。

2. 通过演习检验问题

通过演习检验出的问题主要有：

（1）演习气氛不够紧张。

（2）灭火器效果不理想。

（3）有两条旧水带爆裂。

（4）有一个室内消防栓损坏。

（5）泡沫系统流程不合理，出泡沫时间长。

（6）消防车的消防泡沫出泡时间太长，发泡效果不好。

（7）有一名参演人员体力不支。

3. 改进措施

改进措施包括以下五个方面：

（1）健全义务消防队员队伍的建设与管理，责任落实到人，加强专职消防队伍培训。

（2）立即对全厂的消防安全设施进行全面的维护和保养。

（3）改造消防泡沫管，增加阀门使流程分区，便于泡沫快速到达指定地点。

（4）更换消防泡沫液。

（5）加大投入，适时更新添置消防安全器材。

演练总结是预案演练中最重要的部分，通过总结记录演练过程中出现的问题，归纳发现预案的不合理及不科学之处。上级领导要根据总结出的问题组织专家及相关人员对预案有针对性地修正与完善，才能真正实现预案演练的目的。

第三章　应急预警机制

第一节　预警机制概述

一、预警机制的含义

预警，指突发事件管理的主体根据有关事件现象、过去和现在的数据、情报和资料，运用逻辑推理和科学预测的方法与技术，对某些突发事件出现的约束条件、未来发展趋势和演变规律等作出科学的估计与推断，并发出确切的警示信号，使政府和民众提前了解事件发展的状态，以便及时采取相应策略，防止或消除不利后果的活动。①

预警制度包括两个方面的规定：一是对有可能引发突发事件的事物进行范围划分和分类，对其范围划分和分类形式作出规定；二是针对有可能引发突发事件的事物进行监测，对监测方式、监测手段、工作流程以及突发事件预警分级等应急活动行为作出规定。预警机制则是对预警过程的机制化建设，预警机制是应急管理的第一道防线，目的是有效地预防和避免突发事件的发生。建立预警机制就是要对可能会发生的各种突发事件有一个充分的估计，提前做好应急准备，选择一个最佳应对方案，最大限度地减少损失。在某种程度上，应急状态的预防比单纯某一特定突发事件的解决显得更加重要。如果能够在突发事件发生之前就及时把突发事件的根源消除，则良好的社会秩序能够得到有效保障，也可以节约大量的人力、物力和财力。

预警机制的建立由两部分构成，第一部分是“预”，第二部分是“警。”预与警有不同的组成部分，如下表所示。

---

① 张沛，潘锋．现代城市公共安全应急管理概论［M］．北京：清华大学出版社，2007．65．

预与警的构成

	预	警
主要内容	搜集、整合、处理相关信息，预测某一类事件的发展动态	根据预测结果，及时对特定的目标人群发布警示信息
信息流程	以由内而外为主，间有互动	以由内而外为主，间有互动
作用对象	特定的政府部门	特定的政府部门和潜在的受影响群体
实施手段	以先进的信息技术平台为基础，通过预测和仿真等技术实施	通过公共媒体、政府内部信息渠道等实施

资料来源：宋英华. 突发事件应急管理导论［M］. 北京：中国经济出版社，2009. 72.

二、应急预警以及预警机制的特点

（一）应急预警的特点

1. 时效性

从危机的征兆到全面爆发具有很高的不确定性，事态演变极为迅速。因此，借助现代先进信息技术，及时、准确、全面地捕捉各类危机征兆，对各类信息进行多角度、多层面的判断，向特定的群体传递并发出警示，可以极大地减少灾害的发生，从而把损失降到最低。

2. 全方位性

应急预警是一个开放性系统，能有效地考虑到各种潜在的不确定因素及其相互关联性等因素。

3. 协调性

应急预警涉及多个组织和多个系统，如政府、企业、公民等，是一个复杂的、综合性的系统工程，需要彼此之间的协调和配合。政府、企业、公民等齐心协力才能使预警机制发挥预防保障作用。

4. 多层次性

应急预警根据应急管理的不同层次设置不同的层级系统，从而形成一个从低层级到高层级、从简单到复杂、从小范围到大范围的系统。一般认为，应急管理应包含应急预警和应急响应处理两个基本过程。因此，认识突发事件的应急管理应该从应急预警开始，经历应急响应处理过程和循环往复的持续改进过程。

（二）预警机制的特点

1. 科学研究正规化

预警机制的建立要有专门的研究机构、研究人员及专项研究经费，政府和社会的研究机构要精诚合作、沟通信息、取长补短，确保各项工作顺利实施。

2. 组织结构动态化

政府预警组织应设在与公共管理有关的常设部门和各行各业相关组织结构中，履行平战兼容、一举两得的管理职能，这些部门和机构在进行日常管理的同时，兼管应急事件预警预设的有关事宜。

3. 法规体系周延化

政府应建立健全预防和处置应急事件的各类法律法规和规章制度，各种法规之间形成相辅相成、相得益彰的融合联系。

4. 技术装备信息化

突发事件处理部门须运用信息技术建立突发事件爆发前的危机管理知识系统、信息系统、综合分析及评价系统。

（三）制定预警机制的原则

1. 层次性原则

在突发事件应急管理中，应根据有可能发生的突发事件的类别和级别，结合突发事件应急管理能力，制定分级的预警机制。高于事件应对级别的预警，会造成大量的资源浪费，引起社会的负面效应，影响人们的正常生活和工作秩序。低于事件应对级别的预警，会在事件发生时，出现应急能力不足的局面，使突发事件不能得到及时控制，导致损失扩大。

2. 及时性原则

在预测突发事件极有可能发生时，要及时发布预警信息，使各方面在规定的时间内充分做好应急准备工作，使社会公众有充分的思想准备，这样才能使公众在突发事件发生时从容应对，避免手忙脚乱。同时，及时性原则还要求预报选择恰当的时机和方式，以保证预警信息能够及时、迅速地告知所有相关部门和人员。

3. 公开性原则

突发事件预警信息应该公开化，让社会、应急组织、媒体甚至国际组织了解事件的发展情况。相关政府部门不能以种种理由隐瞒不报，或只公开其中部分内容，或降低事态的严重程度。隐瞒突发事件只会损害政府、公民的利益，造成不必要的损失，并极有可能带来更大的社会危害和个人损失。

4. 畅通性原则

鉴于突发事件的不确定性和巨大的危害性，应充分利用科学的方法，采用先进的技术手段，简化烦琐的信息处理、分析、传输和决策环节，保证信息全面、快速、准确地传递。在突发事件应对过程中，时间因素尤为重要，如果能在时间上提早一点，就可能争取到事态控制的主动权，便可能极大地降低突发事件所造成的危害，甚至将突发事件消除在萌芽状态。

5. 关联性原则

预警过程是由一系列相互关联、先后有序的工作过程组成的，这些工作是按照科学的方法进行排列的，也是人们在长期的实践过程中总结的经验。每一次信息处理、分析、预测、评估、决策等都必须按部就班地进行，不可省略任何一步工作过程，以确保预警信息的正确性。

三、预警机制的目的和作用

建立预警机制的目的有两个：一是及时搜集和发现危机信息，对搜集到的信息进行快速分析处理，然后根据科学的信息判断标准和信息确认程序对爆发危机的可能性作出准确的预测和判断；二是及时向公众发布危机可能爆发或即将爆发的信息，以引起有关部门和人员的警惕。

要及时搜集和发现危机信息，首先要对危机进行监测。危机监测包括危机监视和危机预测两项内容。危机监视是指对可能引起危机的各种因素和危机的征兆进行严密的观察。危机预测是指对未来可能发生的危机类型及其危害程度作出估计。监视和预测是相辅相成的。危机监测是危机预警的前提条件，没有危机监测就不可能及时搜集和发现危机信息，更不可能发出危机预警信号，当然也谈不上进行危机预控和制订危机处理计划了。

科学的危机预警机制是应对危机、战胜危机的法宝。很多灾害，尤其是自然灾害，人类至今还不能对其进行有效的控制，如地震、海啸、台风等。但是，人类可以对危机进行控制，对危机造成的损失进行控制。相关部门和个人控制危机、减少损失的主要方法就是“防”和“避”，如人们为了减少地震造成的损失而修建抗震的建筑。同时，人们利用不断改进的技术对地震进行监测，对即将发生的地震进行预报。人们如果知道要发生地震，就会在政府和专业人士指导下采取有效措施来规避危险。大量的事实证明，发出预警信号是减少损失的最有效方法。有些灾害，如洪涝灾害，人们虽然可以通过引洪、泄洪、改道等办法来部分控制灾害的破坏性，但是发出预警信号，让人们逃离或避开危险地区，仍然是减少损失的有效方法。因此，危机预警在对危机进行预控、减少危机损失、防止危机扩大等方面有着不可替代的作用。

由于危机具有突发性、紧急性和高度的不稳定性，加之危机的先兆可能很微小，所以危机往往很不容易被人们察觉，也很容易被忽略。因此，其预警工作难度很大。有时候，可能是由于危机征兆出现的频率很高，以致麻痹了人们的神经，未能引起人们重视；也可能从危机先兆出现到危机爆发的时间很短，有关部门来不及作出反应；还可能预报不准确造成损失，给从事预报工作的人员带来巨大的压力。可见，做好预警工作十分重要，难度也非常大。①

第二节 预警信息系统

一、预警信息系统的基本框架

预警信息系统是一个由众多因素构成的复杂系统，各要素之间存在着相互影响、相互依赖的关系。预警系统至少应由以下三个子系统构成：

（一）信息来源系统

完整的信息系统是由不同来源的数据整合而形成的综合信息平台。其信息来源主要有以病例为基础的监测和以事件为基础的监测，包括与人类有关的事件和与动物疾病、事物、水和环境污染有关的事件。

（二）预警监测指标系统

突发公共卫生事件具有不确定性，无论在地方还是全国都不可能对所有的突发公共卫生事件进行监测。要经过深思熟虑确定优先监测的目标疾病。针对每一个具体的目标事件，要根据事件的特征，遵循敏感性、及时性、可操作性的原则来选择能反映其发生先兆的一系列有内在联系的监测指标，从不同角度，多层次、全方位地及早提示突发事件的发生。

（三）信息搜集、分析、反馈与报警系统

1. 信息搜集

信息搜集阶段要主动、积极地搜集和获取与目标事件有关的信息并及时上报，变被动监测为主动监测，从疾病监测扩展到症状监测。信息上报的周期，要根据目标事件的特点做到报告及时、准确。

---

① 黄顺康. 公共危机预警机制研究［J］. 西南师范大学学报（社会科学版），2006，32（6）.

2. 信息分析

信息分析的第一步是对信息进行质量检查，以确定其准确性。然后将搜集到的监测信息与同期的基线资料进行对比分析，如超出规定的警戒线，则向有关部门发出警报。

3. 信息反馈

必须建立信息反馈渠道，使所有应该了解公共卫生监测信息的单位和个人都能及时获得反馈信息，以便能对突发事件迅速作出反应，明确工作重点和研究方向。信息的反馈分为纵向和横向两个方向。纵向信息反馈包括向上反馈给行政部门，向下反馈给下级监测机构。横向信息反馈包括反馈给有关的响应处理机构、科研单位以及社会公众。①

4. 报警

同一目标事件根据监测指标的信息汇总在统一的平台上，通过对其横向比较、核实，对目标事件的情况进行分析和评价，确认事件发生危险的可能性及严重性，确定预警分级并发出警报，以便采取快速、适当的预防控制措施。

二、预警信息系统的类别

公共危机的种类很多，且每一种危机的预警技术和方法都有所不同。危机预警种类的多元化决定了危机预警内容的多元化，而建立高效的信息系统是危机预警的关键环节。预警信息系统一般包括危机预警综合信息系统、气象灾害预警系统、地震灾害预警系统、海洋灾害预警系统和经济危机预警系统。

（一）危机预警综合信息系统

危机预警信息系统存在事实上的多元化，而每一种危机预警的信息搜集和信息处理都具有一定的专业性，这样，危机预警就会出现混乱。因此，为了避免产生混乱，每个国家和地区都需要建立一个危机预警的综合信息系统。综合信息系统既是危机预警的综合信息中心，又是突发事件应急管理的指挥联动系统。该系统是一个高科技的指挥调度中心，采用现代计算机技术及先进的指挥调度通信系统和信息化管理系统，将地方的突发事件应急管理的指挥中心与其他危机预警系统连接起来，将政府部门、专业救援机构和非专业救援机构都纳入这套智能化信息处理和通信平台之中。该信息系统具有四项基本功能：

（1）综合信息系统直接与突发事件应急管理的指挥中心挂钩，是指挥中心

---

① 舒彬，廖巧红，聂绍发. 我国突发公共卫生事件预警机制建设现状［J］. 中华疾病控制杂志，2005，9（6）.

直接下属的工作平台，它负责搜集辖区内有关突发事件的所有信息，经过分析整理后直接向突发事件应急管理指挥中心汇报，并将指挥中心的决定和预警信息对外发布，也负责将反馈信息及时传送给指挥中心。

（2）综合信息系统也是指挥中心与广大民众直接沟通、直接联动的信息交流平台，它把传统的报警系统和特号服务系统110、119、120、122整合为“一号拨入”的社会联动系统，一并纳入应急指挥联动系统之中，构成一个全面的信息互动平台。战时，各种与危机有关的信息就能通过这个平台迅速传递到应急管理的指挥中心，并利用这个系统对各种分离的信息与资源进行完整的系统分析和系统集成，为指挥系统决策提供依据，为各方面的信息交流提供平台，为多方协调提供便利，为预警信息的发布提供保障。平时，这一联动平台可以为民众提供便捷快速的综合服务。

（3）综合信息系统是指挥中心与其他突发事件预警系统的互动平台，也是应急管理的指挥中心与政府部门、专业救援机构和非专业救援机构实现互动的智能化平台。通过这套系统，能充分利用现代化的科学技术，整合现有的应急管理资源，建设一个高效统一、反应敏捷、安全可靠的指挥、应急联动与社会综合服务系统，以提高我们应对各种突发事件的快速反应能力、指挥调度能力和防范处理能力，并通过共享指挥平台和基础信息为应急管理提供技术保障、信息保障、协调保障和指挥保障。

（4）综合信息系统同时也是突发群体事件、骚乱事件、恐怖活动等的直接预警系统。这套系统的功能很多，我们在这里主要把它视为突发事件的“预警总部”。

（二）气象灾害预警系统

气象灾害不仅是影响我国最广泛的严重自然灾害，也是影响我国经济建设、社会稳定的常见灾害。根据长期统计分析，危害我国的气象灾害的种类很多，细分可达几十种乃至上百种，其中危害最大、范围最广、持续时间较长的是干旱、洪涝、热带气旋、寒潮、冰雹等。气象灾害信息的搜集、传递、处理、识别和发布都有很强的专业性，非专业组织一般很难胜任。

我国气象灾害预警体系已经初步形成，国家气象局根据灾害管理规律对灾害进行及时预报。在灾害预报体系建设方面，已经形成了由地面气象站、高空探测站和新一代天气雷达组成的气象监测预报网络。

（三）地震灾害预警系统

1. 我国的地震灾害预警系统现状

地震给人类带来巨大的损失，震惊中外的唐山大地震、“5·12”汶川大地震就是典型的例子。汶川大地震重灾区的范围已经超过10万平方千米，汶川大地震的强度、烈度都超过了唐山大地震。汶川大地震发生在地形、交通条件复杂的西部地区，给地震灾害预警系统带来了挑战。

地震灾害的信息搜集、传递、处理、识别和发布都具有很强的专业性。目前，我国已建立了地震灾害预警系统。该系统由国家地震局负责管理。48个地震台组成了国家数字地震网，23个省级区域数字遥测地震台网、56个地壳运动观测网络和400个站台组成了我国的地震前兆观测网络和预警系统，负责对地震灾害的监测、数据分析和预警工作。

2. 地震灾区公路交通系统预警体系

由于震区公路交通系统灾害具有分布面广、多点多次突发的特点，给路政抢修人员造成了很大的困难。建立有效的灾害预警机制，可以最大限度地减轻灾害造成的损失，对灾区有效地实施救援。要实现这个目的，就要对震区公路交通系统中各项突发事件进行检测和评价，对突发灾害制定相应的应急预案，同时运用先进的遥感卫星，实时监测各灾害易发路段的运营状况。由于公路地质灾害点多且线长，难以统筹监测和治理，因此，须在一条通路沿线发生地质灾害的地段应用地理信息系统（GIS），并结合线路构造物进行灾害综合评价、预测和预报，建立道路系统安全性预警体系。道路交通系统安全性预警体系以灾害为预警目标，以灾害控制为目的，建立在灾害规律研究、检测信息准确分析的基础上，从自然、社会和经济等方面，在时间和空间尺度上对灾变过程作出预测，选择有关要素作为指标因素，对可能的灾害事件进行报警，以便选择最佳的救灾措施和途径，最大限度地消灾或避灾。对道路结构及其附属结构，道路范围内的次生灾害等的预警分析包括三个分析过程：检测、识别和诊断。

检测是针对道路工程安全性预警系统中的重要致灾因子，即道路工程中路基沉陷、边坡滑塌、泥石流、桥梁梁体塌落移位、隧道塌方等过程进行检测和信息处理。

识别是应用评价指标体系对监测信息进行分析，以此来识别震区道路各种灾害发生的征兆和诱因。识别的主要任务是判断某个部位已发生变异和可能产生连锁反应，判断其处于正常、警戒或危机状态，必要时准确报警。

诊断是应用处于危机转变阶段的评价指标进行综合分析，明确何种致灾因子是主要的危险源，对其进行成因分析和损失评价，并确定最优的解决措施。随着科技水平的不断提高，工程技术人员利用现代化高科技手段预测、预报由突发自然灾害引发的公路交通系统破坏信息的系统将会不断完善。在已有的理论模型基础上，建立基于地理信息系统的道路工程安全性预警体系，充分利用地理信息系统强大的空间图形和属性数据管理功能，实现对震区道路交通系统灾害数据的有效管理和分析，为道路建设管理部门有效控制与预防由地震等突发自然灾害引发的道路交通系统损害提供科学的决策依据。

（四）海洋灾害预警系统

海洋灾害是一种主要由大气强烈扰动，或由海洋水体本身剧烈运动而导致的在海上或在海岸发生的灾害。它主要指风暴潮（台风和温带气旋）、巨浪、海冰、海雾、大风及地震海啸等。我国由于海岸线较长，所以一直都在致力于海洋灾害预警系统的建设。目前，我国已经建立了监测海洋的器测和遥测站点，有海洋站103个、验潮站104个、辅助船站213个、水文气象站123个，由国家海洋局负责管理。

现在，我国已经形成了对地下、地面和空间的灾害全方位预测网络，运用数理、逻辑、类比、外推等最先进的预测理论和方法，陆续监测地壳、地面、大气、水体、海洋和生物动态。同时，也使用了各种先进的设备和技术，借助各种科学仪器科学地进行观察和监测。我国建立了一系列的规章制度，以保障危机预警工作的顺利进行。例如，民政部发布的《自然灾害情况统计制度》规定，重大灾情发生后7小时内将初步情况报民政部，灾情稳定之前执行24小时零报告制度，报告要及时、准确、客观，对不及时报灾或瞒报、虚报灾情的人员和事件要进行严肃处理。

（五）经济危机预警系统

经济危机包括财政危机、金融危机、资源危机和全面的经济危机。现代经济危机的重要特征，就是关联性强和扩散快。经济系统内各要素的相互影响越来越大，一种危机往往会迅速向其他方面扩散，同时经济危机也会向经济领域以外传递，向社会、政治等领域扩展，演变为社会危机和政治危机。因此，建立经济风险的预警指标和分析体系等监测、预警机制，提高对突发事件风险的分析和预警能力十分重要。以金融系统为例，东南亚金融危机以后，全世界金融机构都想研究出一个对付金融危机的预警系统，现在已经开发出很多模型。我国也在金融领域建立了两套预警系统，一套是对付突发事件的预警系统，防止各种突发事件给金融系统造成重大冲击；另一套是对付金融系统本身风险，即对付金融危机的预警系统，因为这两种危机性质完全不一样。不少专家认为，我国目前正处在社会转型期，由于社会上存在的一些不平等因素引起社会两极分化日益加剧，导致社会购买力总量相对偏低，易引发金融危机，甚至引发一种以生产过剩为特征的现代经济危机。因此，强化和完善经济危机预警系统，提高我们抗风险的能力，防止经济危机的发生是我们亟待解决的现实课题。

第三节　预警机制的实施过程

预警机制的实施是一个科学流程式过程。预警机制的实施过程包括四个方面：搜集预警信息、评估预警信息、实施预警方案、评估与完善预警方案（如下图所示）。

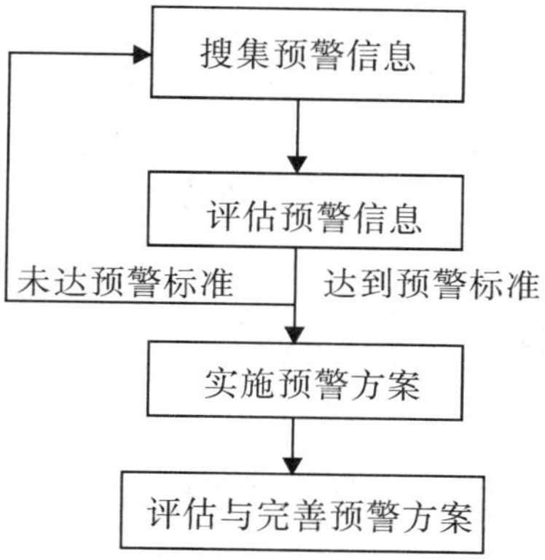

预警机制的实施过程

一、预警信息的搜集

（一）信息搜集的渠道

预警信息的搜集主要有两个渠道，一是预警信息管理系统，二是人为警报。

1. 预警信息管理系统

利用建立的信息管理系统对可能出现的突发事件进行监测，发现可能存在的危机，并在第一时间对可能出现的突发事件进行处理。例如，利用地震灾害预警系统，发现某时某地即将发生某级地震灾害；利用海洋灾害预警系统，探测出某地某时即将发生某级台风；利用经济危机预警系统，预测即将发生的经济危机，等等。这是立足于建立完善的预警信息管理系统之上的预警信息管理。信息管理系统的准确性有利于对信息进行全面的监测和控制，随时准备作出应急响应。

2. 人为警报

人为警报的信息搜集方式包括公民个人的报警和公共媒体的报道。对于某些突发事件，对其监测在预警信息管理系统之外，预警信息管理系统不能包含对这些突发事件的控制，那么此时就非常需要人为警报提供的预警信息了。例如，某地发生非常严重的火灾，而火灾是预警信息管理系统不能控制的，因为火灾的发生可能是人为的原因造成的，那么此时就需要发现火灾的公民个人向有关部门对火灾事件进行报警，有关部门在了解并确认相关信息之后立刻采取相应的措施。此外，一些突发事件信息的搜集还需要依靠媒体的力量，通过公共媒体的报道了解某些预警信息。

（二）信息搜集的内容

通过各种手段和工具，实时搜集各种应急事件信息，在信息搜集方面要做好以下工作：明确监控突发事件的对象范围；明确监控信息的搜集时间要求；明确监控信息的空间范围要求；明确监控信息的搜集方式要求；明确监控信息的搜集过程要求。

二、预警信息的评估

预测到存在潜在危害之后，要将特定的突发事件信息输入风险评估系统，确定突发事件可能带来的风险级别和产生危害的程度。风险评估要做好以下工作：确定突发事件的性质；确定与突发事件类型相匹配的评估方法；评估过程全面、科学。

在确定了突发事件发生的可能性和风险程度之后，按照应急决策的步骤对突发事件应对进行决策，确定预警级别、发布时间、发布范围、发布对象、发布方式、警示事项和发布机构。

（一）预警级别

在搜集预警信息之后，要对预警信息进行评估，因为并不是所有的预警信息都需要实施预警方案。预警方案的实施需要一定的人力、物力和财力，预警信息只有达到预警标准才会实施预警方案。对于未达到预警标准的预警信息要区别对待，采取其他处理方案。

对预警信息进行评估的第一步是评估预警信息的真伪，确定了信息的准确性之后，确定预警级别，对不同的预警级别采取不同的处理方式。

我国《国家突发公共事件总体应急预案》规定，根据预测分析结果，对可能发生和可以预警的突发事件进行预警。预警级别依据突发事件可能造成的危害程度、紧急程度和发展态势，一般划分为四级：Ⅰ级（特别严重）、Ⅱ级（严重）、Ⅲ级（较重）和Ⅳ级（一般），依次用红色、橙色、黄色和蓝色表示。

我国《国家突发公共事件总体应急预案》规定，对可能发生和可以预警的突发事件进行预警。对于公共场所出现的集群事件，公共场所活动的预警级别划分为一般（Ⅳ级）、较重（Ⅲ级）、严重（Ⅱ级）、特别严重（Ⅰ级）四级，代表颜色分别为蓝色、黄色、橙色、红色。蓝色为Ⅳ级预警，指活动中人员数量超过核定安全容量1/10，有安全事故隐患的情况。黄色为Ⅲ级预警，指活动中人员数量超过核定安全容量1/5，有较大安全事故隐患的情况。橙色为Ⅱ级预警，指活动中人员数量超过核定安全容量1/3，场地存在拱桥、坡道、台阶、瓶颈路段及不通畅出口等危险部位，环境复杂，有重大安全事故隐患的情况。红色为Ⅰ级预警，指活动中人员数量超过核定人员容量1/2，场地存在拱桥、坡道、台阶、瓶颈路段及不通畅出口等危险部位较多，环境非常复杂，有特大安全事故隐患的情况。预警级别中的安全事故也可按照密集人群拥挤事故伤亡的程度划分为Ⅳ级、Ⅲ级、Ⅱ级、Ⅰ级，分别表示一般、较大、重大、特别重大。Ⅳ级为一般拥挤事故，死亡不足1人，事发地政府能自行救援。Ⅲ级为较大拥挤事故，死亡1~3人，事发地政府能有效处置并消除后果。Ⅱ级为重大拥挤事故，死亡4~9人，在上级安全事故主管部门的指导和支援下，由当地拥挤事故救援力量处置并消除后果。Ⅰ级为特别重大拥挤事故，死亡10人以上，在国家、省拥挤事故主管部门直接指挥和支援下，处置并消除后果。[①]

（二）预警信息发布时间

预警信息发布时间与突发事件的预警级别联系在一起。不同预警级别的突发事件发布的时间是不同的。只有当突发事件达到某一预警级别的标准之后，相关部门才能发布该级别的预警。例如，广州是个高温且多暴雨的城市，特别是进入六七月份后，广州市有关部门经常会发布暴雨预警警报，预警级别经常变更，且变更的时间也是不同的。

（三）预警信息发布范围

某些突发事件具有地域性，在某些地区会发生的突发事件在另一些地方就不一定会发生。例如，地震的发生具有地域性，其影响范围也具有地域性，在四川汶川发生的地震对汶川及其周边地区造成了非常严重的后果，但是汶川大地震对四川成都造成的影响是有限的。因此，预警警报的发布也具有地域性，发布预警警报要明确警报的适用范围。

---

① 范珉，刘晓君．基于突变理论的公共场所集群事件预警分级［J］．中国安全科学学报，2010（2）：171~176.

（四）预警信息发布对象

有些突发事件可能是全民性质的，如高温警报，需要全民都充分重视并做好防暑降温的工作，但是有些突发事件具有特定群体性，如对于某种疾病的预警警报，只有具有该疾病病症的市民需要充分重视，而不具备该疾病病症的市民则正常地生活和工作。

（五）预警信息发布方式

突发事件不同的预警级别、不同的发布范围和不同的发布对象决定着不同的发布方式。高预警级别的突发事件要求快速地发布，因此选择发布方式时要考虑时效性。对于不同的发布范围，则要求考虑该发布范围的特点。该地区是经济文化较为落后的农村地区，还是经济文化较为发达的城镇地区？对不同的地区要考虑不同的发布方式。此外，要选择该范围内民众广泛关注的信息传播方式，例如，是以电视媒介的方式还是报纸杂志的方式传播，要具体问题具体分析。预警信息的发布、调整和解除可通过广播、电视、报刊、信息网络、公用显示系统、警报器、宣传车或组织人员逐户通知等方式进行，对老、幼、病、残、孕等人群以及学校等特殊场所和警报盲区应当采取针对性的公告方式。

三、预警方案实施

预警方案实施一是要对市民尽告知义务，做到公开事件实情、做好各方面的准备，包括心理准备；二是要采用内部通信系统和办公系统迅速通告应急管理部门，启动各项应急准备工作，进入战前的工作状态。预警信息的发布、调整和解除主要是通过上面讲的预警信息发布方式向信息发布对象进行发布。

预警方案的实施一定要本着行动迅速的原则。突发事件一旦爆发将会对人民生命或国家公共财产造成严重的损害。预警方案的实施也一定要本着以人为本的原则。突发事件的发生总是伴随着人民生命的逝去，在突发事件预警方案实施的时候要充分考虑人民的生命安全，以人民生命作为高于一切的原则。预警事项一定要体现以人为本的原则。例如，“5·12”汶川大地震是中国历史上较为罕见的特大地震，也是新中国成立以来最为强烈的一次地震，直接的严重受灾地区达10万平方千米。据民政部报告，截至2010年9月22日12时，汶川大地震已确认69 227人遇难、374 643人受伤、17 923人失踪。据水利部报告，截至2010年9月22日12时，受损供水管道累计48 275.5千米，已修复45 237.2千米。据交通运输部报告，截至2010年9月22日12时，公路受损里程累计53 295千米，已修通53 018千米。因此，预警方案的实施一定要迅速，时间就代表着生命，时间就代表着财产。[①]

四、预警方案评估与完善

这个步骤是很多预警方案所忽视的。预警实施之后还要对预警方案进行评估，并提出改善建议。

（1）评估预警级别的界定是否科学。预警级别的“过”和“不及”都应该及时进行标准调整，级别过低没能使市民做好充分的准备，可能会造成生命财产的损失；级别过高会浪费大量人力和物力。

（2）评估预警范围是否准确。这有赖于科技的发展，要利用高科技提高预测的准确性。

（3）评估预警的发布方式是否适合预警地区的实际情况，预警信息是否得到了充分的传播。可以在预警的过程中尝试使用不同的方式，并评估不同方式的传播广度，从而确定不同地区的不同传播方式。

为了更好地掌握预警信息发布的内容和方式，下面提供一份某县教育体育局的预警信息发布实例，以供读者学习参考。

阅读材料

××县教育体育局
发布2010年学校安全工作第1号预警通知[②]

各乡镇中学、中心校，局直各学校：

目前已进入春季，天气转暖，干燥多风，是火灾、流行性疾病、安全事故高发的季节。我县中小学校新学期即将开学，各学校要把安全工作作为学校管理工作的重中之重，精心部署，加强防范，确保师生生命财产安全。为认真做好2010年全县中小学春季安全工作，特预警通知如下：

一是增强做好春季学校安全工作的责任感和紧迫感。各学校要针对春季学校安全工作特点，成立安全领导小组，指定专人负责，明确工作任务，层层签订责任书，细化责任目标，严肃责任追究，狠抓工作落实，深入开展安全隐患排查工作，杜绝学校安全事故的发生，确保广大师生生命财产安全。

二是切实加强安全隐患排查和整改工作。开学初，各学校要组织人员对校舍

---

① http：//www.gov.cn/jrzg/2008－09/22/content_ 1102192.htm.

② http：//www.xxjy.xyjyw.cn/2010/2010022116.html.

以及教师住房等进行一次拉网式排查，重点检查楼梯、护栏、围墙、厕所、车棚、用电线路、楼道的照明设备、消防设施、校车、食堂等，对发现的安全隐患要建立台账，明确专人，限期整改。同时，要针对季节时令，认真研究可能引发的其他事故问题，制定应急防范预案，严防安全事故的发生。

三是认真做好甲型H1N1流感等传染病的预防和食品卫生安全工作。各学校要严格落实《××县教育体育局学校安全工作实施细则》中有关卫生管理的各项规定，完善传染病防治和预防食物中毒应急预案，严防春季各种传染病的传播和食物中毒事件的发生。要积极配合卫生防疫部门做好甲型H1N1流感以及其他传染病、多发病的防治工作，做好学生返校前的健康监测与管理、返校后一周内活动安排、加强晨检上报制度、校园卫生大扫除和全面消毒等工作。要严格执行学校食堂卫生安全管理制度和操作规范，对学校食堂设备进行预防性消毒和检查，加强对学校食堂、水源等易发生事故场所的安全保卫工作。非寄宿制学校校内一律不准存在小卖部，寄宿制学校校内小卖部一律不准出售入口食品。

四是针对性地开展安全教育和应急演练工作。今年3月29日是第十五个“全国中小学生安全教育日”，各学校要针对春季学校安全工作的特点，通过文化课、活动课、班团队会、板报、橱窗、标语、电子屏幕等形式的宣传和教育，上好开学安全教育第一课。要结合本校实际，制定和完善各类突发事故应急预案，开展紧急疏散等安全应急演练，严禁学生上、下学乘坐“三无”车辆和进入网吧、游戏厅逗留。要通过印发《致家长的一封信》、开展家访、召开家长会等形式，加强学校与家长的沟通和联系，使广大学生家长掌握防火灾、防食物中毒、防传染性疾病、防交通事故等安全防范知识和技能，进一步增强学校安全工作的实效性。

五是加强清明节安全教育管理。清明节前，各学校要对师生集中进行一次清明安全教育，教育师生文明祭祖，改变以往点蜡烛、烧纸钱等极易引发森林火灾的传统祭祖方式，而用献花、植树等有利于生态环境的方式来代替，不要在易引起火灾的林间、草地等处燃放烟花爆竹，禁止学生到野外玩火等，切实预防森林火灾的发生。

六是加强体育活动和课外活动的安全管理。各学校在开展体育活动和课外活动时，必须加强管理，严密组织，精心安排。学生的课外活动必须有严密的保障措施和安全预案，大型活动必须严格遵守报批制度，不经批准，不得组织学生参加社会公益活动和外出参观、春游等。尤其是在学生集中上、下楼时，要有专人负责指挥，防止拥挤踩踏伤亡事故的发生。

七是严格落实值班制度和信息报送制度。各学校要严格落实24小时领导带班值日制度，重点部位和重要岗位必须安排人员昼夜值班，保证安全管理工作扎实有序开展。同时，做好信息报送工作，发生安全事故后，要在第一时间按程序上报相关安全信息，杜绝漏报、瞒报、谎报和缓报等现象的发生。

八是强化监督检查和责任落实。各学校要认真组织学校春季安全自查，强化各项安全管理制度和宣传教育工作的落实。教育体育局将在开学工作检查中对各学校的安全工作落实情况进行督查，对工作不落实、整改措施不到位、疏于管理的学校，将给予通报批评和严肃处理。

××县教育体育局
二〇一〇年二月二十日

第四节　国外预警体系

突发事件应急预警是应急管理过程中一个极其重要的环节。当前国际上一些发达国家都已经建立了国家安全、社会稳定等方面的应急预警体系，以监测全球或局部区域的稳定状况和动乱热点，分别为其战略决策、安全体系、外交政策、经济发展、政策后效评估、危机综合分析等实行全方位的服务。

一、美国突发事件预警系统

（一）美国金融危机预警制度

美国建立了面对各种灾害的预警体系。在金融危机预警制度方面，美国建立了如下的基本框架：美国联邦金融机构检查评议委员会确立了银行评级系统，该系统以安全性及健全性为基础，按照六项指标将银行评定为五个等级；美国联邦准备银行的银行监督程序；自1985年起，美国财政部金融局建立的社区银行评分系统；美国联邦存款保险公司建立的场外监控系统；美国联邦存款保险公司的风险费率制度。

通过上述架构，美国建立了颇为完善的金融预警制度。

（二）美国突发公共卫生事件预警系统

美国突发公共卫生事件预警系统是全球首屈一指的突发公共卫生事件应对系统，该系统以新的三级应对体系为基本特点。这三级应对体系自上而下包括三个子系统：CDC（联邦）疾病控制与预防系统—HRSA（地区/州）医院应急准备系统—MMRS（地方）城市医疗应急系统。

（三）纽约的危机预警系统

纽约依靠一整套完备的紧急事态防御体系有效地应对每年几百起的灾难和危机事件。纽约市紧急事态管理办公室（The New York City Office of Emergency Management）是整个防御体系指挥协调中心的核心指挥部门，负责协调超过 150 个联邦、州、市及私人组织的危机应对活动。该机构的宗旨是："面临 21 世纪的挑战，紧急事态管理办公室要为纽约市民提供最高级别的危机预防准备。在地方、州、联邦以及私人实体共同合作应对危机的过程中，作为各机构之间的协调机构，我们将努力提供全面综合的危机应对服务，制订灾害预防计划，采取减灾措施。"纽约市紧急事态管理办公室拥有丰富的高智商人力资源，他们是经过训练的危机管理人员，来自纽约市 18 个不同的机构，包括危机反应者、危机预防计划者、监督指挥员、行政以及支援人员，他们对危机管理科学的各个组成功能十分熟悉。

在危机爆发前，纽约市紧急事态管理办公室危机准备组的主要职责是为应对突发事件制订出可操作的危机反应计划，并针对不同的灾难险情进行模拟演练，同时协调市级各个危机管理机构的培训活动。纽约市紧急事态管理办公室危机准备组还开展了一系列防灾减灾工作以降低城市遇险几率。具体准备工作分配如下：

（1）健康医疗组。对主要危害纽约市民生命和健康的灾难事件，健康医疗组负责做好准备工作，包括开展应对生物恐怖主义袭击演练、在酷暑天气执行城市防暑计划等。

（2）人员服务组。同政府相关机构、非政府灾难救援组织密切合作，人员服务组负责为灾后物资供应做好协调准备工作，包括对灾民提供食品、服务、捐助、财政援助，以及制订出灾后对动物的控制计划。人员服务组的工作还要确保城市灾后特殊人群的需要得到保障。

（3）恢复减灾组。该组主要负责对灾后重建恢复工作制订计划，如废墟清理、损失评估和基础设施重建等。在减灾方面，该组展开积极的可持续研究，寻求减少未来灾害对城市影响的方法，并采取措施与城市其他机构合作，减少灾害带来的损失对这些机构设备的影响。

二、日本东京的突发事件预警体系

东京于 2003 年 4 月建立了知识管理型危机管理体制，设置局长级的"危机管理总监"，改组灾害对策部，成立综合防灾部，建立了一个应对各类危机的全政府机构统一应对体制。东京的危机管理由综合防灾部负责。综合防灾部由信息统管部门和实际行动指令部门组成，信息统管部门主要负责信息搜集、信息分析和战略判断，实际行动指令部门主要负责灾害发生时的指挥调整。这两个部门置于危机管理总监的管理之下，与有关各局进行协调，进行全政府型的危机管理。

（一）完善的危机预案

东京各部门一共制定了各类规划、手册、预案三个，包括灾后城市的恢复对策、灾后生活恢复指南、灾害时期的医疗救援活动手册等方面的预案。日本各都道府县教育委员会基本上都编写了《危机管理和应对手册》或《灾害管理教育指导资料》等教材，指导各类中小学开展灾害预防和应对教育。

（二）先进的信息系统

日本在经历了阪神地震的重大损失后，大力推进灾害管理通信系统的建设，逐渐建立起了覆盖面广、运转效率高、功能先进、体系严密的通信系统，为灾害管理的全过程提供数据采集、通信联系和信息共享等方面的通信服务，满足防灾、救灾和抗灾各个环节的通信需求。按照行政管辖层次的不同，日本建立了多层次的通信网络系统：国家通信网络、都道府县通信网络和市町村通信网络。国家通信网络包括中央防灾无线网、消防防灾无线网等；都道府县通信网络包括防灾行政无线网、防灾信息系统以及地震强度信息网络等；市町村通信网络包括市町村防灾行政无线网、区域防灾无线网以及消防救灾无线网等。

东京都防灾行政无线系统由三个部分组成：固定式无线系统、移动式无线系统、地区卫星通信网络。固定式无线系统以都政府大楼为中心，各区市町村、防灾机构、都派出机构在1993年之前全部建成运行。移动式无线系统主要为了直接把握灾害情况，在都政府大楼、都派出机构与灾害救援的车辆、携带用的无线手机之间以及无线手机互相之间进行信息的搜集和传递。

（三）良好的社会应急教育与宣传

日本政府通过广播、电视、报纸、杂志、互联网等媒体，通过编印发送应急小册子为公众提供各种灾害的管理教育。日本为加强应急教育与宣传，将每年的9月1日确定为“灾害管理日”，将8月30日至9月5日的一周确定为“灾害管理周”，通过举办各种活动，如展览、研讨会、灾害管理宣传海报等，提醒公众关注灾害管理，增强应急自救能力。为促进公众参与危机应对，日本把每年的1月17日确定为“灾害管理志愿者日”，将1月15日至20日确定为“灾害管理志愿者周”。现在志愿者活动已扩展到防灾、应急响应和灾后恢复与重建的全部环节。

三、澳大利亚突发事件预警体系

澳大利亚是一个东临太平洋，西临印度洋，海岸线长的南半球国家。该国的突发事件大致包括森林灾害、洪涝海啸、强热带风暴、传染病、重大工业事故等。澳大利亚在20世纪80年代开始重视应急管理，把综合防灾减灾与危机管理结合了起来。

（一）澳大利亚的灾害管理国家体系

澳大利亚的灾害管理国家体系是以联邦政府、州或领地政府、地方政府和社区之间的伙伴关系为基础的，许多非政府机构也积极参与其中。

1. 联邦政府

在联邦政府中，澳大利亚应急管理中心是管理应急事务的机构。应急管理中心在2001年从国防部中分离出来，划归联邦司法部管理。该机构不仅负责对自然灾害的管理，还负责全国性突发事件的管理。按联邦宪法的规定，联邦政府对外代表澳大利亚海外灾害应急管理，对内代表国家在国家资源调配、财政援助、应急技术标准制定和培训等方面给予各州政府帮助。

应急管理中心的职能是强化国家的应急管理能力、降低社区的灾害易损性、提高地方的应急管理能力和意识。应急管理中心下设四个部门，分别负责不同的应急管理职能。

（1）计划与运作部。该部门主要负责管理应急管理中心资助的灾害应急计划，协调联邦政府对州、地方的支持，制订民防政策和计划，管理应急通信与信息系统的应用，与州、地方和联邦政府部门一起负责制订突发事件风险管理计划。

（2）开发部。该部门主要负责灾害预防与减灾战略的制定，应急管理项目的规划管理，在政府、产业和社区各层次进行应急管理的宣传和推广，以及应急管理政策的制定。

（3）信息管理部。该部门主要负责应急管理过程中的信息管理，促进开展各州支持的应急项目，如公众教育规划、应急管理书籍的全国出版与宣传。

（4）教育与培训部。该部门主要负责教育与培训的开发与传播、应急管理资格标准与课程的开发与维护、应急管理研究和社区教育等。

2. 州或领地政府

各州均设有突发事件管理部门，通过判断突发事件的性质和可能影响的范围来启动不同层次的应急管理计划。州为突发事件的主体，如果事件超出州政府的应对能力，州政府则向联邦政府提出救援申请。在澳大利亚灾害管理体系中，州政府对灾害应急管理和规划负有主要责任，负责保护所辖公民的生命和财产安全。

3. 地方政府和社区

地方政府直接组织灾害应急计划和方案的实施。地方政府不能处理突发事件时，将会向州政府提出救援申请。同时，澳大利亚全国范围内约有700个社区，社区中有很多训练有素的志愿者以及应对突发事件的组织，社区在灾害预防、缓解以及协调救灾方面有重要的作用。

4. 非政府组织

澳大利亚的非政府组织也参与了突发事件的应急管理工作。例如，澳大利亚火灾管理委员会（AFAC）就是一个典型的例子。该委员会是一个民间协会，其中除了纯粹的非政府组织外，也包含了政府救灾部门和生产消防器材的商业厂家，其服务对象不但包括澳大利亚各级政府，也包括其他国家和地区。澳大利亚火灾管理委员会不但通过训练专业消防员、培训志愿者、提供咨询服务及专业设备等赚取利润，同时也积极进行自我宣传，并向各方筹措活动资金。目前澳大利亚火灾管理委员会能定期从联邦政府获得资金，也能从州以下地方政府、保险公司等单位获得资金支持。

（二）澳大利亚应急管理特点

1. 应急管理体系层次分明

澳大利亚应急管理体系分为三个层面：联邦政府层面，负责全国性的突发事件管理；州和地方政府层面，6个州和2个地方政府通过立法、建立委员会机构以及提升警务、消防、救护、应急服务、健康福利等方面的能力来保护公民生命和财产安全；社区层面，澳大利亚全国范围内的约700个社区在灾难预防、缓解等方面发挥了积极的作用。

2. 法律基础坚实

《澳大利亚联邦宪法》明确规定联邦政府有责任支持和帮助各州提高突发事件应急管理能力，各州或领地对其公民的生命和财产安全负有主要责任。在宪法的规定下，国家通过财政和技术手段支持各州应急管理的发展和建设。各州则通过独立的立法权力来建立适合本州实际的应急管理组织体系和管理职能。州法律明确规定了灾害管理组织的结构，同时规定它们的工作内容和运作方式，提供在法令条件下采取行动的责任豁免权等条款。

3. 以志愿者为主的社会广泛参与

澳大利亚的应急响应志愿者组织拥有约50万名训练有素的志愿者，约有6.4万名警察和消防队员等政府抗灾人员。志愿者并不是业余的，他们都经过专业培训且达到职业标准，并能熟练操作各种复杂的救灾设备。志愿者在社区的减灾和备灾过程中起到了重大作用。

第四章　应急响应机制

应急响应机制是突发事件应急管理工作的中心，是保证应急处置快速、有效的关键。国务院《国家突发公共事件总体应急预案》的颁布，进一步明确了应急启动、指挥决策、应急响应处理、应急恢复直到应急终止的应急响应工作流程和机制，为我国建立突发事件应急响应机制迈出了重要的一步。

第一节　应急响应机制概述

一、应急响应的概念

应急响应指响应主体对应急事件进行的反应和控制。应急响应的主体范围广泛，包括治理理论中所指的政府、公民、社会乃至市场等。响应有两层含义，一是响应主体对突发事件作出反应；二是响应主体根据突发事件的特点及时采取响应措施，有效控制事态，并使事态向正常状态转化。①

应急响应机制是应急事件响应系统中的组织及其内部相互作用关系，是适用于各种具体突发事件响应而又凌驾于具体突发事件响应的普遍方法。突发事件的起因、危害程度、紧急程度、影响范围、表现形式都不同，响应不同突发事件的方法也各不相同。但是，只有建立突发事件响应机制，才能有效地响应各种突发事件。

对突发事件的响应要考虑两点，一是响应时间，二是响应品质。响应时间指响应主体从得到突发事件信息到对突发事件进行有效控制所用的时间。缩短响应时间对保护生命、减少财产损失都具有关键意义。响应品质是指响应主体进行应急响应及处理突发事件的质量，表现为如何获得更多的信息及如何降低人员伤亡和资源损耗。

研究突发事件应急响应机制，建立科学、高效运转的突发事件应急响应机制，提高政府应对突发事件的能力，具有重要的现实和理论意义，表现为：①抵

---

① 王陇德．突发公共卫生事件应急管理——理论与实践［M］．北京：人民卫生出版社，2008．211．

御各种风险，保证国家安全、稳定。②应对国内发生的各种突发事件，保证人民生命财产安全。③提升政府治理危机的能力及公信力。

二、应急响应机制的原则

做好突发事件响应机制工作，需要遵循以下具体原则：

（一）属地为主的原则

根据突发事件发生的地域、影响的范围以及严重程度，以最有利于突发事件问题解决的组织为主，组成突发事件应急响应机构。我国的应急响应主体一般是政府应急管理机构。任何其他应急组织都要坚定地服从领导机构的指挥和任务安排，及时汇报工作进展情况，协助完成突发事件的应对工作。

（二）快速反应的原则

由于突发事件本身具有突发性和不确定性，因此一旦突发事件发生，就需要在短时间内作出反应。决策者需要在有限的时间内迅速作出果断的决策，调动各个部门的力量，调集所需要的各种资源，尽快控制事态的发展，恢复社会秩序。如果能够做到及时、准确地应对，则突发事件造成的危害、破坏就会大大降低。因此，在应急状态下，必须立即响应、行动快速、争分夺秒，任何时间的延误和失误，都可能造成不可挽回的损失。

（三）统一指挥的原则

突发事件的性质、城市安全应急体系的宗旨以及应急活动的特点，都决定着突发事件响应机制必须实行统一指挥。只有这样，才能做到统一行动、步调一致，才能有令则行、有禁则止。否则，你干你的，我做我的，不仅工作做不好，而且会造成更大的混乱，不利于突发事件的解决。《国家突发公共事件总体应急预案》中指出，对于先期处置未能有效控制的特别重大突发事件，要及时启动相关预案，由国务院相关应急指挥机构或国务院工作组统一指挥或指导有关地区、部门开展处置工作。现场应急指挥机构负责现场的应急处置工作。

（四）分工协作的原则

突发事件的响应往往需要多个部门的共同参与，既有政府部门，又有社会组织，还可能有周边地区的政府、军队、国际组织和志愿者等。例如，突发事件发生后，需要卫生、物资、交通、公安等部门的共同参与。这些人员和力量需要协同开展工作，既要有明确的分工，也要有相互之间的默契配合，形成一个有机的应急整体。《国家突发公共事件总体应急预案》中指出，需要国务院多个相关部门共同参与处置的突发事件，由该类突发事件的业务主管部门牵头，其他部门予以协助。

（五）专业的原则

突发事件引发的问题各式各样，并具有专业性。在应急响应和制定各种决策时，必须依靠相关专业人士的知识、经验和力量，开展各种突发事件的响应活动。专业人士可通过专家小组、顾问团队、指导小组、抢险成员形式参与突发事件的应急响应工作，以提高应对突发事件的能力和水平。

（六）生命优先的原则

生命是不可逆转的，对每个人来说生命都只有一次。从某种意义上讲，人类所做的一切都应服务于自身的生存和发展，应急管理活动也不例外，其最终的目的是保护人民生命和财产安全。因此，在突发事件应急响应过程中，应将生命放在第一位。

三、应急响应的活动

了解应急响应机制，我们必须明确应急响应活动。应急响应活动是指人们主要开展的应急响应行动。应急响应行动是在突发事件的发展态势趋于稳定之前所采取的一系列紧急处置措施。美国发布的《国家应急响应框架》中指出，应急响应是立即采取行动以挽救生命、保护财产与环境、满足人的基本需要。应急响应还包括实施应急预案及支持短期恢复的活动。

应急响应活动主要包括三个部分：保护公众，减轻原生灾害的损失，最大限度地减轻二次灾害的损失。应急响应不仅要解决迫在眉睫的问题，如开展急救、搜索与救援、提供应急避难场所，而且还包括为解决这些问题而进行的协调与支持行动。此外，关键基础设施的快速恢复也属于应急响应的范畴，如打通交通干线、恢复供电与通信等。

当突发事件发生后，救人成为应急响应活动的重中之重，在此过程中，应急响应活动包括：

（一）搜索与救援

搜索分为农村搜救、城市搜救、水上搜救及空中搜救，主要目的是寻找被困者，并将其转移到安全地带。具体活动包括五个方面：寻找失踪者；确定被困者位置；制定、实施搜救战略，将其安全解救出来；提供初步的急救应急响应处理；将被困者转移到安全地带实施进一步治疗。

（二）医药急救

在伤者众多、医疗资源有限的情况下，应急响应者应对伤者进行检伤分类，分轻重缓急予以救治。对于伤势严重且有死亡可能的伤者，要马上进行手术或住院集中治疗；对于伤者受伤须医疗救治的情况，在对患者进行住院治疗或当场救助后送往医院；对于伤者伤势无大碍的情况，则只需要现场简单的急救。

（三）疏散安置

疏散要求人们按照指示，沿着安全的疏散线路到达安全的避难场所。避难场所要确保安全，不至于再次受到灾害的影响。应急管理者要为疏散人群提供水和食物，并稳定他们的情绪。管理者要对危险源进行人为干预和处置，保证收容场所和避难所的安全。

（四）卫生与治安管理

卫生管理要求对人和动物尸体进行妥善处理，防止传染病疫情的发生。原生灾害可能会引发次生灾害，如地震可能引起有害物质泄漏。在应急响应过程中，扑救震后的城市火灾、净化洪水过后被污染的水源等都属于消除次生灾害的行动。卫生管理人员要采取安全措施防止次生灾害发生。治安管理要求应急管理者维持社会秩序，避免出现趁火打劫、哄抬物价等形式的犯罪活动。治安管理人员要负责维持灾区的稳定与安全。

（五）灾害评估

灾害评估包括灾情评估和需求评估。灾情评估包括灾害的影响范围、影响人数、伤亡人数、基础设施的损坏程度等。需求评估包括搜集内部信息、访谈受灾公众代表、监测观察灾害特征和预警信号等。应急管理者在响应阶段必须经常进行灾害评估，以便协调装备和物资，并将其送达最需要资源的地方。

（六）社会心理咨询服务

突发事件发生后，人的情感、认知、生理及人际关系都会出现问题，如恐惧、易怒、焦虑、失落、疲惫、头痛、人际冲突等。应急管理者应为症状严重者提供心理咨询服务，使他们尽快冲破灾害的阴霾。

对于应急响应的具体活动，《中华人民共和国突发事件应对法》第四章中，作了如下具体规定：

(1) 组织营救和救治受害人员，疏散、撤离并妥善安置受到威胁的人员以及采取其他救助措施。

(2) 迅速控制危险源，标明危险区域，封锁危险区域、场所，划定警戒区，实行交通管制以及其他控制措施。

(3) 立即抢修被损坏的交通、通信、供水、排水、供电、供气、供热等公共设施，向受到危害的人员提供避难场所和生活必需品，实施医疗救护和卫生防疫以及其他保障措施。

(4) 禁止或者限制使用有关设备、设施，关闭或者限制使用有关场所，中止人员密集的活动或者可能导致风险扩大的生产经营活动以及采取其他保护措施。

(5) 启用本级政府设置的财政预备费和储备的应急救援物资，必要时调用其他急需物资、设备、设施和工具。

(6) 组织公民参加应急救援和处置工作，要求具有特定专长的人员提供服务。

(7) 保障食品、饮用水、燃料等基本生活必需品的供应。

(8) 依法严格惩罚囤积居奇、哄抬物价、制假售假等扰乱市场秩序的行为，稳定市场价格，维护市场秩序。

(9) 依法严格惩处哄抢财物、干扰破坏应急处置等扰乱社会秩序的行为，维护社会治安。

(10) 采取防止发生次生、衍生事件的必要措施。

对于社会安全事件，法律也作了相应的规定。例如，强制隔离使用器械相互对抗或者以暴力行为参与冲突的当事人，妥善解决现场纠纷和争端，控制事态发展；控制特定区域内的建筑物、交通工具、设备、设施以及燃料、燃气、食品等物质供应；进行一些必要的封锁、查证，加强对核心机关和单位的警卫，等等。

第二节　应急响应机制的构成和运行

一、应急响应机制的构成

应急响应机制建设是一项实践性很强的工作，它的形成、发展与社会自身的发展紧密相连。目前，经过不断的探索和研究，我国应急响应处置的能力和水平正在迅速提升，初步形成了“统一指挥、协调有序、部门联动、快速高效”的应急响应机制。

（一）应急响应机制

突发事件应建立分级管理、逐级响应的突发事件应急响应机制。

由于突发事件存在地域性的特点，根据突发事件的四级响应机制，应由国务院、省级、市级、县级政府及其有关部门按照分级响应的原则，分别作出应急响应。除了跨区域的特别重大和重大突发事件以外，一般区域性的突发事件由所在地政府负责应急响应和应急响应处理。

一般来说，发生特别重大突发事件，应启动国家级响应；发生重大突发事件，应启动省级响应；发生较大突发事件，应启动市级响应；发生一般突发事件，应启动县级响应。具体的响应级别设置，应根据突发事件类别和本地区应急管理人力资源状况而定。

（二）应急联动机制

突发事件应建立以政府为主导、以国务院卫生行政部门为核心并牵头负责的、其他部门配合和社会参与的应急联动机制。

突发事件发生后，在各级政府和应急指挥机构的统一领导和指挥下，各级人民政府行政部门负责组织、协调应急响应处理工作，与发改委、公安、农业、工商等有关部门密切配合、协同行动，在各自的职责范围内做好应急响应处理的有关工作。同时，积极调动全社会的力量，形成全社会应急响应处理突发事件协调、互动的良好氛围。

（三）快速反应的响应机制

突发事件应建立涵盖应急响应全过程的快速响应机制。

突发事件发生后，主导部门应迅速组织专家组对事件的性质、种类和严重程度进行评估，提出是否启动应急响应。同时，通过完善的应急准备和前期处置应急机制，按照应急预案，市、县人民政府行政部门能及时采取必要的应急措施，避免事态进一步扩大。事态进一步恶化时应迅速调动应急力量，进行有效处置。

二、分级响应机制

不同的突发事件存在不同的分级响应标准，本部分以安全生产的分级响应标准来阐述突发事件的分级响应机制。

国家生产安全应急救援体系的运行机制是建立在国家应急指挥中心，国家专业应急救援中心（矿山、化学危险、工业事故、交通运输和消防等）和地方、企业救援队伍三级应急救援组织结构的基础上的。按生产安全事故的预期损失程度、影响范围、事态发展和事件性质四个基本要素进行分级，并实行分级响应机制，响应级别可设为三级（见表4－1）。

表4－1 国家生产安全应急救援体系响应机制

响应级别	启动条件	应急救援活动
预备级	1. 预期3人（含）以上、10人以下死亡，或较大但不至于重大财产损失，或严重的环境破坏 2. 事故发展态势仍未完全控制	1. 专业应急救援中心进入预备状态 2. 该区域应急救援中心就位待命 3. 通知相邻区域救援中心 4. 通知国家应急指挥中心 5. 派出现场观察协调人员和专家组
专业级	1. 预期10人（含）以上、30人以下死亡，或重大但不至于损失，或特别严重的环境破坏 2. 事故发展态势仍未完全控制 3. 跨省救援 4. 可能需要增援	1. 专业应急救援中心全面启动 2. 派出现场指挥协调人员和专家组 3. 该地区和相邻区域救援中心待命 4. 国家应急救援指挥中心进入预备状态 5. 通知国家应急委及有关成员单位 6. 通知相邻的省级应急响应机构 7. 随时派出区域救援中心应急队伍 8. 可能调配其他有关专业应急救援中心和省级地方应急力量
国家级	1. 预期30人（含）以上死亡，或重大财产损失，或特别重大环境破坏 2. 事故发展态势仍未完全控制 3. 跨国救援 4. 可能需要扩大增援	1. 国家应急救援指挥中心全面启动 2. 派出国家现场指挥协调组和专家组 3. 各有关专业救援中心全面启动 4. 相邻省级应急响应机构全面启动 5. 随时派出各级救援力量和资源 6. 必要时调配军队等部门力量和资源

资料来源：刘铁民，刘功智，陈胜. 国家生产安全应急救援体系分级响应和救援程序探讨［J］. 中国安全科学学报，2003，13（12）：6.

（一）预备级响应

预备级响应针对的生产安全事故已（或预期可能）造成3人（含）死亡以上，或事故已（或预期可能）造成较大的财产损失、环境破坏，而事故的伤亡人数等态势仍具继续扩大趋势，但总体不会超过10人死亡，也不至于导致重大财产损失或严重环境破坏，事故局限在本地或企业内。必要时，地方应急力量可能需要国家专业救援力量的增援。在预备级响应中应做好以下工作：对应的专业应急救援中心进入预备状态（或局部启动），通知中心所有关键人员就位；加强值班和联络，密切关注事故现场的发展趋势；通知负责该地区的区域救援中心人员全部就位，随时整装待发；通知相邻区域的区域救援中心和向国家生产安全应急救援指挥中心报告。专业应急救援中心可派出现场观察协调人员和专家组，根据事故的具体情况或地方应急响应机构的请求，必要时派出负责该地区的区域救援中心应急队伍进行救援。

（二）专业级响应

专业级响应针对的生产安全事故形势为事故已（或预期）造成10人（含）以上死亡，或事故已（或预期）造成重大的财产损失或环境破坏，而事故的伤亡人数等态势仍具继续扩大趋势，但总体不会超过30人死亡，尚不至于导致特大财产损失或特别严重的环境破坏。事故影响范围跨越两个以上地区甚至跨越省份，可能需要国家专业救援力量的增援。专业级响应要求对应的专业应急救援中心全面进入启动状态，中心人员全部就位，立刻派出现场指挥协调人员和专家组；通知负责该地区的区域救援中心和相邻区域的区域救援中心人员力量全部就位，随时听命待发；国家生产安全应急救援指挥中心处于预备状态，通知国家生产安全应急委员会及有关成员单位、其他有关专业应急救援中心及相邻的省级应急响应机构。根据事故的具体情况，专业应急救援中心随时派出负责该地区的区域救援中心应急队伍和相邻地区的区域救援中心应急队伍进行救援。国家生产安全应急救援指挥中心密切关注事故救援工作的进展，根据专业应急救援中心的报告和请求，负责协调和调配其他有关专业应急救援中心和省级地方的应急力量。

（三）国家级响应

国家级响应针对的生产安全事故形势为事故已（或预期）造成30人（含）以上死亡，或事故已（或预期）造成特大财产损失或特别严重环境破坏，而事故的伤亡人数等态势仍具继续扩大趋势，事故性质严重，影响范围广泛，甚至波及境外，需要国家专业救援力量的增援和全国救援队伍的指挥协调，以及跨国境的救援活动。国家级响应要求国家生产安全应急救援指挥中心全面启动；立刻派出国家现场指挥协调组和专家组；国家生产安全应急委员会各有关成员进入国家生产安全应急救援指挥中心；各有关专业应急救援中心及相邻省级应急响应机构全面启动，处于随时待命状态。根据事故的具体情况，国家生产安全应急救援指挥中心指挥调配生产安全应急救援体系中的各级救援力量和资源开展事故现场救援工作，必要时，协调调配如军队等其他救援力量。[1]

三、应急响应的过程

在传统的技术条件下，一般突发事件的响应过程是：突发事件发生后，报警者向应急救援指挥中心报警，接警员询问并记录警情信息后，对信息进行应急响应处理，再按照规定将出警指令传递给执行者，执行者经准备后赶赴现场，到达现场后采取有效措施对事态进行控制。在事件应急响应处理过程中，执行者随时将现场情况反馈给应急救援指挥中心，报警者也随时把事态的发展动向报告给应急救援指挥中心，执行者与报警者也及时进行沟通，齐心协力完成突发事件的响应工作。

（一）应急响应的信息来源

应急响应的信息来源包括当事人的报警信息、旁观者的报警信息、技术监控装置报警信息、资源信息、大众传播媒介信息、预案信息、协作信息、执行者信息和决策者信息九种来源。

1. 当事人的报警信息

一般情况下，当事人首先觉察或发现突发事件，他们的报警信息是响应主体发现突发事件并对该突发事件作出响应的逻辑起点，对突发事件的前期处置起着举足轻重的作用。由于当事人处于事发现场，对事件的产生过程比较了解，他们在突发事件响应过程中能为响应者提供有价值的信息。对突发事件应急响应机构来说，当事人的报警率越高越好。报警率的提高代表着能对越多的突发事件进行及时的响应，以减少人员伤亡和财产损失。目前，我国大部分城市的110接警服务每天接警量都成千上万，为政府应急响应部门提供了大量有价值的信息。

2. 旁观者的报警信息

旁观者的报警信息与当事人的报警信息发挥着同样重要的作用，并对当事人的报警信息起到补充和认证的作用。与当事人的报警信息相比，旁观者的报警信息有时更加准确、更加客观、更加快捷，并可以为突发事件的后续响应提供实用信息。但是，调查发现，旁观者的报警率较低。因此提高公众参与程度非常重要。

3. 技术监控装置报警信息

技术监控装置是安装在重点、特殊场所用于及时探测非正常状态的装置，它

---

① 刘铁民，刘功智，陈胜. 国家生产安全应急救援体系分级响应和救援程序探讨［J］. 中国安全科学学报，2003，13（12）：5～8.

覆盖面广，全天候运转，报警信息及时，地点准确，是响应主体及时发现突发事件的重要信息来源。另外，从信息来源方式和显示方式上看，由于预警信息是事先按预警线精心设计的警情信息，因而大部分预警信息也属于该类报警信息。

4. 资源信息

资源信息是指突发事件响应过程中涉及的物质资源、人力资源和技术资源等方面的信息。紧急情况下，通过信息检索，决策者可在短时间内找到所需要的物质资料、专家学者及技术设备等信息，为紧急决策提供信息支持。它在一定时期内属于静态信息，有一定的相对稳定性。但总体来说，它处于变化之中，为确保其时效性，必须建立严格的更新制度。

5. 大众传播媒介信息

大众传播媒介的基本功能之一是传播信息。随着国际互联网的发展，传媒信息更丰富，传播速度更快捷，传播范围更广泛。对突发事件响应主体而言，这无疑都是非常丰富的信息来源。例如，著名的“孙志刚事件”，是2003年4月25日由《南方都市报》以“被收容者孙志刚之死”为题率先刊登的一篇实事报道，引起响应主体的注意，继而终结全国范围内的收容遣送制度；又如，2003年9月发生在珠海的日本人“集体嫖娼”事件，也是通过媒介信息而引起响应主体的关注的。

6. 预案信息

预案是事前制定的一系列反应程序。对响应主体而言，预案能明确响应过程中各成员部门及其人员的组成、具体职责、工作措施以及相互之间的协调关系、所需物资等。对突发事件本身而言，可通过预案来描绘突发事件的各种可能的发展趋势，在预案描绘的情况出现时启动相应的预案。预案信息是比较直接、有针对性、“半成品决策方案”的信息，因而是较可靠的信息源。“机会是属于有准备者的”，就足以说明预案信息的重要性。

7. 协作信息

协作信息是来自平级组织或协作组织的信息，有时也包括来自上级组织的协调指令信息。该类信息既重要，且实时、完整、准确，有时以原始信息的方式传送给决策者，而有时则以执行方案的方式出现。

8. 执行者信息

执行者提供的信息主要有两类，一是在日常工作中发现的有关紧急征兆的预警信息，它既可预防突发事件的发生，也有利于突发事件决策的形成；二是在处置突发事件时为决策者提供现场信息。执行者信息具有较高的可靠性。

9. 决策者信息

决策者在突发事件响应中起核心作用，直接决定着突发事件的发展方向。搜集突发事件相关信息的最终目的是为决策服务。决策者对上述信息进行分析后形成决策，并将决策信息传递给执行者、当事人、旁观者，且视情况及时通过新闻媒介发布。

（二）应急响应程序

应急响应程序首先从接警开始，根据接警获得的信息确定响应级别。依据响应级别启动应急响应，开始应急救援。如果灾害得到控制，则进行应急恢复，终止应急响应；如果灾害没有得到控制，此时则需要升级应急响应，进行应急增援直至灾害得到控制（如下图所示）。

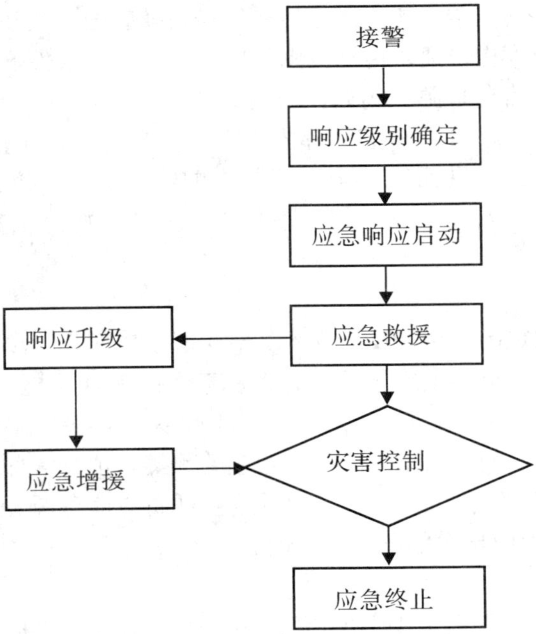

应急响应程序

资料来源：刘铁民，刘功智，陈胜. 国家生产安全应急救援体系分级响应和救援程序探讨［J］. 中国安全科学学报，2003，13（12）：7.

1. 接警

重大突发事件发生后，国家突发事件应急救援指挥中心或其下属各专业应急救援中心、区域救援中心值班室接到事故报告通知后，依据报告通知的具体情况迅速采取具体的响应措施。如果该通知不是来自对应的专业应急救援中心，立即通知该对应的专业应急救援中心。如果事故报告的最初通知不是来自省级地方应急响应机构，应立即通知省级地方应急响应机构。接警时应做好事故的详细情况记录并获取有效联系方式。

在市一级应急救援系统应建立报警与分警相结合的集中联动机制，以利于警情判断准确，提高应急响应效率和统一指挥效率。

2．响应级别确定

各级应急救援指挥中心接到事故报警后，应立即建立与省级和事故现场的地方应急响应机构的联系。根据事故报告的详细信息，对警情作出判断，确定可能的响应级别后，按照分级响应程序的信息网络通道，迅速上报和通知相应的应急救援机构。

预备级和专业级响应由专业级生产安全应急救援中心批准并实施。国家级应急响应由专业级应急救援中心提出申请，由国家突发事件应急救援指挥中心批准并实施。如果事故不足以启动国家应急救援体系的最低响应级别，通知省级地方应急响应机构后关闭响应。

3．应急响应启动

应急响应级别确定后，相应的应急救援指挥中心按所确定的响应级别启动应急程序，如通知应急救援中心有关人员到位、开通信息与通信网络、调配救援所需的应急资源（包括应急队伍和物资、装备等）、派出现场指挥协调人员和专家组等。

应急响应启动后，应急救援指挥中心应迅速启动应急技术装备数据库、同类事故案例与事故后果判断模拟分析系统、专家咨询库和最优化决策支持系统等数据库与知识库。

4．应急救援

区域救援中心等各类应急救援队伍进入事故现场，在现场应急救援指挥部的统一指挥协调下积极开展人员救助、工程抢险等有关应急救援工作，专家组为救援决策提供建议和技术支持。当事态仍无法得到有效控制时，应立即扩大应急救援活动，向上级救援机构请求实施更高级别的应急响应。

5．应急终止

救援行动结束后，进入临时应急恢复阶段，应急恢复包括现场清理、人员清点和撤离、警戒解除、善后应急响应处理和事故调查等工作。然后，预备级和专业级应急响应由专业应急救援中心宣布应急结束；国家级应急响应由国家生产安全应急救援指挥中心宣布应急结束，应急启动程序进入关闭状态。

（三）应急响应机制启动范例——以煤矿瓦斯爆炸为例①

瓦斯爆炸事故发生后，应急救援成为减少人员伤亡和财产损失的最后一道关口，救援队伍和指挥机构对事故作出的快速响应是矿山应急救援工作的基础。瓦斯爆炸发生的时间不具有持续性，其救援方案也有别于其他矿山事故。根据事故应急救援所需要发挥的功能，瓦斯爆炸事故应急救援响应机制可划分为四个组成部分，即事故报警、确定应急响应级别、应急避灾和应急决策。

1. 事故报警

在事故救援过程中，报警起着重要的作用，早期的报警可以使救援工作始于事故初发期，便于灾害的控制，也是决定矿井和人员安全的关键时刻。在瓦斯爆炸发生后的灾情空白期，如何快速搜集和传递灾情，缩短灾情空白期，是抢险救灾的关键。任何延误时机的行动都可能会造成灾害的扩大。因此，发生瓦斯爆炸的矿井，除了积极通知本单位人员参加自救外，还必须迅速将事故有关情况向上级部门报警。报警的个人或组织要对瓦斯爆炸发生发展情况进行充分详细的描述，为后续响应过程提供决策信息。

2. 确定应急响应级别

矿山应急等级响应机制是国家矿山应急救援体系运行的基础，是保证应急救援活动快速、有效的技术关键。国家矿山应急救援体系的运行机制应当建立在国家矿山救援指挥中心、省矿山救援指挥中心、地区矿山救援指挥部门和矿山企业救援管理部门四级应急救援组织结构的基础上。为了矿山事故应急救援有效展开和避免类似事故再次发生，依据矿山事故可能造成的危害程度、事故性质、井下人员伤亡及企业直接经济损失等情况进行响应机制等级划分。从机制响应上，可把矿山事故响应等级设为四级，即从高到低把响应机制级别设为Ⅰ级响应（国家级）、Ⅱ级响应（省级）、Ⅲ级响应（地区级）、Ⅳ级响应（企业级），表4-2所示为矿山事故应急救援等级体系。

---

① 郭德勇，刘金城，姜光杰. 煤矿瓦斯爆炸事故应急救援响应机制［J］. 煤炭学报，2006，31（6）：697～700.

表 4－2 矿山事故应急救援等级体系

响应级别	颜色界定	启动条件
Ⅰ级响应（国家级）	红色灾害级别	1. 预期 30 人（含）以上死亡或直接经济损失 500 万元（含）以上非伤亡事故 2. 事故态势不能完全控制 3. 需要国家矿山救援中心支援
Ⅱ级响应（省级）	橙色灾害级别	1. 预期 10 人（含）以上、30 人以下死亡或直接经济损失 200 万元（含）以上、500 万元以下非伤亡事故 2. 事故态势不能完全控制 3. 需要省矿山救援中心支援
Ⅲ级响应（地区级）	黄色灾害级别	1. 预期 3 人（含）以上、10 人以下死亡或直接经济损失 100 万元（含）以上、200 万元以下非伤亡事故 2. 事故态势不能完全控制 3. 可能需要省矿山救援中心支援
Ⅳ级响应（企业级）	蓝色灾害级别	1. 预期 3 人以下死亡或直接经济损失 100 万元以下非伤亡事故 2. 事故态势能够完全被企业控制

3. 应急避灾

由于瓦斯爆炸发生具有突发性，在多数情况下，救援人员一时难以到达事故现场组织抢救工作，所以，灾区人员懂得如何开展避灾，对保证灾区人员的自身安全和控制灾情的扩大具有重要作用。以下介绍三种瓦斯爆炸事故应急避灾方法：

（1）沿避灾路线撤退法。

避灾路线撤退法要求遇险人员熟悉井下通风系统与避灾路线，清楚瓦斯爆炸源的位置、爆炸影响的范围、爆炸后通风设施的破坏程度，并掌握瓦斯爆炸事故的自救方法，才能达到有效避灾的目的。沿避灾路线撤退法还存在以下缺点：发现瓦斯爆炸后，一般对瓦斯爆炸源的位置、范围和爆炸后通风设施破坏程度不清楚；井下避灾路线一般是事先设计好的路线，但不一定是事故后的最佳避灾路线；井下遇险人员避灾的无秩序性，使抢险救灾指挥部难以确定救援的重点区域，难以作出科学决策。

（2）永久避难洞室避灾法。

永久避难洞室是在瓦斯爆炸事故中遇险人员无法撤出或一时难以撤出灾区时，供遇险人员暂时避难待救的场所。永久避难洞室避灾法在瓦斯爆炸时能够起到较好的避灾效果，但由于避难洞室空间比较狭小，容纳人员数量有限，且随着工作面的不断向前推进，避难洞室距离工作面也越来越远，因此，遇险人员在碰到瓦斯爆炸事故时很难及时到达避难洞室。

（3）临时避难洞室避灾法。

临时避难洞室是在瓦斯爆炸事故后，遇险人员一时难以沿着避灾路线撤出灾区或难以迅速到达永久避难洞室时，应立即戴上自救器到附近的掘进长度较长的、有压风管路且瓦斯爆炸前正常通风，但事故时断电停风的掘进独头巷道内避灾，等待矿山救护队救援。临时避难洞室避灾法同样具有较好的井下避灾作用，能够给众多遇险人员提供避难场所，有利于瓦斯爆炸事故应急救援工作的展开。

4. 应急决策

事故应急决策结果直接关系到应急救援行动能否有效展开。目前我国事故应急救援决策仍然延续以经验为主的救援模式，对各种应急信息的管理和调用仍然以手工为主，兼以各种分散的计算机报表，事故应急救援缺乏针对性与及时性，以致事故应急救援工作效果不理想。煤矿企业的计算机和网络已经得到广泛普及，可以为事故应急救援决策科学化提供必要的技术支持。因此，建立煤矿瓦斯爆炸事故应急辅助决策系统，有助于充分利用煤矿已有的应急信息，提高瓦斯爆炸事故应急救援的决策效果。

第三节 应急响应的指挥与监督机制

在突发事件的应急响应处理过程中，应急响应指挥机制和监督机制共同保证了应急响应处理过程有序、正确、高效地运行，两者的实施主体都是人。指挥机制发挥主导性作用，监督机制发挥辅助性作用，两者在应急管理机制中必不可少。

指挥的主体是人。指挥人员作出决定下达命令时，同时在事件应急响应处理过程中也发挥着监督的作用。监督的主体可以是人，也可以是机器设备。监督机制从对突发事件的应急响应处理开始就立即启动，直到事件结束。监督机制对整个应急响应处理过程中的人员及其表现进行评价，为应急响应的指挥与监督机制提供完善途径。

一、应急响应指挥机制

重大突发事件发生后，相关部门应立即成立指挥小组，对事件原因、事件发展现状进行分析，对相关的应急响应人员作出指挥决定，并对突发事件实施应急响应指挥和应急响应处理。

指挥部门依照突发事件的大小和涉及相关部门的多少，可以分为高级指挥部、中级指挥部和基层指挥部。

高级指挥部成员往往拥有很多职权，可以调动多部门人员进行突发事件的应急响应处置。他们的职责是从大局出发，从总体进行布局。他们所作的决定具有全局性和前瞻性，涉及区域广，参与人员多。

中级指挥部成员执行高级指挥部的命令及指示，把命令具体化，传达给下一级指挥部，并将事件发生、发展情况实时上报至高级指挥部。

基层指挥部一般在现场进行指挥，直接面对突发事件现场，直接对人员和设备进行调度。当遇到不能解决的问题时，就需要上报到中级指挥部，听取意见后进行现场实施。基层指挥部需要应急响应处理的事情比较烦琐，成员来自各个部门，他们通过良好的沟通协调共同指挥现场，使突发事件能够圆满地解决。

例如，云南省姚安县发生地震后，楚雄州委、州人民政府立即启动应急预案，进行了应急响应，成立了抗震救灾指挥部，全面统筹协调指挥抗震救灾工作。指挥长由州委副书记、州人民政府州长担任，副指挥长由州委副书记和州人民政府副州长担任。指挥部下设 16 个工作组，包括震情监测组、抢险救灾组、医疗卫生组、防疫组、通信组、灾民转移安置组、交通运输组、基础设施抢险组、地震灾害损失评估组、应急恢复组、后勤生活保障组、生产自救组、治安保卫组、应急资金管理组、次生灾害预防组及涉外工作组，全面有序地开展抗震救灾指挥工作。

以指挥长和副指挥长为首的抗震救灾指挥部即高级指挥部，负责统筹整个抗震救灾活动。指挥部下设的 16 个工作组领导为中级指挥部，负责执行高级指挥部的命令，并实时将抗震救灾进程汇报至高级指挥部。16 个工作组的实施人员则是基层指挥部，负责上级命令的具体执行。

指挥部门根据指挥小组所处的位置的不同可以分为应急指挥中心和现场指挥中心。

应急指挥中心在突发事件应急响应系统中主要负责突发事件应急行动中的信息协调，提供应急对策、应急响应处理、应急后方支持及其他管理职能，是进行应急响应全面统筹的中心，能保证整个应急响应行动有条不紊地进行，减少因救援不及时或救援组织工作紊乱而造成的人员伤亡和财产损失。

现场指挥中心是应急响应系统中与应急指挥中心相对应的现场指挥机构。该中心与应急指挥中心的不同之处在于它偏重突发事件现场的应急响应指挥和管理工作，它的职责主要是在突发事件应急管理中负责在现场制定和实施正确有效的现场应急对策，确保应急响应救援任务的顺利完成。现场指挥中心是整个现场应急响应工作的指挥者和管理者，应急指挥中心与现场指挥中心的区别如表 4－3 所示。

表 4-3 应急指挥中心与现场指挥中心的区别

指挥中心类型	框 架	内 容
应急指挥中心	成员及职责	成员设定统称，负责应急行动的统筹安排及该中心的协调工作
	配置	软配置：文件资料类，如应急方案、事故报告等 硬配置：各类装备，如计算机、电话等
	设计布局	成员数量及职责分配、中心位置选择及内部布局安排
	应注意的事项	中心为保证工作效率而需要注意的工作细节，如后备应急响应人员的培训、中心配置的更新等
现场指挥中心	设计要求	建立该中心所需要的基本要求，如移动性强、使用统一术语等
	成员及职责	成员设定统称：负责事故现场应急行动的具体部署和执行，如应急队员的任务分配、应急资源的调用
	现场工作程序	包括事故初始评估、危险物质现场探察、事故控制区域的建立、实施应急行动、事故现场的净化和恢复

二、应急响应监督机制

突发事件应急响应的监督主要是指依靠舆论、法律、技术等手段，通过各种适当的方法和措施，对突发事件的预备、处置及恢复等响应过程进行监督的行为。突发事件应急响应的监督主体可以是专门的政府机构和技术人员，也可以是公众、媒体或其他组织。突发事件应急响应的监督是一项技术性、理论性、科学性都很强的工作，它的存在可以使事后监督变为过程监督，对明确责任主体、实施公平的奖惩有着重要的作用。

（一）应急响应监督的过程

应急响应监督机制并不只是停留在对结果的监督上，监督机制应伴随整个应急管理过程，我们称之为过程监督。突发事件应急管理的过程监督根据突发事件的发展过程具体分为预备监督、响应监督和事后应急响应处理监督。

1. 预备监督

预备监督是在应急响应开始之前对突发事件的预防、准备阶段所做的对应急活动进行的监督。预备监督是应急响应监督机制的第一个环节。预备监督可以对应急响应过程的准备工作进行监督，包括对应急响应器材、仪器的监督，对应急响应工作人员就位工作的监督等。

2. 响应监督

这是在响应阶段实施的监督，是指在突发事件应对阶段对人员、物资的使用调度、应急人员的工作效率以及各种不合理、不合法的行为进行应急响应处理，并为事后反馈提供有力监督的行为。

3. 事后应急响应处理监督

事后应急响应处理监督是指在应急响应结束后，针对奖励问责机制对整个突发事件应对过程中的先进事迹和个人进行表彰，以及对违法行为或个人的失责行为进行监督，同时为各个应急阶段工作提出改进意见和建议的行为。

（二）过程监督的分类

1. 舆论导向监督

舆论导向监督主要来自媒体舆论。突发事件的发生往往涉及人身安全和公共财产损失，这就必然会引起公众和媒体的关注。媒体和公共舆论的介入让突发事件的应急响应处理更加透明和公开。

2. 法律法规监督

监督是权力有效行使的必由之路，也是人权保护的必然要求。在突发事件响应过程中，相关部门肩负了很多责任，同时也被赋予了很多权力。没有良好的法制监督，权力可能被滥用，公民的利益就很难得到保障。所以建立健全法律法规监督是应急响应监督机制中重要的一环。

3. 应急物资监督

在突发事件的应急响应中，必然会涉及应急物资的使用和分配问题，资源分配利用的公平性和有效性会直接关系到突发事件响应的成功与否。

4. 应急技术监督

在应急响应过程中，需要对整个突发事件的应急响应处理应对过程进行记录和跟踪报告，加强应急响应处理的透明度并对事件的起因、处理、损失和善后进行评估，利用信息系统和技术手段对上述过程进行监督。

5. 协调管理监督

效率是应急响应的关键，而效率的提高离不开统一协调管理。应急响应管理中的协调机制掌握全局，协调各个应急部门应对突发事件，起到集中优势办大事的作用。

第四节 应急响应的终止

应急响应的终止不仅代表着突发事件的结束，也代表着突发事件对承载体的破坏力从开始减弱到突发事件结束的整个过程。当突发事件在范围和强度上都不再扩大或增强，也不再发生新的演变，就可以认为突发事件发展和演变过程结束，那么此时应启动应急响应的终止。

一、应急响应的终止模式

根据应急响应终止过程的长短，可以将应急响应终止分为瞬时终止、快速终止和缓慢终止三种模式。

（一）瞬时终止

瞬时终止的事件非常短暂，停止发展就意味着突发事件的结束。例如，楼房倒塌事件从一点开始逐步延伸，延伸过程可以被看成是事件的发展过程。当没有新的部分倒塌时，该突发事件也就结束了。对演变中的转化模式而言，转化后原来的突发事件就结束了，应急响应的终止过程是瞬时的。例如，爆炸事件引起毒气泄漏或大火，在没有新的爆炸点出现后，爆炸结束，爆炸事件转变成毒气泄漏事件。

（二）快速终止

快速终止从停止发展到事件的结束有一个明显的事件过程，但时间比较短暂。例如，火灾的终止就有一个明显的过程，从火势开始减弱、范围不再增加到大火彻底熄灭，是一个循序渐进的过程，但这个发展过程一般都比较短，而且可以通过人为的因素快速终止。

（三）缓慢终止

缓慢终止一般都会经历较长的时间。例如，由于冰雪融化的速度缓慢，冰雪灾害的终止就需要较长的时间。相似地，已造成大面积受灾的洪水灾害终止的过程也相对漫长，此时应急响应的终止过程也较为缓慢。

二、应急响应终止的影响因素

影响突发事件发展的因素是应急响应终止的动力，这些因素包括内部因素、环境因素和承载体因素。

（一）内部因素

内部因素是突发事件终止的内在动力。内部因素是指推动事件发生和发展的内在因素。例如，大火燃烧时，可燃物的减少和氧气的减少会使大火自然熄灭。内部因素对应急响应终止的影响是有限的。某些灾害内部因素作用的发挥需要一个较为漫长的过程，如果没有人为因素的介入则会造成生命伤害和财产的重大损失。

（二）环境因素

环境因素包括自然因素和人为因素。对突发事件具有抑制作用的环境因素会推动突发事件的终止。例如，在大火熊熊燃烧时下起的大雨是自然因素，消防部门的全力扑灭则是人为因素。人为因素的重要作用在于人为主动地对灾害进行处理，以减少生命和财产的损失。在实际过程中，人为因素对于应急响应过程的终止更加重要，这也是建立健全应急管理机制的原因。

（三）承载体因素

承载体对突发事件的破坏也会消减突发事件的破坏力，成为突发事件恶化的阻力和突发事件终止的助力。

如果没有人为的干预，在内部和环境因素作用下的终止称为被动终止。如果人为主动地采取措施对突发事件终止起到积极的主导作用，则称为主动终止。主动终止往往比被动终止的时间要短，对承载体的不利影响也会更小。因此，人们会主动采取措施来加快终止过程。但是，很多突发事件本身是人为无法干预的，如台风、海啸等自然灾害。

三、应急终止机制时间的选择

应急终止对于结束应急管理过程以及进入下一次循环有着重要的作用。无终止或非正常终止的应急步骤不仅不能保证应急管理的效果，甚至还会造成更加严重的损失。非正常终止一般指选择了错误的终止时间、采取了错误的终止措施等。终止事件的选择是其中最终的问题，只有选择了正确的终止事件，才能使应急管理顺利平稳地进入终止阶段。

对于寻找最优的终止时间这一问题，可以引入最优停止理论加以解决。最优停止理论是研究何时停止能取得最大效益的数学理论，是概率论的一个重要应用领域。在概率论上，终止时间的确定，既可以基于简单的离散时间的最优停止，也可以基于马氏过程事件分布的最优停止。最优停止理论依赖于所需解决的概率结构和给出的报酬函数，在不同假设的基础上，有多种多样的解决方法和应用。

对于应急管理过程而言，也可以用效益这样的数值来衡量当前的状态，并以此为标准作出是否终止的决策，即找出最优的终止时间点。所需求解的最优终止事件即最优停止理论中的最优停止时间，通过建立函数并求解来确定最优终止时间点。

应急响应过程的终止可参照不同的用于衡量当前状态是否适合终止的指标。从灾害本身的角度来说，灾害降低至安全等级并且不再扩展时可终止应急响应过程；从资源配置角度来说，已调用的资源已被利用并且不需要调用新的资源时，可进入终止阶段；从公众恐慌角度来说，公众恐慌值低于设定的阈值时即可终止应急响应过程；从成本的角度来说，当未来应对成本不小于任其发展情况下的损失时，即可选择终止。

第五章　应急演练的组织与实施

从应急管理过程来看，应急管理的前期工作是应急管理的关键，不仅要做好预案的文案工作，更重要的是按照预案的设计实施实际的演练。应急预案的演练是应急管理工作的重要环节。应急预案经批准发布后，应急机构应开展宣传、教育、培训工作，开展应急演练和训练，从中查找问题加以改进，提高预案的合理性、有效性和可操作性。

根据《中华人民共和国突发事件应对法》第二十九条中对应急知识宣传普及和应急演练的规定，县级人民政府及其有关部门、乡级人民政府、街道办事处应当组织开展应急知识的宣传普及活动和必要的应急演练。居民委员会、村民委员会、企业事业单位应当根据所在地人民政府的要求，结合各自的实际情况，开展有关突发事件应急知识的宣传普及活动和必要的应急演练。新闻媒体应当无偿开展突发事件预防与应急及群众自救与互救知识的公益宣传。

第一节　应急演练概述

一、应急演练的含义

应急演练是指按一定程序开展的应急处理的模拟行为。应急演练主要体现在消除隐患、出动及时、动态调整等方面，要想真正发挥其作用，还必须对应急预案进行广泛深入的培训和演练。[①]一方面，通过培训演练提高团队成员的个人技能、岗位技能和执行任务的技能，如决策、沟通、共享意识、领导能力、协作，从而提高团队效能；另一方面，通过演练可以进一步修改、完善应急预案的内容，增强其有效性和可操作性。

《国家突发公共事件总体应急预案》中指出，各地区、各部门要结合实际，有计划、有重点地组织有关部门对相关预案进行演练。

---

① 计雷，池宏，陈安等．突发事件应急管理［M］．北京：高等教育出版社，2006．130．

二、应急演练的目的

通过应急演练，我们在应急管理方面要达到以下目的：

（1）在紧急事故发生前暴露应急预案和程序的缺点。

（2）辨识出缺乏的资源（包括人力和设备）。

（3）改善各种反应人员、部门和机构之间的协调水平。

（4）在应急管理的能力方面获得大众认可和信心。

（5）增强应急响应人员的熟练性和信心。

（6）明确每个人的角色和职责。

（7）努力增加各组织应急预案与政府、社区应急预案之间的合作与协调。

（8）提高整体应急响应能力。

应急演练是对应急管理各项能力和应急技术方面的综合检验。应急演练的组织由参与应急演练的各方组成，使应急人员进入“实战”状态，熟悉各类应急处理和整个应急行动的程序，明确自身的职责，提高协同作战的能力。同时，对演练的结果进行评估，分析应急预案存在的不足，并予以改进和完善。

三、应急演练的类型

（一）按应急演练的形式分类

应急演练根据其形式的不同可以分为单项演练、综合演练和桌面演练。[①]

1. 单项演练

单项演练是指为发展和熟练某些基本操作或某个特定任务的技巧而进行的演练。单项演练应当由负有应急救援责任的某一单位或者某几个单位参加，按照各自在应急救援工作中担任的责任就某一模拟事件进行演练，以检查其单位在应急救援中的应急反应、协调配合和现场处置能力。

2. 综合演练

综合演练是指多个部门或专业组协同进行的演练。综合演练由各单位及互助单位共同参加，就某一类型或几种类型的模拟紧急事件的组合进行演练，以检查参与应急救援的单位之间的通知程序、通信联络、应急反应、现场处置、协同配合和指挥协调方面的总体情况，从而验证应急救援计划的合理性和可操作性。

3. 桌面演练

桌面演练应由各单位及互助单位共同参加，就某一类型或几种类型的模拟紧

---

① 杨太东，张积洪．机场运行指挥［M］．北京：中国民航出版社，2008．251～252．

急事件的组合，以语言表述的方式进行演练，以检查参与应急救援的单位对紧急事件的通知程序、现场处置、协调指挥的反应情况和重新确认应急救援计划的某些内容。

（二）按应急演练的内容分类

应急演练根据其内容的不同可以分为基础训练、专业训练、战术训练及自选科目训练等。《中华人民共和国突发事件应对法》第二十八条“军队和民兵组织的专门训练”规定，中国人民解放军、中国人民武装警察部队和民兵组织应当有计划地开展应急救援的专门训练。

（1）基础训练。主要是指队列训练、体能训练、防护装备和通信设备的使用训练等内容。目的是使应急人员具备良好的体能、战斗意志和作风，明确各自的职责，熟悉城市潜在重大危险的性质、救援的基本程序和要领，熟练掌握个人防护装备的穿戴、通信设备的使用等技能。

（2）专业训练。主要包括专业常识、堵源技术、抢运和清消，以及现场急救等技术。专业训练关系到应急队伍的实战能力。

（3）战术训练。可分为班（组）战术训练和分队战术训练。战术训练是各项专业技术的综合运用，通过训练，使各级指挥员和救援人员具备良好的组织指挥能力和实际应变能力。

（4）自选科目训练。可根据各自的实际情况，选择开展如气象、侦检技术、综合演练等项目的训练，进一步提高救援队伍的救援水平。

另外，对应急队伍和企业员工进行必要的现场急救训练是十分重要的，如心肺复苏、止血包扎、伤（病）员的搬运、骨折固定，以及高空坠落、触电、溺水人员的现场抢救等。

在确定训练科目时，专职救援队应以社会救援需要为目标确定训练科目；兼职救援队应以本单位救援需要为主，兼顾社会救援的需要确定训练科目。

救援队伍的训练可采取自训与互训相结合、岗位训练与脱产训练相结合、分散训练与集中训练相结合的方法。在时间安排上应有明确的要求和规定。为保证训练有素，在训练前应制订演练计划，演练过程中应组织考核，演练完毕后应总结经验，编写演练评估报告，对发现的问题和不足应予以改进，并跟踪了解改进情况。

四、应急演练的基本要求

应急管理机构在组织应急救援演练时，应当保持现场应急救援的正常保障能力。如果由于应急救援演练致使现场的正常保障能力在演练期间不能满足相应标准要求的，应当就这一情况发布通告，并在演练结束后，尽快恢复应急救援的正常保障能力；演练应当尽可能避免影响事故现场的正常活动；演练前应当制订详细的演练计划。

《国家自然灾害救助应急预案》中对自然灾害类事故的应急救援演练要求每年至少组织两次省级应急管理人员的集中培训；每两年至少组织一次地级应急管理人员的集中培训；省或地市级民政部门每年至少组织一次县级及乡镇民政助理员的业务培训；不定期开展对政府分管领导、各类专业紧急救援队伍、非政府组织和志愿者组织的培训。

《国家安全生产事故灾难应急预案》中对安全事故灾难的演练指出，各专业应急机构每年至少组织一次安全生产事故灾难应急救援演练；国务院安委会办公室每两年至少组织一次联合演练；各企事业单位应当根据自身特点，定期组织本单位的应急救援演练。演练结束后应及时进行总结。

《国家突发公共卫生事件应急预案》中指出，各级人民政府卫生行政部门要按照“统一规划、分类实施、分级负责、突出重点、适应需求”的原则，采取定期和不定期相结合的形式，组织开展突发公共卫生事件的应急演练。

对于社会安全类的事件，《国家处置铁路行车事故应急预案》中指出，铁道部要有计划地按应急救援要求每年进行一次演练。根据需要可开展国内外的工作交流，提高铁路行业的应急处置实战能力。《国家处置民用航空器飞行事故应急预案》中指出，国家处置飞行事故指挥部办公室至少每年协调组织一次针对民用航空器飞行事故的应急综合演练，加强和完善相关部门的协调配合工作，提高应急管理能力。

五、应急演练的参与人员

按照应急演练过程中扮演的角色和承担的任务，可将应急演练人员分为演练人员、控制人员和模拟人员三类。

（一）演练人员

演练人员是指在演练过程中尽可能对演练情景或模拟事件作出其在真实情景下可能采取的响应行动的人员。他们所承担的具体任务包括：救助伤员或被困人员；保护公众生命安全和公共财产安全；获取并管理各类应急资源；与其他应急响应人员协调应对重大突发事件。演练人员主要来自各类应急管理机构和组织。

（二）控制人员

控制人员是指根据演练情景，控制应急演练进展的人员。他们在演练过程中的任务包括：确保应急演练目标的完成；确保演练活动对于演练人员具有一定的挑战性；保证演练进度；解答演练人员疑问；解决演练过程中出现的问题；保证演练过程的安全性。

（三）模拟人员

模拟人员是指在演练过程中扮演或替代正常情况或紧急情况下应与指挥中心、现场应急指挥中心相互作用的机构和人员。他们在演练过程中的任务包括：与应急指挥中心、现场应急指挥中心保持充分的沟通与联系；对演练过程进行充分的掌握，并及时进行信息反馈。

六、应急演练方案的编写

（一）演练方案的内容

演练方案主要包括如下演练文件：

1．情景说明书

情景说明书的主要作用是描述事故情景，为演练人员的演练活动提供初始条件和初始事件。情景说明书主要以口头、书面、视频、广播或其他音频方式向演练人员说明，主要包括以下内容：发生何种突发事件；突发事件的发展速度、强度和危险度；信息传递方式；采取了哪些应急响应行动；已造成的人员伤亡和财产损失情况；突发事件的发生时间、地点、发展过程；是否发出警报；突发事件发生时的气象条件等与演练情景相关的影响因素。

2．演练计划

策划小组在演练前根据要求设计周密细致、仿真的演练计划，以确保演练的成功。演练计划的主要内容包括：演练的目的；演练紧急事件的类型、演练地点、演练时间、参加的单位及其责任内容；演练步骤；演练所需设备及要求；演练场地的布置，人员、设备的安排；演练信息的传递；进出演练现场的路线；演练结束的通知方式及中止演练的程序；演练的评估方法及对策；演练的讲评方式。

3．评价计划

评价计划是对演练计划中演练目标、评价标准及评价方法的扩展和系统补充。评价计划的内容主要是对演练目标、评价准则、评价工具、评价程序、评价策略、评价组成，以及评价人员在演练准备、实施和总结阶段的职责与任务的详细说明。

4．情景事件总清单

情景事件总清单是指演练过程中须引入情景事件（包括重大事件和次级事

件)，按事件排序的列表，其内容主要包括情景事件及其控制消息和期望行动，以及传递控制消息的时间或时机。情景事件总清单主要提供给控制人员在管理演练过程中使用，其目的是确保控制人员了解情景事件应何时发生及应何时输入控制消息等。

5. 演练控制指南

演练控制指南是指有关演练控制、模拟和保障等活动的工作程度和职责的说明。该指南主要提供给控制人员和模拟人员使用，其目的是向控制人员和模拟人员解释与他们相关的演练思想，制定演练控制和模拟活动的基本原则，巩固演练控制和模拟活动顺利进行所需的通信联系、后勤保证和行政管理机构等。

6. 演练人员手册

演练人员手册是指向演练人员提供的有关演练具体信息、程序的说明文件。演练人员手册中所包含的信息均是演练人员应当了解的信息，但不包括应对其保密的信息，如情景事件等。

7. 通信录

通信录是指记录关键演练人员通信联络方式及其所在位置等信息的文件。

（二）演练计划的完善

应急救援计划的正确性、有效性通过应急救援演练检验与完善，从而实现演练计划的持续改进。根据应急救援演练发生的问题，对应急救援计划进行补充、修改与完善。

（1）应急演练应根据企业的实际情况定期进行，一般为每年一次。

（2）应急演练要遵循结合实际、突出重点的原则。应急演练要针对潜在的事故类型、可能发生事故的地点和气象条件及应急准备工作的实际情况进行。演练应重点解决应急过程中组织指挥和协同配合问题，解决应急准备工作的不足。

（3）演练前应成立一个演练策划小组，演练策划小组是演练的领导机构，是演练准备与实施的指挥部门，对演练实施全面控制。

（4）演练活动应在统一指挥下实施，参加演练的人员要严守演练现场规则，确保演练过程安全，不得使各类人员承受不必要的风险。

（5）应急演练应遵循由下而上、分步实施的原则，综合性的演练应以若干次分练为基础。

（6）应急演练完成后，要对预案进行评审和修改，解决演练过程中暴露出来的问题。

第二节 应急演练的实施过程

由于应急演练是由许多应急管理机构和组织共同参与的一系列行为和活动，因此，应急演练的组织与实施是一项非常复杂的任务，应急演练过程可以划分为应急演练准备、应急演练实施和应急演练总结三个阶段。

一、应急演练准备

应急演练的准备阶段是应急演练实施阶段和评价阶段的基础。在应急演练准备阶段主要需要完成九个方面的准备工作。

1. 成立策划小组

在应急演练的准备初期，应急演练的组织方就需要为此次应急演练成立专门的策划小组，负责整个演练过程的指挥和协调。策划小组负责演练的准备、演练的实施和演练的总结。策划小组要为整个演练活动负责。

2. 编写演练计划

演练计划应以演练情景设计为基础。演练情景是指对假想事故按其发生过程进行叙述性的说明，情景设计就是针对假想事故的发展过程，设计出一系列的情景事件，包括重大事件和次级事件，目的是通过引入这些需要应急组织作出响应行动的事件，全面地检验演练效果。

3. 确定演练日期

演练日期的确定需要考虑天气如何、是否周末、准备工作是否完成等因素对演练活动的影响。如果是火灾的应急演练活动，那么就一定要选择天气晴朗的日子，而不能是大雨倾盆的日子。如果应急演练的日期是在周末，那么就要考虑周末人流量的问题。周末商场里的人流量会比非周末时期高出好几倍，要将这些因素考虑进演练方案中。演练日期的确定要保证能够顺利地实施演练，而不能在匆忙的准备工作之后就进行应急演练，以免仓促的前期工作影响整个应急演练的效果。

4. 确定演练目标和演练范围

明确演练的目标，确定演练所要达到的目的，前期的准备工作要始终围绕演练的目标进行。界定清楚演练的范围，包括演练的地域范围和演练的涉及范围。在演练的过程中，将演练范围限定在计划的区域之内，以免造成不必要的损失。

5. 编写演练方案

在实施演练活动之前要编写详细、通俗易懂的演练方法，并确保相关人员能够人手一份。演练方案的编写要经过充分的交流和沟通，使演练方案能够切实可行并且没有遗漏重要的细节信息。

6. 讲解演练方案和演练活动

在完成演练方案的编写之后，就要对演练方案进行讲解。因为并不是所有的相关人员对演练方案的理解都是一致的。对演练方案和演练活动进行讲解能够确保相关人员对演练活动理解的一致性，确保演练活动的成功实施，达到应急演练的目的。

7. 确定演练现场规则

制定详细的演练现场规则并确保相关人员能够贯彻实施。演练现场规则是演练有序进行的保障。演练现场规则使得相关人员的行动能够有明确的标准，确保演练活动的成功实施。

8. 指定并培训评价人员

在演练实施之后要对整个演练活动进行总结和评价，因此在演练的准备阶段就需要指定评价人员，准备和分发评价人员工作文件，并对评价人员进行培训。

9. 安排后勤工作

在演练活动结束之后，需要对现场进行整理和恢复工作。这部分工作需要在演练准备阶段就布置好，并指定后勤人员，明确后勤人员的工作，以确保演练结束后能迅速恢复现场的正常运行。

二、应急演练实施

应急演练阶段是指从选定初始事件起到演练结束的整个过程。演练实施阶段，参演的应急组织和应急人员应尽可能按照实际突发事件发生时的响应要求进行演练，由参演应急组织和应急人员根据策划小组对最佳解决方案的一致性理解作出响应行动。

以下应急演练的实施过程以急性职业中毒事故现场卫生事件应急处置演练为例来阐述整个实施过程。

1. 事故发生情景描述

2008 年某日 13：00，某市新区某化工厂槽罐车进厂后，因意外事故导致法兰破裂，槽罐内冲出大量黄绿色烟雾，具体物质不明，泄漏物质约 1 吨。当时刮西南风，泄漏的液体迅速汽化，随风向东北方向扩散。下风侧 800 米处有居民小区，约有 1 000 户共 3 500 名居民，居民小区后面周围 2 千米是田野空旷区域（工业企业预留空地）。本次事件导致污染区内部分树木落叶，厂前区树叶变焦黄，且有 15 名工作人员出现头晕、头痛、咽痛、呛咳、胸闷、气急、呼吸困难等症状，部分人员伴有恶心、呕吐等症状。其中两名工作人员尤为严重，陷入昏迷状态。

2. 企业启动应急预案

事故发生后，该企业接到报警，立即启动急性职业中毒事故应急预案，组织开展了人员疏散及事故抢险、抢修等相关企业自救工作；并立即向市疾病预防控制中心（以下简称疾控中心）、120 急救中心、卫生行政部门、消防支队、安全生产监督管理局（以下简称安监局）、环保局等相关部门报告；同时该市 12320 总值班室也接到了企业内部员工和周围居民对本事件的举报。

3. 相关部门启动应急预案

市卫生局、疾控中心、120 急救中心、市某医院等立即启动应急预案，组织开展中毒人员的应急救援、事故现场的测定、流行病学调查、邻近居民区的疏散以及健康教育和心理干预等工作。市卫生局将相关信息及时向省卫生厅和市人民政府上报，并由市政府组织成立了现场指挥部，指挥现场应急处置工作。市卫生局组织专家咨询委员会对中毒事件应急处置情况进行了评估，并做好中毒事件处理过程中和事后的评估，组织信息发布与对公众的宣传工作。

4. 关键部门的应急处置

疾控中心到达现场后，首先向企业负责人了解、核实相关情况（事件发生时间、具体地点、毒物种类、泄漏罐车储量、泄漏部位、泄漏方式、毒物扩散情况、中毒人数、中毒症状、救治情况、人员疏散情况、周边单位和居民分布、事件地点地形情况、有无可能引发爆炸燃烧的各种危险源、消防措施、堵漏工艺措施等）。根据情况将应急队员分为 3 个应急处置小组，并进行分工。

（1）检测 1 组：组员配备 A 级个体防护设施，携带快速采样检测设备，进入泄漏中心区域进行现场勘察，包括确定泄漏化学物质、泄漏槽罐车储量、泄漏部位、泄漏点大小、泄漏现场情况等，并进一步搜寻有无其他人员中毒。通过测定，确认泄漏的化学物质为氯气后，按照立即威胁生命或健康的质量浓度（IDLH）88 毫克/升划分热区，设置红色警戒线。

（2）检测 2 组：组员配备 B 级个体防护设施，携带快速采样检测设备、风向风速测定仪、温湿度测定仪、气压计、风向标等相关设备，进入企业初步划定的安全区域，树立风向标，以观察风向的变化情况；开展风向、风速、温湿度、气压等内容的测定，以确定毒物的扩散情况；核实检伤急救、指挥区设置位置是否合理安全；分别按照未检出和 1 毫克/升检测值指导设置冷区、温区隔离警戒线。

（3）流调组：组员配备 C 级个体防护设施，对现场和医院相关人员进行现场流行病学调查、生物样品采集等工作，对突发事件现场提出控制措施建议，并对中毒人员的急救处理、救援人员的个体防护、现场隔离带设置、人员疏散等提出建议，同时开展健康教育和心理干预等。[①]

---

① 张金龙，焦建栋. 急性职业中毒事故现场卫生应急处置演练［J］. 中国职业医学，2010，37（3）：266～267.

5. 演练现场的恢复

在整个应急演练过程结束后，应急管理小组要按计划对演练现场进行恢复。后勤人员一方面要恢复企业内的作业秩序，另一方面要恢复小区内的正常生活秩序。

三、应急演练总结

策划小组负责人的作用主要是宣布演练开始、结束和解决演练过程中的矛盾。

控制人员的主要作用是向演练人员传递控制消息，提醒演练人员终止对情景演练具有负面影响或超出演练范围的行动，提醒演练人员采取必要行动以正确展示所有演练行动，终止演练人员的危险行为，延迟或终止情景事件的演练。

演练过程中参演的应急组织和应急人员应遵守当地相关的法律法规和演练的现场规则，确保演练安全进行。如果演练偏离正确方向，控制人员可以采取非常手段纠正错误。非常手段包括终止演练过程。

在演练过程中，要注意以下问题：

（1）可设立专门的小组来负责训练和演练的设计、监督及评价。

（2）负责人应拥有完整的训练和演练记录，作为评价和制订下一步计划的参考资料。

（3）可邀请非受训部门应急人员参加，为训练、演练过程和结果的评价提供参考意见。

（4）应尽量避免训练和演练给社会生活造成干扰。

同时还应注意境内或过境危险特点、现有响应能力、演练费用、关键人员的支持力度、可获取的各种资源（省、市、地方和个人）、演练对正常工作的影响程度及政府对演练的要求。

第三节　应急演练的评价

一、应急演练评价

（一）应急演练评价的含义

应急演练评价是指观察和记录演练活动、比较演练人员表现与演练目标要求，并提出演练中的发现。

应急演练评价的目的是确定演练是否达到演练目标的要求，检验各应急组织指挥人员及应急响应人员完成任务的能力，主要包括以下四点：辨识应急预案、程序中的缺陷；辨识培训和人员需要；确定设备和资源的充分性；确定培训、应急演练是否达到预期目标。

在应急演练的评价过程中，评价人员的作用主要是观察演练的进程，记录演练人员采取的每一项关键行动及其实施时间，采访演练人员，要求参演应急组织提供文字材料，评价参演应急组织和演练人员的表现，并反馈演练发现。

应急演练评价要求采用应急演练评价方法对应急组织及应急人员进行综合评价。应急演练评价方法是指应急演练评价过程中的程序和策略，包括评价组的组成方式、评价目标与评价标准。其中，评价目标是指在演练过程中要求演练人员展示的活动和功能，可与演练目标相一致；评价标准是指在演练过程中对演练人员各个主要行动及关键技巧的评判指标，这些指标应该具有可测量性。

（二）应急演练发现的等级

对演练过程进行评价最重要的目的是能够提出演练发现，为突发事件的应急管理积累经验。演练发现是指通过演练评价过程，发现应急预案、应急响应、应急救援中存在的问题。按对人员生命安全的影响程度可将演练发现分为三个等级，从高到低分别为不足项、整改项和改进项。

不足项是指演练过程中观察或识别出的应急准备缺陷，可能导致场外应急准备工作在突发事件发生时不足以确保应急组织采取合理应对措施，保护生命财产安全。不足项应在规定的时间内予以纠正。演练发现确定为不足项时，策划小组负责人应对不足项详细说明，并给出纠正措施建议和完成时限。最有可能导致不足项的应急预案编制要素包括职责分配、应急资源、警报、通报方法与程序、通信、事态评估、公众信息、保护措施、应急响应人员安全和紧急医疗服务。

整改项是指演练过程中观察或识别出的，单独并不可能对生命财产安全造成不良影响的应急准备缺陷。整改项应在下次演练时纠正。有两种情形下的整改项可列为不足项：某个应急组织中存在两个以上整改项，共同作用可妨碍生命财产安全；某个应急组织在多次（两次以上）演练过程中，反复出现前次演练识别出的整改项。

改进项是指应急准备过程中应予以改善的问题。改进项不同于不足项和整改项，一般不会对生命财产安全产生严重影响，因此不必要求对其予以纠正。

（三）应急演练评价的指标体系

应急演练评价和突发事件应急管理能力的评价需要建立科学的评价指标体系

和模型。只有科学地反映突发事件应急管理能力的优势与不足，才能有助于推动突发事件应急管理能力的建设。因此，要着重做好以下三个方面的工作：

1. 设计有较高信度和效度的评价指标及其模型结构

首先，对突发事件应急管理能力的总内容进行设定，如突发事件营救响应能力的状况、突发事件应急管理物质基础的工程防御体系的状况等。其次，研究设定反映上述内容的评价要素，形成评价指标集。评价指标集是评价体系的主要组成部分，由一系列有内在联系的、有代表性的、能够概括应急管理水平的要素组成，可包括反映突发事件危险性的评价要素、反映承载能力的评价要素等。最后，研究反映各个评价要素的具体指标，如火灾发生率、经济人口密度等。这些评价指标是评价指标集的基础数据。

2. 确定突发事件应急管理能力评价的参照标准

参照标准是指在确定的评价范围内通过对若干评价对象的评价而形成的统一标准。参照标准的作用在于它可以在一个确定的评价群体中，用统一的评价尺度对评价对象进行比较，并对其作出孰优孰劣的判断。

3. 建构突发事件应急管理能力的综合评价模型

在总体设计的基础上，对各个要素及其指标进行层次分析，根据其各自的分值与基础数据，确定分值的权重，以此作为分析判断的基础，使不同的评价要素和指标能够在统一尺度下进行比较，避免单一内容评价可能出现的类型偏差，确保评价的科学性和有效性。

对应急演练进行评价，或者说对突发事件应急管理能力进行评价的目的是找出突发事件管理工作中的优势和劣势，以便强化突发事件应急管理能力。因此，评价模型的设计必须将评价功能和开发建设功能有机地结合在一起。评价是手段，开发建设才是目的，两者有机地结合在一起才能真正发挥强化突发事件应急管理的作用，才能真正地将应急演练的目的发挥出来，才能真正地提高应对突发事件的应急管理能力。

二、应急演练总结与追踪

应急演练的总结与追踪是全面评价演练是否达到演练目标、应急管理水平是否需要改进及改进是否完成的一个重要步骤。

演练总结可以通过访谈、汇报、协商、自我评价、公开评价和通报等形式完成，最后形成总结报告。总结报告是对演练情况的详细说明和对该次演练的评价。总结报告应包括如下内容：训练或演练总结，包括目的、目标和场景的评论；重大偏差、缺陷的总结；建议和纠正措施；完成这些纠正措施的日程安排。

策划小组应在演练结束规定期限内，根据评价人员演练过程中收集和整理的资料，以及在演练人员和公开会议中获得的信息，编写演练总结报告并提交给有关管理部门。

在应急演练结束之后，还要对应急演练进行追踪。追踪是指策划小组在演练总结结束之后，安排人员督促相关应急组织继续解决其中尚待解决的问题或事项的活动。为确保参演应急组织能从演练中取得最大收益，策划小组应对演练中发现的问题进行充分研究，确定导致该问题出现的根本原因、纠正方法、纠正措施及完成时间，并安排专人负责对在演练中发现的不足项和整改项的纠正过程实施追踪，监督检查纠正措施的进展情况。①

第四节　应急培训

为实现演练的目的，演练之前应该对有关人员进行培训。通过培训可以使事故涉及人员，包括应急人员、事故当事人等，在发生突发事件后有效配合，最大限度地发挥人力资源的潜力。

一、应急培训的含义

应急培训是指对参与应急行动的所有相关人员进行的培训，要求应急人员了解和掌握如何识别危险、如何采取必要的应急措施、如何启动紧急情况警报系统、如何安全疏散人群等基本操作。

应急管理机构应让所有相关的应急人员接受应急救援知识的培训，掌握必要的防灾和应急知识，以减少事故的损失。通过培训，可以发现应急救援预案的不足和缺陷，并在实践中加以补充和改进；通过培训，可以使事故涉及人员在发生突发事件后有效配合，最大限度地发挥人力资源的潜力。组织应急管理小组在培训之前应充分分析应急培训需求、制订培训计划、建立培训程序以及评价培训效果，完善应急培训机制。

在编制预案时，就应该明确开展应急培训的要求，包括确定培训程序，明确培训对象、培训内容以及培训方式等。生产经营单位一般应于每年年底制订下一年度应急预案培训计划，并下发到各部门和单位，各部门和单位依照培训计划实施应急培训。

《国家突发公共事件总体应急预案》中指出，宣传、教育、文化、广电、新闻出版等有关部门要通过图书、报刊、音像制品和电子出版物、广播、电视、网

① 宋英华. 突发事件应急管理导论［M］. 北京：中国经济出版社，2009. 73～75.

络等，广泛宣传应急法律法规和预防、避险、自救、互救、减灾等常识，增强公众的忧患意识、社会责任意识和自救、互救能力。各有关方面要有计划地对应急管理组织和管理人员进行培训，提高其专业技能。

二、应急培训的原则和范围

为提高应急救援人员的技术水平与应急救援队伍的整体能力，经常性地开展应急救援培训与演练应成为应急管理的一项重要工作。

应急救援培训与演练的指导思想应以加强基础、突出重点、边练边战、逐步提高为原则。

应急培训与演练的基本任务是锻炼和提高队伍在突发事件情况下的快速抢险堵源、正确指导和帮助群众防护或撤离、有效消除危害后果、开展现场急救和伤员转送等应急救援技能和应急反应综合素质，有效降低事故危害性，减少事故造成的损失。应急培训的范围应包括：政府主管部门的培训、社区居民的培训、企业全员的培训、专业应急救援队伍的培训。培训内容主要包括：潜在突发事件失控的原因以及预防措施培训；突发事件预警、预测、分级响应要求培训；应急机构和职责培训；各种预案的实施培训。

《国家安全生产事故灾难应急预案》中对安全事故灾难的培训指出，有关部门应组织各级应急管理机构以及专业救援队伍的相关人员进行上岗前培训和业务培训。有关部门、单位可根据自身实际情况，做好兼职应急救援队伍的培训工作，积极组织对社会志愿者的培训，提高公众自救、互救能力。地方各级人民政府应将突发事件应急管理内容列入行政干部培训的课程。

三、应急培训的内容

（一）应急人员的培训内容

（1）如何识别危险。

（2）如何启动紧急警报系统。

（3）初期火灾的处理措施。

（4）易燃品泄漏处理措施。

（5）毒物泄漏控制措施。

（6）各种应急设备的使用方法。

（7）防护用品的佩戴。

（8）如何安全疏散人群等基本操作。

（二）社会公众的培训内容

（1）潜在的重大危险事故及其后果。
（2）报警的基本程序。
（3）灭火器的使用以及灭火步骤的训练。
（4）基本防护知识。
（5）撤离的组织、方法和程序。
（6）在污染区行动时必须遵守的规则。
（7）自救与互救的基本常识等。

（三）关系协调培训

突发事件往往涉及社会的多个方面，包括不同身份的人员、不同的组织等，这要求建立起一个良好的应急管理协调机制，对事件中的人员及不同组织实现协调配合。在培训过程中，要使突发事件的相关人员了解协调沟通的重要性，并对其协调沟通能力进行培训。

1. 上级与下级之间的协调

上级通常处于指挥者的位置，他们一般要从整体出发，统观全局，对突发事件的处置发出宏观的命令，由下级人员执行。下级一般需要严格遵守上级的命令，将突发事件的处置过程及结果向上级报告。

在重大突发事件中，指挥人员通常分为很多层级，层与层之间存在上级对下级的管理关系。但是，上级与下级的划分并不是绝对的，同一级别的人员通常同时扮演了上级和下级两个角色。这类人员既要向上级汇报工作，也要向下级发出命令。

2. 同级之间的协调

同级人员可以分为被救者和施救者两大类。施救者又可以分为指挥人员和施救人员。同级之间首先应当明确自己的责任，做好本职工作，同时积极辅助其他人员完成事件处置工作，对其给予支持和协助。

对于被救者来说，他们是突发事件的受害者。在事件发生之后，通常需要接受外界的帮助。被救者经历着外界环境的变化和内在心理的变化，他们彼此之间的处境类似，应该要互相帮助、互相体谅，在身体和心理上尽快从突发事件的影响中摆脱出来。

3. 施救者与被救者之间的协调

施救者要不惜一切代价救助被救者。被救者在接受施救者救助的过程中要积极地配合施救者的工作。

重大突发事件可能会给受害者的身体和心理造成伤害。施救者除了要给予受害者物质上的帮助外，还要给予他们心理上的关注。

4. 其他关系的协调

突发事件中还可能存在其他关系，如不相关的组织及个人对突发事件的发生发展给予关注，在必要时也可以提供帮助。

四、应急培训的形式和方法

培训可以采用多种方法或多种方法相结合来进行，以下主要介绍集中培训的方法，如何处理不同类型的突发事件，对这一内容的培训应采用不同的培训形式。

1. 讲授法

讲授法指培训者通过语言表达的方式将培训内容传授给受训者。讲授法对于受训者而言是被动地接受培训内容的过程。讲授法的优点是信息传授量大，在短时间内可以将大量的培训内容传授给受训者，不但省时，而且成本较低。讲授法适用于受训者多的培训，如果场地足够大，音响设备足够好，就可以对众多受训者进行集中培训。

2. 视听法

视听法是培训者通过电脑、幻灯片和影音设备等多媒体工具向受训者传授信息的方法。突发事件应急处理在很多情况下都是非常危险的，通过讲授法讲授这些培训内容存在感官上的局限性，倘若运用视听法则可以很形象地讲述突发事件的应急处理。如果有现成的培训视听教材，那么视听法是一个不错的选择，因为开发新的视听法教材往往难度大。

3. 实地演练

实地演练就是提供真实的模拟情境，让受训者担任各个角色并出场真实表演，从而获得相关技能的培训方法。实地演练行为性和互动性很强，受训者能够身临其境面对突发事件的真实情境，能够训练受训者在真实情境下的态度和行为，能够在突发事件来临时表现出相同的态度和行为。不过实地演练的成本很高，而且如果受训者知道是模拟演练，可能表现出一定的冷静态度，但在真实的情境中却无法表现出来。

五、领导者的能力培养

随着社会的多元化、政治的民主化、经济的全球化、环境的复杂化和信息水平的不断提高，各种突发事件越来越多，越来越难以预料，作为承担管理责任的领导者，大到国家领导人和省部级领导，小到市县级领导和乡镇级领导，甚至一般企业或事业单位的基层领导都面临各种可能的突发事件威胁。及时有效地应对和妥善处理突发事件的能力是各级领导者必备的岗位素质和管理能力之一。

《国家公务员通用能力标准框架（试行）》对应对突发事件能力作了如下标注："应对突发事件能力，即有效掌握工作相关信息，及时捕捉带有倾向性、潜在性问题，制定可行预案，并争取把问题解决于萌芽之中；正确认识和处理各种社会矛盾，善于协调不同利益关系；面对突发事件，头脑清醒，科学分析，敏锐把握事件潜在影响，密切掌握事态发展情况；准确判断，果断行动，整合资源，调动各种力量，有序应对突发事件。"这一能力标准框架为各级领导者有效提高应对各种突发事件的能力提供了具体可行的方法指导。领导者要具备以下八种能力：

1. 高瞻远瞩的预见力

任何突发事件都有一个由量变到质变的发生发展过程，对这一过程的科学分析和合理推断，是预见、预测和预防突发事件发生的最基本的思维方式和最有效的防范手段。各级领导者的责任并不仅仅在于对突发事件发生之后的及时响应和有效处理，更重要的是预防、预警，领导者应具备对突发事件的预防、预警意识和预见能力。

2. 临危不乱的沉着力

临危不乱、处变不惊，是对一名合格的领导者心理素质的基本要求。突发事件属于非正常事件，具有突发性、难以预料性和破坏性。当突发事件突然来临时，领导者首先必须沉着冷静，义不容辞地成为群众的主心骨，泰然自若、从容不迫地发号施令，指挥有序，让施救者和被救者感到放心，感到有依靠和有希望。优秀的领导者在突发事件面前总是能够保持镇定、稳重、平静的姿态，这种临危不乱的沉着力是领导者处理突发事件必备的素质。

3. 准确无误的判断力

突发事件发生时，领导者务必保持清醒的头脑，作出准确无误的判断。根据突发事件的性质和来由、规模和影响、形式和现状，以及由此造成的各种可能性后果来作出决策，提出具体的、可实施的、行之有效的响应方案和应对措施，包括人员和物资的统筹与调配、任务的安排与落实、方案的调整与宣传、新闻的发布与应对、受灾群众的保护与安抚。每一个正确的决策、每一个得力的措施、每一个有效的方案，都来自于对突发事件准确无误的判断力。

4. 思维敏捷的应变力

应变力主要是当外界事物发生改变时所作出的应对性反应，这种反应可能是本能的，也可能是经过理性思考之后所作出的决策。领导者在领导活动中经常要面对来自自然环境、社会环境、工作环境、工作对象和工作任务等方面的意外变化，这时需要领导者迅速作出反应，果断采取正确的措施和方法，使事件或问题得以妥善解决。良好的应变能力，可以使领导者迅速抓住问题的主要矛盾，牢牢掌握事态发展的主动权，并将其导向自己能控制的范围内，可以使领导者及时化解突然出现的不利形势，化被动为主动。

5. 有条不紊的组织力

组织是一个系统，一种配合关系。组织力则是将应属于同一个系统、同一种配合关系的各个要素依据合理、高效的原则完成各自组合的能力。任何一个不完整的系统和配合都不能完成它们所承担的任务。突发事件的应急管理需要配合，人力、物力、信息和交通等零散的要素通过配合形成系统工程，这一工程必须通过领导者的有效组织、合理调度才能发挥整体救援作用。

6. 振奋人心的鼓舞力

优秀的领导者都是优秀的宣传鼓舞家。在突发事件来临的危难关头，在人心纷乱、不知所措的紧急时刻，需要领导者挺身而出，统一人心，鼓舞士气。领导者必须指引目标以明志，宣传政策以明理，提高认识以明事，统一思想以明心，统一行动以明策，从而达到释疑解惑、激励斗志、解放思想、渲染豪情、鼓舞人心的目的。

7. 果断英明的决策力

美国著名的管理学家西蒙曾经说过这样的一句名言：管理就是决策。应对突发事件的应急管理当然属于管理的范畴，那么对于一位领导者或管理者来说，应对突发事件的关键问题就是决策问题。领导者的决策力来自对既定目标的认识程度、对未来形势的预测水平及对最优行动方案的确认能力。决策是一个人知识结构、心理素质、思维方式、判断能力和创新精神的综合表现。只有作出正确的决策，才能使事件得到正确的处理；只有高效果断地作出正确的决策，才能使事件得到及时、妥善的处理。决策水平在一定程度上代表了领导水平。领导者必须具备高效的决策能力。

8. 稳定大局的控制力

领导过程也是领导者对组织成员和组织活动的控制过程，是领导者对所辖范围内的人力、物力、财力等实施管理、调节、引导、疏通、反馈和监督的过程。当突发事件出现时，因缺乏心理准备，多数人会表现出惊慌失措、情绪不稳等状态，以致引起秩序混乱，工作不能正常开展，甚至会出现谣言、骚动等现象，如何使这些混乱的局面稳定下来，让慌乱的人们从领导者处变不惊的沉稳姿态中感觉到“天并没有塌下来”，感觉到有领导在，一切都在掌控之中、一切都会恢复正常的，这就是领导者稳定大局的控制力。[①]

---

① 张振学. 领导者应对和处理突发事件的 9 种能力 [M]. 北京：中国致公出版社，2009.

第六章　心理救援与心理干预

第一节　心理危机的概述

一、灾难心理学

（一）灾难对心理的影响

重大灾难在给人们生命财产造成巨大损害的同时，也对人们的心理、精神有着不同程度的影响。由于灾难具有突发性、难以准确预测、严重危害性等特点，灾难对于每个人来说都是一种应激，会导致每个人产生不同程度的情绪、生理、认知、行为异常等应激反应。灾难造成的强烈的精神应激不仅会导致个体出现短时的心理障碍，如急性应激障碍（ASD），还会导致长期的心理创伤，如创伤后应激障碍（PTSD）。

急性应激障碍是由剧烈的、异常的精神刺激，生活事件或持续困境等因素引发的精神障碍。[①] 患者在受刺激后几分钟至几小时内发病，症状表现为一系列生理心理反应的临床综合征，主要包括恐惧、警觉性增高、回避和易激怒等，并且障碍出现于创伤事件后四周以内，障碍持续至少两天，至多四周，超过四周则要考虑诊断为创伤后应激障碍。急性应激障碍在创伤后人群中发生率较高，对社会影响较大，如果处理不当，可能有20% ~50%的人由急性应激障碍转为创伤后应激障碍，长期生活在痛苦之中，难以矫治。

创伤后应激障碍是指对创伤等严重应激因素的一种异常精神反应，常于突发事件发生后的数月或数年后发生，是指受灾者由于经历紧急的、威胁生命的或对身心健康有危险的事件，在创伤之后出现长期的焦虑与激动情绪。

在印度尼西亚海啸中，对幸存者的应激行为观察证实了此观点。一项研究结果显示：在印度尼西亚海啸后的两个星期内，有22%的人符合急性应激障碍的

---

① 乐国安，张丽萍．灾难心理学［M］．北京：人民卫生出版社，2010．30.

诊断标准；而在灾难后的六个月内有30%的人符合创伤后应激障碍的诊断标准。在国内，一项对张北尚义地震后三个月灾区心理障碍情况的调查结果显示：急性应激障碍的发生率为6.1%，创伤后应激障碍的发生率为18.8%，震后三个月时创伤后应激障碍的现患率为7.2%；另一项关于唐山大地震后心理障碍的调查研究显示，地震所致孤儿47%符合急性应激障碍标准，而所致截瘫患者中有50%符合创伤后应激障碍标准。以上国内外报道均证实了上述观点。还有的幸存者因无法接受现实而产生自杀倾向。

通常，灾后人们的心理反应表现得最为明显的是悲伤、恐惧、忧愁和庆幸生存；其他心理反应按强烈程度不同依次是心慌意乱、愤恨、痛不欲生等。灾难使人们原有的处理问题的方式及支持系统出现故障，从而出现心理失衡、心灵创伤等问题，更严重者还可能会出现因不堪心理重负而自杀的倾向。另外，灾难对于不同的人群有着不同的生理与心理冲击，包括灾难的直接受害人、受害人家属及灾难发生时的救援人员等。

因此，灾难过后除了物资救援和卫生防疫等物质层面的工作，对于受灾群众及救援人员的心理救助问题逐渐进入了我国政府应急管理的视角，成为应急管理工作的组成部分之一。在国外，尤其是美国，已经开展了大量灾后心理服务的研究，并积累了大量的灾后心理干预的经验，这对我国刚刚开始的灾后心理服务工作有着很好的借鉴与指导意义。总之，开展灾难心理学研究，关爱我国灾民的心理卫生，既是社会稳定和进步的需要，又是现代应急管理体系不可或缺的一部分，具有重要的现实意义。

（二）灾难心理学研究

世界卫生组织（WHO）的培训手册中指出，灾难是极其复杂的、具有多个维度的现象，涉及生态学、经济学、心理学、社会学和政治学方面的含义，它极大地超出了受灾人群的应对能力。因此，灾难不单纯是一种自然现象，它还是一种社会现象，它与人类的心理和行为有着不可分割的联系：一方面，它给人类的身心造成不同程度的影响；另一方面，人类的心理及行为又将影响甚至在某种程度上控制灾难的发生概率和破坏程度。

2008年5月12日汶川大地震给中国人民带来了巨大的损失，除了财产和人身方面的伤害，更给人们的心理造成了巨大的创伤。一项调查发现，地震灾区的受灾人员、救援人员还有间接接触震灾相关信息的人员都受到了不同程度的心理创伤，出现了如抑郁、悲痛、恐惧、焦虑等创伤性心理反应，震后半年，灾区出现了数例因地震创伤引起的自杀事件。重庆交通大学灾区学生在回家乡开展心理援助活动时发现，灾区的部分群众特别是丧子丧偶者在灾难过去一年多后依旧常有灾难现场的幻觉体验，心理健康状况堪忧。所以，灾难是一个对人类物质造成损失和对人类的心理、生理活动造成威胁的“压力环境”，它必定会引起受灾者一系列的生理、心理以及行为的变化。

灾难心理学是研究灾难与心理关系的科学，其主要任务是揭示受灾过程中人们心理的活动规律，并将这些知识应用于灾难心理救助，它是运用心理学、生理学、社会学、环境学、灾害学、医学、教育学等理论和技术去探求灾难与心理及行为的关系的一门学科，既包含自然科学的知识，也包含社会科学的内容。

灾难心理学以描述、解释、预测和控制人的心理和行为现象及其规律为目标，主要关注于个体行为的本质、发生原因、行为的预测及影响行为的条件等重大问题，其研究范围包括如下五个部分：

1. 灾后身心的应激反应

应激是个体面对应激源时产生的一种生理和心理上的反应模式，这种生理反应与刺激物的性质无关，被称为“一般适应综合征”。灾难心理学就是要研究面对灾难个体会产生哪些身心应激反应，这部分内容主要涉及应激理论、灾后身心应激反应及其防治策略。

2. 灾后心理评估

心理评估是指应用通过多种方法获得的信息，对个体某一心理现象作全面、系统和深入的客观描述。进行灾后心理救助，首先是要对救助对象的情况进行准确的评估。这一部分主要涉及心理学常用的心理评估方法，包括心理健康自我评估、创伤后应激障碍评估、应对策略自我评估等。

3. 灾难心理危机干预

危机干预从心理学角度来看是一种通过调动处于危机之中的个体自身潜能来重新建立或恢复危机爆发前的心理平衡状态的心理咨询和治疗技术。目前危机干预已经日益成为临床心理服务的一个重要分支。这一部分主要涉及心理危机干预理论与模式、心理危机干预技术与方法，以及在灾难不同时期心理危机干预的评估与实施办法等内容。如何有效地实施心理危机干预，是灾难心理学研究的重要内容之一。

4. 灾难危机教育

正确地进行灾难危机教育，不仅可以帮助人们认识危机、勇敢地面对危机、战胜危机并走出危机，而且可以培养人的领先观念和创新意识，在培养和塑造健全的人格方面起着一定的作用。灾难危机教育可以减少灾难带来的损失。如何更好地进行灾难危机教育也是灾难心理学应该加以研究解决的内容。

5. 灾难心理卫生服务体系的建立

应该针对灾难事件开展专业的心理卫生服务已经成为国内外心理卫生工作者

的共识，而如何建立专业的人力资源队伍，快速、有效、多方位地开展灾后心理卫生服务则是政府机构和专业人士共同面临的挑战。

灾难心理学的现实意义和最终目的是将其研究成果应用于现实生活，有针对性地对灾难不同过程中的不同个体或群体实施心理救助，为人们的心理健康与发展提供服务。灾难心理学是灾后心理救助工作开展和实施的理论基础，是应急管理理论研究工作的重要内容之一。

二、心理危机与心理救援

（一）心理危机

1. 心理应激

当突发情境出现时，我们的生理和心理会出现一系列的应激反应，这是机体受到对其构成威胁的任何刺激时引发的多种激素参与的全身反应。

生理应激反应是个体面对突发事件时的一种生理反应，如肠胃不适、腹泻、食欲下降、头痛、疲乏、失眠、做噩梦、容易受惊吓、感觉呼吸困难或窒息、梗死感、肌肉紧张等。

心理应激反应则主要表现在情绪、认知和行为上：

在情绪方面表现为经常焦虑、恐惧、怀疑、沮丧、忧郁、悲伤、易怒、绝望、无助、麻木、否认、孤独、紧张、不安、愤怒、烦躁、自责、过分敏感或警觉、无法放松、担心家人健康、害怕染病、害怕死去等。

在认知方面常出现注意力不集中、缺乏自信、无法作决定、健忘、效能降低、不能把思想从危机事件上转移到其他方面等情况。

在行为方面表现为反复洗手、反复消毒、社交退缩，以及不敢出门、害怕见人、暴饮暴食、容易自责或怪罪他人、不易信任他人等。

心理应激是人类在异常情境中的正常反应，伴随出现灾难的创伤后应激障碍或悲痛症状，是不能为当事人所控制的。但若应激持续时间长或不能成功应对刺激，就会导致心理失衡和解体，继而产生心理问题或心理危机。

2. 心理危机

心理危机是指由于突然遭受严重灾难、重大生活事件或精神压力，使生活状况发生明显的变化，尤其是出现了用现有的生活条件和经验难以克服的困难，以致当事人陷于痛苦、不安状态，常伴有绝望、麻木不仁、焦虑，以及自主神经系统症状和行为障碍。对于个体是否达到心理危机的程度，一般有三个判断标准：一是个体存在着具有重大心理影响的生活事件，如突然遭受严重灾难、重大生活事件或精神压力；二是出现严重不适感，引起一系列的生理和心理应激反应；三是当事人惯常的处事手段不能应对或应对无效。如“9·11”事件后，毗邻纽约世贸中心的美林证券公司员工反映，他们经常情绪紧张，失眠情况严重；而纽约市消防局100多人因精神紧张而请假，许多人靠服用安眠药和镇静剂才能维持正常生活。

突发事件导致的心理危机主要有以下一些特征：

（1）通常可以自愈，大约于1～6周后消失。

（2）在危机期，个体会出现求助的意愿与倾向，并愿意接受外界的帮助与干预。

（3）心理危机可能出现在任何年龄，但多见于年轻人，而且男女发生几率均等。

（4）心理危机自愈的情况取决于个人素质、适应能力以及他人的帮助或干预。

虽然心理危机具有自愈性的特点，多数人能够依靠自身的力量整合和认知精神创伤，从而恢复正常生活状态，但是另有30%的受灾者的心理障碍是无法自愈的，如果对这些人没有进行及时的帮助与心理干预，他们可能永远陷于噩梦的阴影中而无法自拔。因此，提高政府与社会对灾后心理危机进行干预、疏导和救治的意识，加强应急管理中心救援工作的力度与能力，是当前发展应急管理工作的内容之一，也是灾后重建与恢复工作的重要组成部分。

（二）心理救援

“9·11”恐怖袭击事件后，为了缓解其引起的社会心理问题，美国在事件发生之后立即成立了心理创伤救治小组，对受害人以及其他相关人员进行跟踪式的心理疏导。事实证明，灾难性事故与事件过后，如不能及时对经历灾难的群体进行有效的心理控制和缓解，人们可能会在认知、情感和行为上出现功能失调甚至造成社会混乱。因此，对受灾者的心理干预与救助便成为人们处理灾难性事故与事件，给受害人提供有效帮助和支持的一种必然的应对策略，具有十分重要的意义。

“灾难心理救援”是指由政府或其他社会力量组织的以心理专家、医学专家为骨干的专业心理救助队伍，针对灾后灾民的实际心理状态，运用心理学、医学等相关知识，对存在心理危机的群体进行心理疏导和干预，缓解因灾难或伤害带来的心理压力，并对心理受到严重创伤者进行个体心理救援和救助工作。

现有的关于心理救援与心理干预的文章存在许多混淆的地方，所以本书将两者进行了划分：除了对灾区进行个体心理援助方面的工作之外，心理救援的工作还包括管理灾难对整个社会心理方面的影响，它针对的是灾区及非灾区的所有可能受到心理影响的大众群体，参与实施人员包括政府和所有相关社会人士，是一个广义的概念；心理干预则侧重于心理危机治疗的具体方面，属于医疗和心理卫生部门的工作，侧重于实际的心理救助的技术与学术方面。可以说，心理救援包括心理干预，是应急管理体系中的一个组成部分。

心理救援的目标是对一切受到灾难直接或者间接影响的人群提供心理帮助，具体的救援目标可以从不同的角度进行划分：

（1）减缓灾难对个体的影响。灾难发生会对人的身体、心理、安全和财产等方面造成伤害，心理救援的任务就是对个体因灾难引起的心理问题、行为障碍或心理疾病给予及时有效的帮助和处理，及时控制各种负面心理反应，防止心理危机的进一步恶化，促使心理疾病早日恢复。

（2）促进群体心理健康。灾难的群体效应会产生大范围的影响，个人的渲染有可能对他人的心理产生负性影响，媒体的报道等也会对整个社会人群产生心理上的映射作用，从而引起群体的心理反应。这些个体与群体间、局部与整体间的相互作用如不加以控制和引导，就有可能产生连锁反应，甚至导致短时间内迅速扩大恐慌、焦虑等情绪障碍，造成群体性心理崩溃的严重后果。因此，如何安定人心和控制局面是心理救援人员的一项重要工作任务和目标。心理救援人员要从更大的范围和更广泛的角度考虑问题，不仅仅是亲历人群和目击者，还要包括救灾人员、受灾者及其家属等各类人员。

（3）维护社会稳定。社会心理层面关注的对象往往是在灾害后引起的公众的恐慌，包括社会转型、社会不公、政府决策等引起的民众的共性的心理感受和反应，以及由此可能产生的共性行为反应。社会心理层面的问题往往会引发社会局部的或全局的动荡和冲突，进而影响社会的稳定和发展。心理救援也要考虑社会安定问题，从社会整体上考虑个体的心理健康，将保持局部和整体的社会心理稳定作为重要任务，建立重大自然灾害后快速心理危机干预及服务机构。心理救援还需要与政府、社会和各行业的工作相互配合、共同努力，以达到安定群体和社会心理的效果。

（三）心理危机干预

心理危机干预（Crisis Intervention）又称危机介入、危机管理或危机调解，是给处于危机中的个体提供有效帮助和心理支持的一种技术，它通过采取明确有效的措施调动个体自身的潜能，使之最终战胜危机，重新适应生活。心理危机干预是心理救援的重要部分，是心理救援的重要方法与技术，一般可以按心理干预的时间将其分为反应性干预和预防性干预。反应性干预需要受过专门培训的心理咨询师或精神科专家担任，并且需要一套严密的机制来保证其运行。预防性干预则重视事前预防，重视教育与辅导，其基本目标在于防患于未然，把有可能发生的心理危机遏制在萌芽状态。

灾后心理危机干预与一般的心理治疗并不完全相同，成功的心理危机干预可以使个体正确地把握现状，重新认识经历过的危机事件，并对未来可能遇到的危机有更好的应付策略与手段，两者的具体区别如下表所示。很多研究和实例证明，在发生灾难性突发事件时，心理干预可起到缓解痛苦、调节情绪、塑造社会认知、调整社会关系、整合人际系统、鼓舞士气、引导正确态度、矫正社会行为等积极的作用。

灾后心理危机干预和一般心理治疗的区别①

	灾后心理危机干预	一般心理治疗
治疗对象	1. 治疗对象是由于经历了突发事件而导致心理危机的人 2. 这些人对外界反应能力受损、逻辑思维和推理能力出现障碍，甚至失去自控能力	1. 治疗对象是由于个人心理原因导致心理疾病的人 2. 这些人情感状态表现完好，具有一定的认知能力和一定的自控能力
治疗时间	几小时到几周	几周到几年
治疗目的	1. 保证治疗对象的人身安全：避免因无法自控而伤人伤己 2. 使治疗对象在短时间内恢复自控能力，消除危机症状，保持较稳定的心理水平 3. 不强调改变人格，只重视恢复到危机前的功能水平 4. 尝试找到应对危机的新技巧 5. 促进成长和发展	1. 改变心理问题的诱发因素，综合处理过去和目前有关的心理和环境因素 2. 帮助治疗对象认识到行为的动力学根源 3. 对不良行为予以矫正 4. 学到新的应对技巧 5. 改进治疗对象的心理功能水平，包括感知、记忆、交流、思维和自控等方面 6. 促进成长和发展

有效的危机干预就是帮助人们获得生理和心理上的安全感，缓解乃至稳定由危机引发的强烈的恐惧、震惊或悲伤的情绪，恢复心理的平衡状态，调整自己近期的生活，并学习应对危机的有效策略与健康行为，增进心理健康。现代意义的心理危机干预，主要体现为科学精神和人文关怀的结合，也就是要以人为本，对

① 段鑫星，程婧. 大学生心理危机干预［M］. 北京：科学出版社，2006. 108.

受灾群体多加关心与尊重。

灾后心理危机干预的目的主要有三个：①稳定情绪。也就是尽力阻止灾后悲痛情绪的进一步扩大和蔓延。②缓解急性应激症状。主要针对出现灾后应激问题的个人和群体进行心理方面的支持与治疗。③重建个体的各项心理和社会功能，使其重新适应生活，这是灾后心理危机干预最终的目标。为了达到这三个目标，心理危机干预人员的支持是必不可少的，要提供方便的途径，让受灾人员能够轻易地获得自己所需要的各种支持。

美国的心理危机干预的研究人员普遍认为，为了缓解灾难受害者的悲痛，重建他们的独立功能，预防和减轻他们遭受的心理创伤和创伤后应激障碍，要注意以下五个原则：

（1）快速干预。灾难后的心理危机会造成情绪上的危险状态，即使他们已经被安定下来，也仍然有可能处于不适应的高危状态。因此，危机干预最关键的一点就是灾难心理危机干预人员要在第一时间到达现场。

（2）稳定化。最大限度地动员物资、人员等参与救灾工作，建立物质上和心理上的支持网络，尽快恢复生活秩序和规则，以稳定受灾人员和受灾群体的心态。促进稳定是灾后心理重建的第一步，有利于尽快恢复受灾人员的各项心理功能。

（3）理解灾难。受灾人员通过回顾灾难发生后的一切，理解灾难发生的过程，了解灾难发生后的各种影响，增加对灾难的控制感。心理危机干预人员要倾听受灾人员描述事件经过，鼓励他们表达各种情绪，帮助他们理解灾难的影响。

（4）注重问题解决。对危机干预人员而言，积极帮助受灾人员使用各种资源来获得控制感是非常重要的。灾难发生后，受灾人员对自己生命和环境的控制感被摧毁，很容易导致无助和绝望的情绪，影响灾后的心理重建。因此心理危机干预人员要协助受灾人员从自己的经验出发，通过解决灾后出现的众多问题来重新恢复信心，重新获得控制感，进而恢复各项心理和社会功能。

（5）鼓励自力更生。注重和恢复受灾群众的自力更生能力在灾后的心理重建过程中起到重要作用。危机干预人员要激发受灾人员的主动性，鼓励他们调动自身能力，积极寻找有效的方法解决灾后的各种问题。

心理危机干预是心理救援工作的重要组成部分，主要针对遭受严重精神创伤的人群。心理危机干预帮助人们加固和重塑心理结构，顺利度过危机，提高心理健康水平，减少心理障碍的发生，使人们恢复正常的生活与工作状态，这对经历了重大灾难后的个人以及整个社会来说都是至关重要的。

第二节　心理危机救援与干预

一、心理干预的技术与方法

（一）心理干预的基本技术

心理干预是一种特殊形式的心理咨询和治疗，危机干预人员掌握心理咨询的基本技术，如倾听技术、提问技术、表达技术、观察技术等，是完全有必要的。目前，心理危机干预技术主要包括三大类，即沟通技术、支持技术和激情宣泄技术，虽然这三类技术不尽相同，但并不是独立进行、互相排斥的。心理干预的选择要根据被救助者的心理危机程度与特点，分别同时采用这三类技术，帮助被救助者克服心理障碍，恢复正常的心态与生活，从而实现心理危机干预工作的目标。以下是这三类技术的主要内容：

1. 沟通技术

与被救助者建立良好的沟通合作关系是干预和处理心理危机的前提条件。心理救助的整个过程，包括对患者的心理情况进行检查、诊断和治疗等，都需要医患双方顺畅的沟通与合作才能保证其顺利进行。因此，建立和保持医患之间的良好沟通与互信关系，给被救助者提供释放与倾诉的渠道和机会，有利于被救助者恢复自信和减少对生活的绝望感，保持心理稳定和有条不紊的生活，改善人际关系。

在与被救助者建立良好的沟通与合作关系时，危机干预人员应注意以下五点：

（1）消除内、外部的“噪声”或干扰，以免影响双方沟通的诚恳度，提高表达能力；两者谈话时尽量避免无关的第三者在场，给被救助者提供安静、温馨的环境。

（2）避免双重矛盾的信息交流，做到真诚一致。如果危机干预人员口头上对被救助者表示关切和理解，但在态度和举止上却并不给予注意和体贴，会令被救助者降低对他的信任感，加剧无助与绝望，破坏刚刚建立起来的关系。

（3）避免给予过多的保证，因为一个人的能力是有限的，而问题的原因是多种多样的。

（4）避免使用专业性或技术性的难以理解的言语，多用通俗易懂的语言交谈。

（5）具备必要的自信，利用一切可能的机会改善被救助者的自我反省、自我感知和自我体验。

2. 支持技术

由于被救助者在危机开始阶段焦虑水平比较高，危机干预人员应该尽可能减轻其焦虑，使被救助者的情绪状态恢复到危机前的水平。因此，支持技术主要是给予精神支持，通过疏泄、暗示、保证、改变环境等方法，一方面可以降低被救助者的情感张力，另一方面也有助于建立良好的沟通和合作关系，为以后进一步的干预工作做准备。良好的家庭和社会支持是避免创伤后应激障碍发生的保障因素，但是要注意支持是指给予情感支持，而不是支持被救助者错误的观点或行为。另外，在干预过程中应注意不能带有强烈的教育色彩，如果引起被救助者的反感则可能会适得其反。

3. 激情宣泄技术①

激情宣泄技术是被救助者在其领导者或信赖者的指令下，通过身体动作练习，以宣泄性高声喊叫释放情绪而对异常心理活动产生影响，从而使生理和心理活动在新的状态下获得平衡的心理治疗技术。

相关研究证实，在公共卫生事件下，医护人员情绪变化经历了从有破坏性或不愉快体验的应激到有建设性或兴奋体验的应激过渡的过程。这种情绪变化的趋势对于医护人员减轻或降低应激反应具有积极意义。因此，在公共卫生事件发生后，要正视医护人员的紧张、恐惧、愤怒、悲观、不平静等负性情绪的出现，遵循应激反应中情绪变化的一般规律，不能限制和压抑医护人员与救援人员的情绪变化和表达，应帮助整个救援队伍的全体成员掌握激情宣泄技术。

激情宣泄技术的操作者为领导或其信赖的人，由其发出命令，令其活动四肢，做几次深呼吸放松全身，由轻到重，由不自然到发自肺腑，尽情地、无所顾忌地大声喊叫，叫时可用感叹词“啊”“嘿”等，以期把消极情绪统统宣泄出来，以解除情绪对机体的不良束缚，恢复机体的暂时失控功能；体验舒畅感、轻松感，进而体验疾病症状的消失。如地震灾害现场，面对大量的尸体，有些新入伍的救援战士四肢无力，身体暂时瘫痪，出现回归行为（大小便失禁等）。在情绪宣泄时不要停止喊叫，继续喊叫时可用力挥舞拳头，也可踢腿或奔跑，使内心受到震荡。在喊叫中体验自信心和控制力的增强，停止喊叫后可再活动活动身体。用激情宣泄技术对救援队员进行心理救助时，一定要在封闭或隔音效果良好的地方进行，这样可以无所顾忌地进行激情宣泄，否则宣泄受阻就会失去其疗效。激情宣泄技术是有效排解心理压力的方法之一，是心理干预工作的重要技术。

简单地说，心理干预的基本策略就是：主动倾听并热情关注，给予心理上的

---

① 程果，寇敏．灾后救援人员心理干预方法探讨［J］．全科护理，2009（26）：24．

支持；提供宣泄机会，鼓励被救助者把自己的内心情感表达出来；解释危机的发展过程，使被救助者理解目前的处境，理解他人的情感，建立自信；给予被救助者希望，使其保持乐观的态度和心情；培养被救助者的兴趣，鼓励其积极参与有关的社会活动；注意发挥社会支持系统的作用，使被救助者多与家人、亲友、同事接触和联系，减少孤独和隔离。

（二）心理干预的主要方法

由于突发事件及干预对象个体特点的多样性及复杂性，危机干预并没有一个固定的程序可循，但是经过长期的积累与研究，现在已经总结出了一些基本的方法，可以帮助危机干预人员积极有效地开展心理干预工作。以下是对常用的三种干预方法的简单介绍：

1. 危机干预六步法

由格林兰与詹姆斯（B. E. Gilliland & R. K. James）提出的危机干预六步法是危机干预中常被采用的方法之一，主要内容包括如下六个步骤①：

（1）确定问题。从被救助者角度，确定和理解被救助者本人所认识的问题。

（2）保证被救助者安全。在危机干预过程中，危机干预人员要将保证被救助者安全作为首要目标，把被救助者对自我和他人的生理、心理危险性降到最低。

（3）给予支持。强调与被救助者的沟通和交流，使被救助者了解危机干预人员是完全可以信任、能够给予其关心和帮助的人。

（4）提出并验证变通的应对方式。危机干预人员要让被救助者认识到有许多变通的应对方式可供选择，其中有些选择比别的选择更合适。

（5）制订计划。危机干预人员要与被救助者共同制定行动步骤来矫正被救助者情绪的失衡状态。

（6）得到承诺。让被救助者复述所制订的计划，并从被救助者那里得到会明确按照计划行事的保证。

2. 急性应激干预七步骤模型

由罗伯特（Albert R. Robert，1996）提出的七步骤模型主要用于帮助处于急性心理危机、急性情境性危机和急性应激障碍等急性心理危机情境者，其主要步骤如下：

（1）全面的生理、心理、社会评估和危机评估，包括自杀、杀人或者暴力的危险性，以及毒品和酒精滥用情况等内容。

---

① ［美］B. E. Gilliland，R. K. James. 危机干预策略［M］. 肖水源等译. 北京：中国轻工业出版社，2000. 37.

（2）迅速建立友善的治疗关系，关键是向被救助者表达接纳与尊重，并保持冷静，使局面处于危机干预人员掌握之中。

（3）识别问题。采用问题解决中心疗法（SFT），识别被救助者的能动性，包括对其过去有效应对策略的分析。

（4）可以使用积极的倾听、鼓励性的语言、解释、情绪定性等技巧来使被救助者感受到关注与理解，也可使危机干预人员加深对问题真相的了解。

（5）危机干预人员凭借自身的能力和专业性，在激发被救助者积极配合的同时，探索潜在的应对资源和更加有效的方法，用于心理干预的实施。

（6）贯彻干预计划，包括识别可供联系的配合人员和转介的资源，以及提供应对机制。危机干预人员应尽量减小干预的限制性，使被救助者感到自主性并积极配合心理救助。

（7）反复制订计划并达成一致。计划不是一成不变的，根据被救助者的反应和心理危机问题的逐渐暴露，干预的计划要不断得到更正、讨论与实施。

3. 创伤后应激处理十步骤模型

莱纳等人（Lerner & Shelton，2001）提出的创伤后应激处理十步骤模型，主要用于灾难后直接的应激处理，分为以下十个步骤：

（1）评估心理应激水平及其对自身及他人的危险程度。

（2）考虑受到伤害的身体及知觉机制。

（3）评估能动性水平。

（4）确定治疗需要。

（5）观察及识别每个个体的创伤性应激症状。

（6）作自我介绍，危机干预人员声明自己的角色和任务，并开始与对方建立友善的关系。

（7）通过允许被救助者陈述他们所经历的事件使其情绪慢慢平静。

（8）通过积极的、投入的倾听向其提供支持。

（9）提供有效的、模式化的教育与指导。

（10）使被救助者面对现实，展望未来，并给其提供建议。①

（三）心理干预中的评估

评估不仅是危机干预的重要步骤之一，也贯穿危机干预过程的始终。危机干预人员对评估技巧掌握的程度极大地影响到危机干预的效果。在有限的时间内，危机干预人员必须迅速、准确地掌握被救助者所处的情境与反应。危机评估可以

---

① 段鑫星，程婧. 大学生心理危机干预［M］. 北京：科学出版社，2006. 113.

从危机的性质、被救助者的功能水平、应对机制和支持系统、自伤或伤人的危险性方面来进行，以确定需要实施的干预策略。

1. 对危机的性质进行评估

首先要了解危机是一次性的还是复发性的。对于一次性的境遇性危机，往往通过直接的干预，被救助者就能较快地恢复到危机前的平衡状态，通常能够应用正常的应对机制和现有的资源；而复发性慢性危机的被救助者，则往往需要较长时间的干预，建立新的应对策略。慢性危机的被救助者一般需转诊，继续进行长期的治疗。

2. 对被救助者的功能水平进行评估

可以从认知、情感和行为三个方面评估被救助者的功能水平。认知评估包括侵犯、威胁和丧失三项内容；情感评估包括愤怒/敌意、恐惧/焦虑、沮丧/忧愁三项内容；行为评估则包括接近、回避、失去能动性三项内容。对被救助者现有功能水平的评估将决定危机干预人员在以后的咨询中选择何种策略及进行干预的程度。另外，危机干预人员还应该尽可能地把被救助者当前的状态与危机前的功能水平进行比较，以便确定危机发生后被救助者情感、认知、行为功能水平的损害程度。此外，对功能水平的评估还应该贯穿于危机干预的整个过程，在实施一段时期的干预后，被救助者的危机是否得到化解，也可以通过情绪、行为等反映出来。干预过程中的评估有利于检验干预的效果。

3. 对被救助者的应对机制、支持系统和其他资源进行评估

在整个干预过程中，危机干预人员应该收集各种有关的资料，并评价这些资料的意义。在评估可应用的替代解决方法时，必须首先充分考虑被救助者本人的观点、能动性，以及应用这些方法的能力。危机干预人员个人的建议则作为附加部分考虑。

4. 危险性评估

危险性评估包括对被救助者自伤和伤人可能性的评估。研究证明，绝大多数自杀者都会表现出比较确定的线索或信息，并有着强烈的寻求帮助的愿望，因此危险性评估是重要的评估部分。

二、心理干预的模式差异与人群差异

（一）心理危机干预的模式

根据受害人的心理损害特点的不同，心理危机干预模式主要分为三种：平衡模式、认知模式和心理社会转变模式，它们为不同的危机干预策略和方法奠定了基础。

（1）平衡模式，也称平衡/失衡模式。危机中的人通常处于一种心理、情绪甚至行为的失衡状态，在这种状态下，原有的应对机制和解决问题的方法不能满足其需要。平衡模式的目的在于帮助人们重新获得危机前的平衡状态。该模式最适合于早期干预，这时个体已经失去了对自己的控制，分不清解决问题的方向，不能作出适当的选择。此时危机干预人员主要的精力应该集中在稳定被救助者的心理和情绪上，在重新达到某种程度的稳定之前，不应采取其他措施。

（2）认知模式是基于这样一种认识：危机起源于对事件的错误思维，而不是事件本身或与事件、境遇有关的事实。该模式的基本原则是通过改变个体思维方式来获得理性，强化思维中的理性和自强的成分，尤其是通过认识其认知中的非理性和自我否定部分，重新获得理性和自我肯定，使人们获得对自己的危机控制。认知模式最适合于危机稳定下来并接近危机前平衡状态的被救助者。

（3）心理社会转变模式认为，人是遗传和社会环境共同作用的产物。社会环境和社会影响总在不断地变化，人也在不停地变化、发展和成长，因此对危机的考察也应该从个体内部和外部因素着手，除考虑被救助者的心理资源和应对方式外，还要了解同伴、家庭、职业、社区对其的影响。危机干预的目的在于把被救助者的内部资源与社会支持、环境资源充分调动和结合起来，从而使被救助者有更多解决问题的方式可以选择。可以通过与被救助者合作，测定与其有关的外部和内部环境对个人产生的各种困难，帮助他们选择替代现有行为态度和使用环境资源的方法，结合适当的内部应付方式、社会支持和环境资源，帮助他们获得对自己生活的自主控制。

除了上述三种模式之外，现在还出现一种折中主义的危机干预理论，该理论是从危机干预的方法中有意识地、系统地选择和整合各种有效的概念和策略来帮助被救助者。所以折中理论其实是各种方法的混合物，是侧重实用性的一种从任务指向操作的模式。因此，折中理论的目的是将各种理论和方法很好地结合在一起，根据实际需要来选择适当的方式以切合被救助者的实际，而不是局限于某一种教条式的理论概念。

（二）灾难对不同人群的心理影响

一般来说，突发事件中的受害人、家属、当事人及灾难发生时的救援人员和可能产生心理影响的社会人群都是进行心理干预的对象。由于所处的角度不同，对灾难的体验程度不同，不同人群所受的心理与行为的影响也不相同，心理干预的实施应在充分了解灾难对不同人群影响的差异性上，有区别地采用相应的方法与技术进行救助。

1. 对幸存者造成的心理行为影响

经历过生死浩劫后，余悸犹存是他们普遍的反应。幸存者通常会经历这样几个阶段：首先他们会产生一种“不真实感”，不相信眼前发生的一切是真的，认为这只是一场噩梦。在意识到残酷的现实之后，人们会经历一段消沉期，对周围的一切都变得麻木不仁，这时的精神状态远没有恢复到可以重建正常生活的水平。一旦他们认识到这些悲剧是真实的，便会产生严重的心理问题，如短时的急性应激障碍。如果得不到及时、有效的疏导，有可能造成长期的甚至永久的心理创伤，逐步蔓延成创伤后应激障碍。

2. 对罹难者家属造成的心理行为影响

当自己的亲人罹难时，罹难者的家属会陷入无比悲痛中，不同程度地出现情绪和生理异常反应、认知障碍、行为异常，甚至出现精神崩溃、自伤、自杀的倾向，与罹难者关系越亲近的家属，其症状越明显。罹难者家属经常会把责任归到自己身上，认为全是自己的过失，从而产生内疚、自责心理。还有资料表明，灾难造成的强烈应激或长期应激状态损害健康，甚至造成组织损伤，引发疾病。有人在唐山大地震20年后对当时罹难者家属身心健康情况进行了研究，发现有一级亲属罹难的人群患高血压、脑血管病的比例要高于无一级亲属罹难的人群。

3. 对救援人员造成的心理行为影响

灾难发生后，医护人员、救援人员会立刻投入抢救工作中去，由于他们工作环境的特殊性，面对惨重的伤亡情况以及他们在灾难中所担任的角色，伤害暴露的程度和范围的不同，可能产生一系列的心理应激，如恐惧、焦虑、无助、挫败感。研究表明，SARS期间，由于SARS疫情诊断、治疗方法不明确，加之病情变化快等特点，这些不确定的因素使得许多战斗在一线的医护人员产生焦虑、茫然、悲观情绪，当看到病人因医治无效而生命无法挽回的时候，更会产生挫败感。

灾难事件对救援人员的心理影响并不是短时间就能消除的，甚至在救灾结束很长时间后，会逐渐出现类似创伤后压力症的后遗症，这种后遗症会延续很长时间，严重影响救援人员的身心健康。在SARS事件六个月后，新加坡某急救部门18%的医护人员仍遭受不同程度的心理影响。

4. 对一般公众造成的心理行为影响

一场重大的灾难不仅给幸存者、罹难者家属、救援人员留下了严重的心理创伤，也会对全社会造成潜在的心理损伤，使得知事件信息的普通民众内心蒙上阴影，同时还会导致公众行为的变化。抗击SARS期间，许多人感到焦虑不安、恐惧、无助，甚至惶惶不可终日。为了躲避SARS，一些民众整日闭门不出，过量使用消毒剂，每天反复洗手等。“9·11”事件后，心理治疗专家曾对纽约的

8 300名9~18岁的少年儿童及2 000余名成年人进行调查，调查结果显示，数以千计的少年儿童和成年人因为恐怖袭击留下的阴影而遭受恐惧、抑郁、沮丧、孤独、麻木等心理困扰，并表现为失眠、酗酒、逃学等症状。

社会群体既是人们生活的基本单位，又是社会重要的结构要素，是社会和个人相连接的纽带。经历灾难性事故与事件后，尽快恢复受害人所属的群体，有利于受害人尽快恢复正常生活，也有利于社会的稳定与正常发展。因此，有区别地对不同的受害群体进行干预与救助，可以帮助人们尽快恢复与原来所属群体的联系，尽快建立归属感，这是对受灾群体及整个社会都有着积极意义的重要工作。

（三）灾后不同人群的心理干预

1. 对幸存者的心理行为干预

灾难过后，幸存者的急性心理应激反应如果得到及时正确的疏导治疗，心理状态将会逐渐恢复正常，否则将很有可能转变为创伤后应激障碍，造成长期的精神痛苦，所以很有必要对其进行心理行为干预。

首先应当采取的一项基本措施是为他们营造一个有安全感的环境。其次要保持与幸存者进行密切接触，建立沟通关系。可以派遣经过专业训练的志愿者倾听他们的故事，鼓励他们宣泄心中的痛苦，给予他们积极的暗示，帮助他们客观地、现实地分析和判断事件的性质和后果，纠正错误和不合理的认知，进而引导他们采用积极的应对策略和技巧；同时应着手帮助他们解决一些实际问题，如食品、治疗伤病患者、修葺房屋等，直到他们逐步树立起重新面对生活的勇气和信心。

另外，由于每位幸存者受到的躯体伤害和心理伤害程度不一样，承受能力及认知能力更不一样，因此，在干预之前，必须对个体进行必要而准确的评估，了解其创伤症状、具体疼痛的位置，与其讨论如何恢复正常的生活，体现救援工作的完善性。对因创伤后持久性应激效应产生心理问题的中小学生伤员，危机干预人员应采用心理保护办法，鼓励他们表达，倾听他们说话，允许他们哭泣，指导他们观看新闻报道，告诉他们对电视画面重现的镜头感到害怕和恐惧都是正常的，用他们能够理解的方式多作解释。以下以地震后的一个实际心理干预治疗为例进行说明。

一个因创伤后截肢导致心理问题的21岁女孩，因出现幻肢痛，时刻有幻痛及针刺感，时而哭闹着驱赶自己的男朋友，危机干预人员用宣泄方法让她痛哭，轻轻握着她的左手，说："我在这里可以帮助你。"同时，请她男朋友握着她的右手，默默陪伴着，让她感受到爱情的力量和危机干预人员的支持。请她讲述事件发生的过程，讨论如何恢复正常的生活，使她体会深度建构的爱和归属感。第

1次咨询40分钟，女孩无幻肢痛及针刺感出现。了解到她喜欢写日记，建议其长期坚持写日记，以分散注意力，放松训练。女孩自己提出每3天咨询1次，12次咨询后，解决了心理问题，她已能正视现实，并计划今后摆个小摊，维持正常生活。在这个案例中，适当的心理干预帮助女孩克服了心理障碍，整个干预的实施取得了较好效果。

2. 对罹难者家属的心理行为干预

灾难中家人的罹难使其处于极度的悲痛和绝望中，并产生一系列严重的异常心理行为，这种心理行为的伤害如果得不到及时有效的疏导，将会产生不良的后果，严重影响他们的生活、工作等。对于罹难者家属的干预一般可以分为以下三个阶段：

第一阶段：给予抵达现场的罹难者家属生活、生理上精心的照顾，体现危机干预工作的细致。

第二阶段：帮助罹难者家属情感复活。罹难者家属一般表现为三种情感：悲伤、愤怒或自责。此时应引导罹难者家属将灾害引起的抑郁、焦虑等负性情绪宣泄出来。在这个阶段，最主要的是倾听。最重要的是，倾听之后，必须帮助罹难者家属认识、面对、接受失去朋友、亲人的事实，这是成功干预的关键所在。

第三阶段：灾难真相出来后，应帮助罹难者家属充分宣泄悲伤的情感，保持罹难者家属之间信息通畅，使他们相互取得心理支持，这样有利于负性情绪的宣泄。同时，还要鼓励他们进食，避免因身体不适加重悲伤。

3. 对救援人员的心理行为干预

灾难事故中不仅幸存者、罹难者家属经受了严重的心理创伤，作为救援人员，他们第一时间见证了悲剧的场面，产生了如上所述的心理问题，所以进行适时的干预也是非常必要的。

对救援人员的干预一般分为三个阶段：在救援人员执行救援任务前，制订组织计划，并通过演习明确其应执行的任务，减轻预期焦虑，建立团队自信心；在执行任务阶段合理安排工作岗位（尽可能安排同伴）与工作时间（最长不超过12小时，含休息和活动时间），保证工作人员间以及与家人之间的交流，同时利用各种缓解压力的技术帮助救援人员适时减轻心理压力，还可适时安排减压、分享报告、危机干预等心理干预方法；在任务结束后阶段安排休息放松，使救援人员尽快从紧张的工作状态中复原，如有需帮助者则安排适当的心理干预，以预防创伤后应激障碍的发生。

心理干预的基本工作内容主要包括任务清晰分配、报告紧急事件、帮助救援人员从全局的角度审视面临的局势、实行轮班制、补充体力和增强技能。

（1）向救援人员介绍正式的、有时间进度表的小组会谈内容。

（2）让救援人员充分表达他们在救援工作中的感受，并认真倾听他们的表达。

（3）鼓励救援人员就他们的想法、情绪感受、生理反应进行互相交流和陈述。

（4）解释、承认、理解和正常化救援人员所出现的各种生理和心理反应。

（5）使他们的情感反应正常化，减少个体感觉和情感上的独特性，用认知和教育的方式甄别出救援人员应对各种反应的方法，并加以评估。

（6）识别出生理和心理反应过分强烈的救援人员，提供进一步的心理干预。

（7）必要时让有关救援人员停止工作，并对其实施进一步的心理干预和休息。当然，如果遇到患有严重精神疾病的救助对象，必须将其送到专业精神病医院治疗，否则将会产生严重的后果。

4．对一般公众的心理行为干预

灾害事件对公众造成不同程度的心理影响，严重时有可能引发社会混乱，威胁社会稳定，因此对一般公众的心理行为干预也是必不可少的。公众心理行为干预最重要的就是提供及时、准确、权威的信息。及时、准确、权威的信息的发布，有利于公众了解实情，明确压力源，阻断谣言带给人们不必要的恐慌，稳定公众的情绪。同时要加强有关灾难相关知识的教育，普及精神卫生教育，教会他们正确应对灾难的方法。另外，心理咨询热线电话在突发事件时是公众及时获得心理支持的有效途径，也是搜集公众心理信息的一个有力工具。当然，电话咨询也有交流信息受限等不足，如难以辨别对方年龄、不能观察非言语反应、随时可能终止辅导等。

三、心理救助的组织与实施

（一）心理救助队伍的组建与培训

大量的救灾经验表明，不同专业背景的救灾人员在心理救助方面都可以发挥重要的作用，尤其是救助的早期，陪伴、倾听和宣泄的任务多数会落在志愿者的身上，他们在心理专家的带领下可以起到很好的作用。所以，只要掌握了一定的心理干预技术与知识，所有在场的救助人员都可以在救灾工作的早期对灾区群众进行最初的心理救助，降低出现心理危机人群的数量，并有助于专业人员后期对部分出现心理危机人员的干预工作的开展。

虽然心理救助的最初工作可以通过培训由不同专业的人员实施，但是，一支专业化的心理救助队伍对心理救助工作的开展与实施是必不可少的。心理救助的专业队伍包括心理救助医疗队伍和心理危机干预队，心理救助医疗队伍人员应以精神科医生为主，还包括临床心理治疗师和精神科护士，特别需要有灾难心理危机干预经验的人员加入。心理危机干预队伍应以心理治疗师、心理咨询师、精神科护士、员工援助师和社会人士为主，适当纳入有相应背景的志愿者。

由于心理救助工作的复杂性及其影响的深远性，心理救助队伍除了要在平时尽可能地进行常规性培训外，还必须在赶往灾区之前实施短期有针对性的紧急培训，培训主要包括以下内容：

（1）灾难的特点和当地的救援情况：如反应及恢复层面，包括关键角色、责任及资源；了解政府及志愿机构的服务，以及当地资源、救灾和服务状况。

（2）重大灾难中人的行为表现：包括正常反应和异常反应，了解影响个人对重大灾难发生反应的影响因素，灾难的各个阶段、高危人群、灾难后所感受到的压力及灾难的恢复过程。

（3）灾难中特殊群体的心理特点及处置方法：如对小孩、老人、女性、残疾人，以及对不同文化人群的处置，掌握对丧亲、肢残、财产损失等不同类型被救助者的心理救助的不同处理方法。

（4）灾难心理救助的重要概念及原则：包括灾难心理卫生服务与平时心理治疗的差异、灾难心理卫生工作范围与设计。

（5）心理救助的各种技术：如危机介入、短期治疗、创伤后压力处理策略、适龄孩童的心理介入与处置、团体咨询。

（6）小区心理卫生服务的方法：小区心理卫生服务重点在于寻找个案、主动接触、心理卫生教育、大众教育、团体咨询、小区组织与媒体的运用。

（7）对救助的帮助技术：主要是对部队、救助队伍、医护人员和志愿者等的帮助，包括解决他们自身的问题及帮助他们影响被救助者，确保所有现场救助人员能够在救助的过程中对受灾群众尽可能地进行心理救助，提高应急救援的整体效果。

（8）处理自己的心理压力的技术。

（二）实施心理救助的准备工作

在心理救助队伍赶赴灾区之前，根据已有的信息制订一份心理救助方案，是保证心理救助工作顺利开展与实施的必不可少的准备工作。提前制订的心理干预方案可以避免在救助工作中出现头痛医头、脚痛医脚的现象，起到宏观管理与统筹的作用。心理危机干预方案的具体内容应包括：

（1）明确救助目标。主要是积极预防、及时控制和减缓灾难的社会心理影响，促进灾后公众心理健康以及做好公众心理健康服务的工作。

（2）明确工作内容。心理救助工作的主要内容包括：①综合应用基本干预技术，并与宣传教育相结合，提供心理救助服务；②了解受灾人群的社会心理状况，根据所掌握的信息，发现可能的群体心理行为事件的苗头，及时向救灾指挥部通报，并提供解决方法；③通过实施干预，促进形成灾后社区心理社会互助网络。

（3）确定目标人群和数量。明确灾后三类被救助人群的区别与联系，了解数量与人群分布，合理分配救援力量。

（4）对目标人群实施评估、制订分类干预计划。实施心理干预首先要对目标人群的心理健康状况进行评估，把目标人群分为普通人群和重点人群，针对不同的人群实施有针对性的心理干预。一般而言，对普通人群开展心理危机管理，而对重点人群则开展心理危机救助。

（5）干预时限与工作时间表。紧急心理危机干预的时限为灾难发生后的四周内，主要开展心理危机管理与心理危机救助。工作时间表则应根据目标人群的范围、数量以及心理危机干预人员的数量来制定。

（6）确定出发前的准备内容。出发前应尽可能地收集各种关于灾区情况的资料，包括了解灾区的灾难类型、伤亡人数、灾区道路、天气、通信和物资供应等基本情况。在心理救助队伍出发前初步估计干预对象、分布和数量，了解需要干预的社区、医院以及住院受伤人员、罹难者以及家属安置情况，在知己知彼的情况下制定干预流程和路线。另外，出发前还应编制和印刷好心理危机干预的评估工作资料和相关宣传资料，在尽量扩充救援力量的同时，对救助人员进行培训与救助技术的温习，以利于心理救助工作的实施与迅速开展。

（三）现场救助工作的实施

心理危机干预队伍的主要工作应遵循一系列的工作流程，在心理危机干预方案的指导下有条不紊地开展工作。

1. 迅速开展救助工作

心理危机干预队伍在接到任务后，应迅速到达指定地点，接受当地救灾指挥部的指挥，熟悉灾情，确定目标人群和场所。此后，可以以小组的形式到现场开展干预活动。具体而言，在医院可以采用线索调查和跟随各科医生查房的方式，发现心理创伤较严重者；将灾民转移至集中安置点，可以采用线索调查和现场观察的方式发现需要干预的对象，同时发放心理救助宣传资料；在灾难发生的现场，在抢救生命的过程中，发现心理创伤较重者后，应及时实施心理危机干预。

2. 目标人群评估与心理干预

开展心理救助工作之前，应使用简易评估工具，对需要干预的对象进行筛查，确定重点人群。根据评估结果，对心理应激反应较重的人员及时进行初步心理干预。对筛选出有急性心理应激障碍的人员进行治疗及随访。有条件的地方，要对救灾工作的组织者、社区干部和救援人员开展个体辅导、集体心理干预等措施的培训，教会他们简单的沟通技巧和自身的心理保健方法等。

3. 及时汇报工作

心理危机干预队伍应将干预结果及时向当地救灾指挥部负责人汇报，并提出对重点人群心理干预的指导性意见，特别是对重点人群开展心理救助的注意事项。在心理干预工作结束后，应及时总结并汇报给有关部门。

另外，心理危机干预队伍到达现场后，应及时与救灾指挥部取得联系，成立心理救助协调组，统一安排救灾的紧急心理危机干预工作。后期到达同一地点的心理救助队伍或人员，应在心理救助协调组的统一指挥和组织下开展工作。心理救助协调组的工作是及时与所在地精神卫生专业机构沟通协调，并接受当地卫生行政部门领导。没有精神专科机构的地区应及时向卫生行政部门请求援助。非灾区的其他精神卫生专科机构应该积极组织后备医疗队，及时培训，随时准备支援灾区的应急期的心理救助和恢复期的心理重建工作。

（四）心理干预工作的长期性

由于心理危机爆发的滞后性与长期性，心理救助不只是一个临时性的工作，心理救助队伍需要建立长期的、进一步的跟踪服务，直到心理完全恢复和重建为止。这与重建家庭、社区、学校和工作环境及重建家园同步，一般根据灾难的严重程度不同可能会持续数月甚至数年。

建立长期的心理救助组织并持续进行心理救助工作是不断巩固、深入和发展危机心理干预成果的过程，保证心理干预的连续性，对新问题及长期性问题进行持续性的处理，提高灾区群众的心理健康水平，帮助个体更快恢复正常的生活状态。

长期心理干预工作主要包括以下内容：

（1）对应激性心理创伤者继续帮助和治疗，创造条件进行心理重建，进一步进行认知改变，接纳、发展新的行为，适应新的环境。尤其关注创伤后压力症、酒精滥用或依赖等行为异常及复杂的丧亲反应等疑难问题。

（2）关注不同特殊群体的心理健康，如孤残儿童、孤残老人、丧亲成人、肇事者和肇事者家人以及救灾者等。针对不同的心理问题及其不同特点，采取不同的方法和策略。

（3）对处于心理障碍人群和正常人群中“灰色地带”的人群进行心理帮助，关心他们的情绪、睡眠、身心疾病等问题。

（4）继续关心群体的心理动向，利用科学普及方法、媒体宣传手段和各种社会活动促进心理健康，建立灾后生活与心理重建的群体救助模式。

（5）建立安置点与社区心理卫生服务机构及机制，由精神心理机构及社会工作人员提供灾后小区心理卫生的危机介入与后续服务。

（6）建立与健全心理支持机构和网络，发展社区自己的组织，恢复传统的心理卫生机制。

（7）进行就业指导、学校心理健康教育、升学辅导、生活咨询等日常工作机制，转入正常生活状态。

长期心理干预工作的实施应以发挥当地心理卫生机构和专业人员的作用为主，努力保持心理救助工作的连续性，做好心理救助人员的工作交接与轮换，防止形式主义，防止走马观花的心理救助，解决心理救助前期工作与长期服务的衔接等问题。因此，心理救助工作是一项系统而全面的长期工作，它的实施与完善是一个漫长的过程。

第三节　心理危机干预的现状与发展

一、美国灾难心理服务组织介绍

美国灾难心理卫生服务（Disaster Mental Health Service）为国家灾难医疗系统（National Disaster Medical System，NDMS）的服务项目之一。灾难发生时，美国联邦应急管理署（Federal Emergency Management Agency，FEMA）紧急启动灾难宣布程序与联邦反应计划（The Federal Response Plan ，FRP），该计划共有12项紧急支持功能，第8项即健康及医疗服务。国家灾难医疗系统的主要功能包括紧急医疗服务、伤病员分类、后送以及收容治疗，在各环节中均有心理卫生专业人员参与。参与此系统的组织机构主要有以下四类：

（一）美国灾难心理服务组织类型

1．政府组织

国家灾难医疗系统由四个政府部门联合参与：卫生及公共服务部（Department of Health and Human Services，DHHS ）、国防部（Department of Defense，DoD）、退伍军人事务部（Department of Veterans Affairs，DVA）及联邦应急管理署。卫生与公共服务部下设的公共卫生署（Public Health Service，PHS）是灾难医疗服务的领导机构，负责组织医疗卫生和心理卫生专业人员对灾难受害者提供紧急医疗及分类治疗和后送的服务。公共卫生署本身设有药物滥用和精神保健局

（Substance Abuse and Mental Health Services Administration，SAMHSA），下设心理卫生服务中心（Center for Mental Health Services，CMHS），其紧急服务及灾难救援项目组（Emergency Services and Disaster Relief Branch，ESDRB）主要为灾难受害人提供及时、短程的危机咨询以及情绪恢复的伴随支持等服务。药物滥用和精神保健局还组建了多个灾难医学救援小组（Disaster Medical Assistance Teams，DMATs），每一个小组大约由包括心理学专业在内的 30 名多种专业出身的志愿人员组成，为伤、病员提供紧急医疗服务。

国防部下属的军队医疗机构和退伍军人事务部所属医疗机构是国家灾难医疗系统（NDMS）主要启用的医疗中心，为灾难受害者提供住院医疗服务，并协助伤病员转移后送。

退伍军人事务部所属部门中与灾难心理卫生服务紧密相关的主要有：紧急卫生保健组（Emergency Management Strategic Healthcare Group，EMSHG）、国立创伤后应激障碍中心（National Center for Post-Traumatic Stress Disorder，NCPTSD）及重新调整咨询署（Readjustment Counseling Service，RCS）。国立创伤后应激障碍中心还与重新调整咨询署联合开展了灾难心理卫生项目，组织专业培训，组建反应网络，并联合其他组织机构一起为灾难受害者提供心理卫生服务。

联邦应急管理署是美国政府处理平时或战时紧急事务的主要机构，负责统筹协调灾难救援工作全局。另外，它还资助开展危机咨询项目，为灾难受害者提供心理卫生服务。

除上述联邦一级的政府管理部门外，州一级政府的心理卫生主管部门及其心理卫生服务机构也是灾难心理卫生服务网络的组成部分。

2. 非政府组织

除政府机构外，许多非营利的社会团体、学术组织、宗教组织和高等院校也积极参与灾难心理卫生服务，如美国红十字会（American Red Cross，ARC）、美国心理学会（American Psychological Association，APA）、美国婚姻与家庭治疗学会（American Association of Marriage and Family Therapy，AAMFT）、美国精神病学学会（American Psychiatric Association，APA）、美国社会工作者协会（National Association of Social Workers，NASW），以及各高等院校的医学院、心理系、社会工作系、护理系乃至一些宗教组织，等等。

美国红十字会的灾难心理卫生服务项目起源于 1989 年秋季 Hugo 飓风和加州 Loma Prieta 地震后针对全体红十字会救援工作人员的一项调查，该调查发现在艰苦的救援工作中，68% 的工作人员感觉应激水平高于平常。1990 年美国红十字会正式开展了灾难心理卫生服务项目（Disaster Mental Health Services，DMHS），联合美国心理学会、美国婚姻与家庭治疗学会、美国精神病学学会、美国社会工作者学会等学术组织分国家和州两级开展工作，为灾难救援工作人员和受害者提供压力管理和危机干预等心理卫生服务，同时还组建了专业人力资源系统，并组织开展危机干预等专业培训。

考虑到以往灾难救援工作中心理卫生服务常被忽视，在1992年8月美国心理学会成立100周年之际，美国心理学会与美国红十字会联合推出了灾难反应网络（Disaster Response Network，DRN）的公益项目，由灾难反应网络认可的心理专业人员为红十字会的志愿者提供心理卫生培训，同时与其他同行协作，为灾难受害者与救援工作者提供免费、现场的心理卫生服务。目前灾难反应网络已有3 000多名心理学专业出身的成员。

（二）美国心理卫生服务系统关注的热点问题

（1）对突发灾难事件的社会心理反应。这方面的热点问题包括：①研究不同人群在灾难周期中的心理应激特点，确定其潜在危险性；②研究应对灾难环境的危险因素，以最大限度降低心理创伤；③研究以家庭为互动单元，更有效地应对灾难。

（2）灾难对各年龄层受害者及家属造成的心理卫生影响。这方面的热点问题包括：①灾难对受害者、家属、救援人员、社区成员的长期和短期冲击；②灾难事件造成的心理卫生后果；③联邦及社区中非心理卫生机构处理受害者可能带来的心理卫生后果。

（3）设计、执行及评估对灾难受害者进行的心理卫生服务及治疗。这方面的热点问题包括：①对各年龄层受害者及家属的短期危机调适和长期心理卫生治疗；②研究与评估可使处在极度压力下的心理卫生人员避免产生心理障碍的治疗与服务模式；③评估灾区内医疗卫生、心理卫生、法律等服务机构合作效率。

（4）灾难所致创伤后应激障碍综合征及并发症的预防。评估各公立、私立机构制订的心理卫生紧急应对计划。

（5）研究更好的方法及应用技术，完善联邦灾难心理卫生服务系统。

（三）美国心理危机干预的一般方法

根据灾难发生时人们心理危机反应的不同阶段，美国将灾难心理卫生服务也划分为急性期、灾后冲击早期和恢复期三个时期，并有着不同的服务重点。此外，心理干预对象是幸存者、工作者、组织还是社区，是儿童、成年人还是老人，对不同的干预对象，其服务重点和内容也各有侧重。灾难心理卫生服务的主要内容有心理评估、信息提供、问题解决、心理教育、心理干预以及针对死亡通知、追悼仪式、纪念日等特殊事件的干预和其他拓展服务等。美国红十字会的灾难心理卫生服务项目干预标准中提出了灾后心理干预的下述三种常用方法：减压、危机干预和分享报告。

减压（defusing）通常由1~2名接受过专门训练的心理卫生专业人员开展，以个体或小组形式，鼓励被干预对象在相互支持的良好氛围中讨论他们的情感及有关事件。值得注意的是，这种方法应局限于与缓解个体痛苦有关的那些情绪，它不是一种个体治疗，不宜过于强烈或过深探索。

危机干预（crisis intervention）是一种为减轻灾难对受害者或救援工作者极度痛苦的情绪而采用的一对一的干预方法。这种方法也是非探索性的治疗方法，它关注"此时此地"，关注问题解决及建设性的应付方式，而不涉及深层次的心理问题。

分享报告（debriefing）较前两种干预方式更为正式和结构化，并能在灾难发生的现场使用。它是一种预先设置的以讨论为主要形式的干预方法，多用于灾难救援工作者，以帮助他们将自己有关灾难的经历从感受上升到更深一层的理解，从而给这种经历画上一个句号。分享报告也起到教育的作用，告知工作者正常和异常的应激反应以及可运用的应付策略。

（四）美国心理危机干预的特殊干预模式

危机事件应激报告模式（Critical Incident Stress Debriefing，CISD）是危机事件压力管理（Critical Incident Stress Management，CISM）干预系统的一部分，由Mitchell于1983年在军事应激干预经验的基础上提出。为维护灾难救援工作者的心理健康，此模式提出后经多次修订完善并推广使用，现已运用于遭受心理创伤的各类人员。危机事件应激报告模式是在个体经历了创伤性体验后迅速开展（一般在24小时内）的结构化的小组干预，一般包括七个步骤：介绍阶段、事实阶段、想法阶段、反应阶段、症状阶段、指导阶段和再生阶段。在干预过程中，干预者先鼓励参加者说出他们在灾难事件中的经历与情感，随后讲解通常的应激反应及压力管理知识。这种干预模式强调在"认知—情绪—认知"的框架下小组成员一起讨论灾难时的经历，通过灾后早期的宣泄、对创伤经验的描述以及小组和同伴的支持来促使参加者从创伤性经历中逐渐恢复。

灾难后心理卫生反应策略（Disaster Mental Health Response Strategies）是美国国立创伤后应激障碍中心和退伍军人事务部推出的团体干预方法，旨在为灾难幸存者、家庭、救助者及组织团体提供及时的、与灾后心理反应阶段相适应的心理卫生服务。

除美国外，其他一些国家也组建了由政府统筹管理的重大灾难及危机的心理卫生服务系统，但由于各国国情及灾情的不同，又各具特点。

英国灾难及突发事件国家应急反应计划分郡和国家两个水平。当灾难发生时，首先启动郡一级的反应，由郡一级政府统筹管理，组织由专业人员参与的灾难心理—社会反应小组，为受害者及家属提供个体或小组的辅导服务；其次根据灾情由内政部与卫生部组织启动国家水平的反应。由于反应力量主要集中在郡政府水平，而各郡心理卫生服务力量强弱不等，因此某些郡的心理—社会服务有可能难以满足灾后实际需要。

新加坡灾难心理卫生工作的实践始于1986年“新世界酒店事件”后专业人员对幸存者的干预。认识到开展灾难心理卫生服务的重要性及可行性，1994年内务部与卫生部联合组建了国家应急行为管理系统，为灾难受害者提供医疗及心理卫生服务，并管理社区压力。该系统由首席应急行为官（Emergency Behavior Officer，EBO）领导，下设应急行为管理委员会，由卫生部等9个有关政府部门参加，现已拥有1 000多名经过严格的专门培训的首席应急行为官。这种适应其国情的多部门协调参与的集中服务模式，在随后的多次实践中被证明是快速有效的。

二、我国心理危机干预工作的进展

（一）我国心理危机干预工作的开展

目前，我国的灾难心理干预工作处于起步阶段。我国的专业人士从20世纪80年代末开始了灾后心理危机服务，但工作不系统，比较零散。

1994年，新疆克拉玛依大火后，第一次正式开始灾后心理创伤的干预工作，北京大学精神卫生研究所应邀派人参加了与烧伤等科共同组成的抢救组，对伤亡者家属的心理危机进行了为期两个月的干预工作。这次干预是在没有任何现成经验可以借鉴的情况下，他们通过参考国外相关资料摸索完成的。之后，在1998年长江流域大洪水、张北地震，2000年洛阳火灾，2002年大连空难，2003年SARS、重庆井喷事件，2004年包头空难、“云娜”台风、温州乐清泥石流、东南亚海啸过后，都开展了心理干预工作。

2002年大连空难后心理医生介入，实现了我国空难事故精神救助零的突破。2003年，针对SARS，中国疾病预防控制中心公布了SARS的心理干预方案。2004年包头“11·21”空难发生后，包头市第六医院精神卫生中心成立了心理危机干预专家医疗组，为部分罹难者家属以及陪同的工作人员和医务人员服务。2004年台风“云娜”肆虐过后，杭州市心理危机与干预中心派出10名心理专家对灾区现场进行心理干预，随后又对温州乐清泥石流受灾区的当地人员进行心理干预。2004年，中国心理卫生协会常务理事、浙江心理卫生学会理事长、中国

CDC精神卫生中心执委会执委赵国秋组织9名具有博士、硕士学位的心理专家，对杭州地区的几名在东南亚海啸中劫后余生的游客进行了心理危机干预。

（二）我国心理危机干预工作取得的成果

虽然我国灾后的心理危机干预工作起步较晚而且开展不多，但还是取得了明显的成果。《灾害创伤后应激障碍的心理干预》提到了我国“5·7”大连空难灾后干预的成果。得到专业人员心理干预的罹难者家属与未得到专业人员心理干预的罹难者家属相比，有着截然不同的表现：

未接受专业人员心理干预的罹难者家属在与善后服务人员交谈时，语言表达沟通存在障碍。例如，北京大学精神卫生研究所三位从事过灾后心理干预的教授，曾经对有三位员工伤亡的西安杨森制药公司员工及罹难者家属进行过心理危机干预。专家们与30余位公司员工采取集体晤谈方式，让受害者宣泄空难引起的抑郁、焦虑等恶性情绪，通过在集体中充分表达自己的感受，使他们意识到自己的某些痛苦体验别人也曾经或正在遭受，自己并非孤独地面对这些不幸。从晤谈后的第二天开始，很多员工的精神状态有明显改善，罹难者家属的情绪变化幅度较大，在四天之内由悲伤逐渐转为平静。

2003年岁末，重庆开县的特大井喷事故发生后，重庆新思维心理咨询公司8名心理咨询师赴开县对灾后的群众开展了心理状态调查和抚慰。心理干预过后，几乎所有人的社会责任感都增强了，对其他地方灾难事故的关心程度比以往普遍增加，也更加关心各种灾难的应对方法，更加关心自己居住环境的安全性，更好地维护周围社会的正常秩序。

关于灾难的危机干预的研究，已发表的部分文章主要分析灾难心理危机产生的心理机制，举例说明灾难的心理危害，分析个体面对灾难的行为反应的影响因素及灾后心理干预的必要性与重要性，提出危机干预的技术与对策。但大多数为非实证调查研究，以理论探讨类的文章居多。这与我国开展灾后心理危机干预时间尚短、临床经验不足有关。

（三）我国心理危机干预工作的不足

目前我国关于灾难及危机的心理干预工作与国际发达国家的情况相比差距还比较大，灾难心理服务组织建设与心理救助意识不足，主要表现在三个方面：

1. 人力资源匮乏

国内临床心理学、社会工作及精神病学专业人员相对于人才需求来说本身就较紧，接受过危机干预相关培训、能从事重大灾难及危机的心理卫生服务工作的专业人员就更少，且相对集中于北京、上海等大城市。

目前全国能够从事灾难心理干预的专业人员不足200人，迄今为止受过心理干预培训的人员也不到300人，而日本是我们的10倍，美国是我们的20倍，相对于我国庞大的人口数字及自然灾难、人为灾难频发的国情，这远远无法满足灾难事故出现后对心理干预人员的需求。早期的心理干预工作主要是由一些志愿者参与进行的，这些志愿者或者是以往灾难事故中的受害者，或者是当前灾难事故的受害者，或受到灾难影响的人。

2. 未建立专门的组织系统

虽然近几年来，面向重大灾难及危机的心理干预工作已有开展，如精神病学专家对新疆克拉玛依大火、张北地震、大连空难的工作，但工作较零散，系统性不强。对突发的SARS疫情以及相随而来的社会恐慌和其他心理问题的研究也不系统。

北京大学精神卫生研究所的汪向东教授指出：直至2004年5月，中国第一个由政府创办的心理卫生机构——杭州市心理危机干预中心正式挂牌，被称作“杭州模式”。目前，该机构已开展了灾难的心理干预工作。2005年7月，民政部和中国疾控中心精神卫生中心在湖南长沙举办灾后心理社会干预培训班，目的是培养建立一批既掌握一定理论知识，又有制订计划、现场干预能力的骨干，最终建立一支国家级心理危机干预队伍。目前国内还没有一家医院设有灾难心理危机干预的门诊。2008年7月，针对汶川大地震的严重灾情，华西心理卫生中心特别设立了“灾后心理危机干预门诊”，来自全国各地的知名心理专家每天轮流到医院坐诊，帮助灾区群众和其他在地震中受到了心理冲击的人们走出心理阴影。但是这个特殊门诊只是持续两个月的临时性门诊，至今我国尚无一家医院设立专科门诊。另外，我国现在已经成立了心理危机干预中心热线电话服务部门，但是没有形成国家系统管理部门，缺乏相关的管理机制。

3. 相关研究少

目前国内对心理危机干预的研究数量很少，且大部分集中于对灾难后心理影响的调查研究上，关于心理干预的研究则仅见于针对军事飞行员创伤后应激障碍的干预研究方面。参考先进国家的经验，有针对性地尽快建立适合我国国情的重大灾难及危机的心理卫生服务系统是当前我国应急管理的重点工作之一。

（四）我国心理危机干预工作的发展方向

1. 提升心理干预在整个危机处理中的地位

在现阶段，心理干预之所以没有制度化，首先，一个重要的原因是心理干预在整个危机处理中的地位低下。因为危机之后的心理干预工作本身就是一个很难量化、很难对其效果进行测量和评估的活动，属于政府活动的基础性和幕后性工作，很难显现出政绩，而地位低下则意味着政府缺乏危机之后进行心理干预的动力。其次，危机之后的心理干预的资金存在着不确定因素。前面提到了由于没有一个明确的机构负责心理干预事务，随之而来的就是资金从何而来的问题。钱不是万能的，但在现阶段，没有钱想办成一件事却是万万不能的。像在前文所提的“云娜”台风后就有对死亡者的补偿金、建筑设施补偿金等费用，但唯独缺少对危机之后心理干预费用的预算。再次，中国人的心理认知误区也是心理干预缺乏动力的原因之一。从一定程度上说，正是中国人在危机之后缺乏对心理救治的需求意识，间接地造成了管理机构和社会对心理干预“供应”的不足。最后，对危机之后进行心理干预缺乏强势而又完善的制度制约，危机之后的心理干预属于那种“编外”的政府及社会事务，如果做了，只是危机管理工作上的“进一步探索和完善”，没有做也没有什么大碍，并没有一个监督条例明确规定如果哪个机构、部门没有在危机之后做心理干预工作就是渎职或失职。

2. 建立健全与灾后心理干预制度配套的灾难精神卫生救助制度

每年我国有众多的事故灾难发生，其中也零星地出现过灾后心理干预活动，如2004年8月下旬，浙江“云娜”台风之后，政府开展了对台风受灾相关人员的现场心理评估和干预，这次心理干预被媒体称为“国内首次对自然灾害受害者进行的大规模的心理救助”，但这只是政府在灾后救助工作时的偶发状态，也只是一种有益的探索性的尝试，远远没有达到常规化、制度化的层次。同时我们注意到，“云娜”之后“杭州市心理干预中心的心理医生受浙江省科协派遣，赶到全省受灾最严重的乐清市和温岭市”进行心理干预，这其中出现了杭州市心理干预中心、浙江省科协、乐清市、温岭市四个名词，这变化多端的机构名称背后其实反映的是危机后心理干预的机构困境，即没有一部法律、行政法规、部门条例对心理危机干预的机构进行确认，没有一个政府机构部门将危机之后的心理干预纳入职能的范围内，更没有成立一个专门的机构来管理危机过后的心理干预事务，灾难过后精神卫生救助工作远远未机构化。如此一来，危机过后的心理干预事务在现阶段实质上处于什么机构愿意管就来管，不愿意管就可以不管的状态。

我国在20世纪90年代初期的新疆克拉玛依火灾中进行过灾后心理干预工作，并在后来的张北地震和“5·7”大连空难后都有过心理上的救助，但由于我国现有法律，如应对社会动乱的《戒严法》，应对重大自然灾害的《防震减灾法》、《防洪法》和《消防法》，应对安全事故的《安全生产法》，应对公共卫生事件的《传染病防治法》等在危机之后的心理干预方面都没有作出明确的规定，这些心理救助工作都是零碎的，也是被动的。对比世界上绝大多数国家以法律的形式来解决精神卫生问题，我国还处于为数不多的几个还没有在精神卫生方面立法的国家之列。灾后心理卫生救助工作要得到切实的贯彻执行，就必须在制度上予以保障，因此，在现阶段尽快出台并通过我国的灾难心理卫生救助议案，建立健全精神卫生救助制度刻不容缓。

3. 构建社会全面参与的灾后心理干预制度

首先，从政府角度来看，政府必须运用所有资源开展危机救治，尽力恢复社会稳定。政府必须在强制干预、确保政治权威、探索危机产生的根源、安抚公众的心理情绪、评估危机之后的可能后果、积极引导公众理性确定救治目标、避免造成更大的心理伤害等方面，发挥不可替代的作用。其次，要充分发挥新闻媒体在危机管理中的心理引导作用。媒体不仅要向公众提供有关灾难的信息，提供救助和服务，更重要的是最大限度地给公众提供一个参与心理干预和救助的机会，积极动员非政府组织，加快公众服务体系的建立。在“9·11”恐怖事件中，美国政府就以高度的责任感和国家大局意识，对公众进行了多角度、全方位的正面积极引导，体现了很高的心理引导水平。再次，发挥组织在心理救助和干预中的积极作用。在灾难来临之际，由有共同的情感、价值、信仰、愿景的人紧密形成的非政府组织将具有政府所不具备的一些优势，在国外，许多灾难之后的心理干预是由非政府组织来完成的。最后，民众自身也应积极地进行心理调试，储备和学习一些心理干预的知识，形成一个互助心理干预的氛围，最终构建一个完善的社会全面心理干预制度。

第七章　应急自救与互助

第一节　应急自救与互助概述

一、基本概念

什么是自救？个人在一个危险的环境中，在没有他人帮助和扶持的情况下，靠自己的力量脱离险境，这就是自救。[①] 这是一个比较广泛的定义。危险的环境所包含的范围比较广，它可以是一切危害生命的事件或环境，但这类事件或环境可以是危机事件或环境，也可以是个别人或少数人陷入危险之中，但并不构成危机事件。

什么是应急自救？应急自救是在自救概念的基础上，将其内涵更具体化，并将其外延缩小。它指的是个人或群体在突发事件的环境下，特别是在突发事件爆发初期，在救援人员尚未抵达救援地点的情况下，依靠自己的力量拯救自己。

应急互助，是在应急自救的基础上，将互助的概念应用于突发事件环境下的人群间的互助活动中。在应急管理中，自救互助应该是一个概念，指的是在应急管理的各个阶段，处在灾难之中的人们自发地组织起来采取自救互助活动，脱离危险，控制突发事件的蔓延，及时应对突发事件，一直到灾后恢复为止。

日本“人与防灾未来中心”专门从事地震灾害预防以及减灾方面的专家 Shinya Kondo 对自救互助作了这样的阐述：灾难发生后，一些公共组织很难拯救灾区的所有人，因此有三件事非常重要，自救、互助以及公众的帮助。自救意味着每个人都要帮助他们自己，比如有人被埋在废墟中，住在周围的人们就会前去帮助；互助意味着当地的社区要帮助其居民；一些社会上的公共组织也会帮助他们。[②]

总之，自救互助贯穿于整个应急管理过程，但是，应急自救互助在突发事件

---

① 资料来源于百度百科（http：//baike. baidu. com/view/835263. htm）。

② 屠明星．震后三件事：自救、互助和公众帮助［N］．21 世纪经济报道，2008 - 05 - 13.

爆发初期体现出更加重要的作用。因此，自救互助的管理重点应该放在应急管理的预防、预警和突发事件初期的应对阶段。

二、意义与作用

2008年“5·12”汶川大地震之后，海潮出版社出版了《新编应急自救手册》，编辑在推荐此书时写道：“凡是实用的，我都把它用心记下来，在关键时刻可以救自己的生命。这场突如其来的大地震又不能不引起我们的思考。面对凶如猛兽的自然灾害，我们该怎样地保护好自己，又该怎么在灾害中自我逃生、自我救助呢？如果我们懂得一些应急自救的常识或者技能，那么，我们将会赢得更大的逃生几率。”①

1. 为抢救赢得时间

在突发事件发生时，赢得时间，就是赢得生命。一位多次参加突发事件应急管理现场抢救工作的医生说过，当这些意外发生时，第一时间能够为受害者提供有效救护的人就是他（她）自己。赢得时间意味着留住生命，走进急救知识的大门，掌握更多的急救知识和技术，让脆弱的生命坚强起来，是我们每个人的责任，而且在自救的同时又应该去帮助他人。② 当危险发生时，即使我们在第一时间求救的行动再快，也需要等待救援人员的到来，这是需要时间的。如果我们能够在事发时就进行简单的自救，就为后面的抢救赢得了时间，并可以保住生命。下面的事例充分地说明了这个道理。

睢宁县邱集镇西倪村紧靠宁徐公路，村民种地要穿越公路。在2000—2003年的4年时间里，村前1千米的路段上有20多人死于车祸（其中西倪村张木庄组就有6人在车轮下丧生），当地群众把这段路叫“吃人路”。为此，邱集镇王林办事处红十字会在村头办起了卫生救护培训班，向村民普及现场急救知识和技能。西倪村张木庄组张朝军说：“俺这条命是红十字会给的，我这一辈子都不会忘记他们。”事情是这样的，一天下午，张朝军耕完地开着手扶拖拉机回家，在穿越村头公路时被新疆的一辆大货车撞飞到十几米远的沟边，造成左腿骨折，脾脏和小肠破裂，受过培训的村民以最简单的方式帮助其止血，并及时呼救，王林红十字会的工作人员在第一时间赶到现场，救了张朝军。而在一年前，张朝军的胞弟张朝林就没有他那么幸运，同在这段公路上，也是在一次交通事故中，张朝林的伤比他哥哥的伤还轻，却由于肇事车逃逸，现场无人施救，致使其大出血而死亡。活生生的事例使当地村民意识到学习现场急救的重要性，参加培训的村民

---

① 李民. 新编应急自救手册［M］. 北京：海潮出版社，2008.

② 资料来源于江苏省红十字会网站（http：//www.jsredcross.org.cn）。

也越来越多，这说明红十字会为老百姓办了一件大好事。①

2. 控制事态发展，阻止伤害进一步恶化

突发事件一旦发生，受害人群若能够及时地开展自救互助活动，一方面可以迅速控制事态发展，另一方面还可以阻止进一步的伤害。自救互助的含义不仅仅是对人体伤害的救助，而且还包括了对事态环境的控制或遏制。例如，在发生火灾的初期，能够在消防人员赶到之前，采取必要的灭火措施，控制火势的蔓延，这可以减轻后面消防的难度，降低火灾所带来的财产损失。同时，火场被困人员能够正确采取逃生自救互助，就可以减少火灾造成的人员伤亡。令人遗憾的是，在现实生活中，当危险发生时，由于现场人员不懂得如何自救互助，混乱无序使人们做出许多不应该做的事情，也造成了不应该发生的损失，甚至丧失生命。

3. 树立应急处理的信心

当危险发生时，人们常常会被这突如其来的灾难吓得不知所措，内心恐慌、紧张，失去理性。比如，在面对火灾时盲目地跳楼，在溺水时对施救人员乱抓乱抱，由此而造成不该发生的损害，甚至是生命危险。如果能够掌握一定的自救互助技能，并在灾难发生时正确地使用，就可以给陷入困境者或受害受伤者增强克服困难的信心和勇气。

例如，2008 年 5 月 12 日 14 时 28 分，我国四川省阿坝州汶川地区发生里氏 8.0 级大地震，这是新中国成立以来最大的自然灾害之一，给该地区造成特大人员伤亡和损失。我国政府以最快的反应速度，第一时间组织力量营救震区群众伤员，挽救了大量的生命。有很多人因为懂得一些地震自救知识才得以生存。例如，有一个小伙子曾经接受过自救训练，在这次地震中不幸被埋，他靠着一点卫生纸和自己的尿液在废墟下生存了 7 天 7 夜，最后终于被营救人员从废墟里营救出来，创造了一个奇迹。这足以说明，地震避灾与逃生自救对于我们每一个人而言是非常重要的。

从这个事例中我们可以认识到，正是由于这位小伙子懂得一些地震自救知识和技能，增强了战胜困难的信心，才挺过了 7 天 7 夜，最后终于获得营救。

4. 营造良好的社会风气，建立和谐社会

灾难中的自救互助能够促进社会风气的改善和进步。在对人们进行自救互助的教育和演练时就要培育互相救助的思想，这样才能逐渐形成良好的社会风气和氛围。有了这种思想观念，在灾难发生时，人们才能自觉地开展自救互助活动，才能使自救互助发挥作用，产生积极的效应。通过自救互助活动也能够净化人们的心灵，增强他们的感恩意识，使他们乐于在他人遭遇灾难时伸出救援之手，展

① 资料来源于江苏省红十字会网站（http：//www. jsredcross. org. cn/）。

开救助活动。例如，在2008年“5·12”汶川大地震时，唐山人自愿组织救援队伍奔赴四川实施救援，这就是唐山人对1976年在唐山大地震中得到的社会救援的回报和感恩。

三、条件与环境

如果要使应急自救互助在应急处理的关键时刻发挥重要作用，产生良好的效果，必须要具备一定的条件和环境。

1. 掌握自救互助的基本常识，正确熟练地应用自救互助技术

从一些应急自救互助的事例来看，在灾难发生时，受害人员和受伤人员能够及时开展自救互助活动，都得益于他们事先掌握了一定的自救互助基本常识，并能够熟练地应用。

例如，2004年11月23日上午10时20分左右，苏州市吴江同里供电所费保弟和同事张伟在去同里库浜村、九里村收电费的途中，经过九松公墓十字路口时，看到一辆农用车与一辆普桑均翻倒在路边且损坏严重，两车中的人都不同程度受伤，一位卧倒在路边草地上的中年妇女伤情最为严重，她呼吸极其微弱、不规则，且颈动脉已无法触摸到。费保弟曾经接受过现场急救技能培训，此时她一面让同事拨打120求救，一面首先抢救这个最危险的伤员。她对中年妇女进行了十多分钟现场心肺复苏抢救，在120急救车到来之前，中年妇女已恢复呼吸和心跳。赶来的急救医生说：“幸亏你们及时进行了心肺复苏，否则后果不堪设想。”施救人员费保弟也深有感触，终于明白了在培训中老师所讲到的“本次苏州供电公司组织现场急救培训不仅仅是为了本公司的安全生产，同时也是在为社会培训急救人员”这句话的真正含义。①

因此，在灾难发生时，能够迅速开展自救互助活动的先决条件就是应急处理现场人员或受害、受伤人员自身必须掌握并能够正确应用自救互助的基本技术；其次是必须准备必要的自救互助设备和器械；最后是积极开展自救互助必须在自己能力范围之内，不能盲目行动，造成二次伤害。

2. 建立组织，保证自救互助活动有序进行

突发事件一旦爆发，组织将会处在非常态情况下，已有的组织将会被破坏，人员分散，混乱局面产生。这时要开展自救互助，就必须尽快地将人员组织起来，才能有效、有序地进行自救互助活动。在2008年“5·12”汶川大地震中，许多乡、镇、村地处边远，道路被严重破坏，救援队伍一时很难赶到，当地领导和群众都自发地组织起来，积极开展自救互助。其中有一位教师在地震发生后，

---

① 资料来源于江苏省红十字会网站（http://www.jsredcross.org.cn/）。

自己组织带领了几十位学生日夜兼程、翻山越岭赶到收容地点，使几十位受害者脱离了危险。

3. 将自救互助培训纳入应急管理的预防预警工作之中

了解并掌握一定的应急自救互助技能，建立应急自救互助的组织，这些都必须在突发事件爆发之前进行，且需要进行充分的准备和演练。因此，应急自救互助应该纳入应急管理的预防预警工作之中。应急自救互助常识的教育和普及活动、定期的自救互助技能演练都应该作为预防预警的重要部分。

例如，2005 年 6 月初，中国人寿扬州分公司根据应急管理预防预警方案的要求，举办了应急急救技术培训，在参加单位组织的急救知识讲座的第二天，一位职员发生了食用荔枝不慎误入气道的事情，情急之下，想起了急救知识讲座上教师示范的口腔异物排除的急救方法，便用手指伸入口中，压迫舌后根，排出了误入气道的食物。事后，她后怕地说，幸亏那天参加了培训，不然就真的不知所措了。

再如，2003 年，扬州三笑集团原培训管理人员胥先生在参加单位组织的急救培训后，用所学知识和技能为食用香蕉不慎而发生窒息的孩子排除了误入气道的食物。次日，他专门打电话给红十字会人员表示感谢。[①]

应急管理预防预警工作不仅仅是写在纸上的预警方案，它还要求我们在物质储备、自救互助组织和自救互助技能培训等方面做扎扎实实的工作。

第二节　应急自救互助的组织与活动

一、应急自救互助的组织形式

应急自救互助的组织不同于应急救援组织。应急救援组织是一个完整的组织体系，应急救援组织体系是按照国家各级政府的管理层级和权限范围，具体规定应急救援的反应组织机构、参加单位、人员及其职责任务和作用。它还规定了应急反应的总负责人，以及每一个具体行动的负责人；同时也规定了相关的能够提供援助的机构，以及相关组织在应急管理中的职责和任务。这个体系能够保证在灾难发生时及时启动应急预案，立即实施救援活动。

然而，自救互助组织是在应急管理的预防预警、应对和恢复过程中，由现场的一线人员自己组织起来的，他们依靠自己的力量做好危机的预防和处理工作。

---

① 资料来源于江苏省红十字会网站（http://www.jsredcross.org.cn/）。

自救互助组织的特点主要在于它是灾难现场的受害或受影响人员的自发组织。这个组织依托于社会最基层组织。在农村主要是依托于乡、镇、村；在城市主要是依托于街道、社区等。其组织形式有两种：一是通过应急预案将基层人员按照居住区域划分，组织一个个应对小组，并规定小组负责人及其他人的具体任务和职责。这种形式的组织可以在应急管理的整个阶段发挥作用。二是突发事件发生后，现场混乱，人员分散，常态化组织已经被破坏，只能由现场人员自发地组织起来开展自救互助活动。这种组织具有很大的随机性，但可以迅速高效地实施自救互助，减少损失，拯救更多人的生命。

第一种组织形式可以以福建省抗击台风“圣帕”为例来说明。2007 年 8 月，在抗击台风“圣帕”时，福建省为了确保每个村庄都能够及时转移群众，把防台风预案推行到了最基层单位，即村庄一级。预案里面明确规定了谁来负责组织策划、谁来负责监测、谁来负责发布信号、谁来负责转移人员等，预案里面还详述了村辖区内哪些地方是危险的、哪些地方可能出问题、哪些地方居住了哪些人员；甚至可能在一个危险区域里有“五保户”，或者有行动不便的老人等，都会在预案里面体现。将预案落实到村一级的基层单位，不仅可以第一时间准确地判断最需要转移的人群，而且基层干部分工明确可以最有效地进行群众的安全转移。在抗击台风“圣帕”中，福建省 15 000 多个行政村中有 88% 实现了预案到村，共转移陆上危险区域群众 76 万人。预案到村是福建省经过这两年大的洪水台风灾害之后总结摸索出来的，是一个对于乡村来讲，能比较有效地防御自然灾害的模式。①

以上事例反映了人们在抗击自然灾害过程中总结出了行之有效的方法。一方面将自救互助的理念体现在应急预案中，使人们意识到在抗击灾难时，首先是依靠自己的力量，动员现场人员行动起来采取自救互助；另一方面将自救互助的具体措施落实在基层的应急预案中，一旦发生灾难，可以做到有章可循，避免慌乱和紧张，迅速开展自救互助。

而第二种组织形式是在灾难发生时，常态组织遭到破坏，现场人员在被灾难伤害的状态下，临时随机地组织起来的。这种组织需要立即产生组织者，迅速作出判断和决定，能够使现场人员立即恢复有序的正常状态。组织成员也包括了受伤受害人员，大家按照组织者指令或自发地实施自救互助。

二、应急自救互助组织者的产生与培养

无论是哪一种自救互助形式的组织，都必须有一个坚强有力的组织者，才能

---

① 资料来源于中央电视台《经济半小时》2007 年 9 月 6 日播出的《预警台风到最基层》。

带领组织成员开展自救互助活动。自救互助一方面要靠个体自身的自救，另一方面也要依靠现场人员的互助。当灾难发生时，一般不仅仅危及个别人，多数的突发灾难都会危害到公共群体和社会安全。这就需要现场人员组织起来，在第一时间开展自救互助活动，争取时间，等待专业救援。那么，谁将是这一时刻的应急自救互助组织的组织者呢？

1. 应急自救互助组织者的产生

无论是哪种形式的应急自救互助组织，都很难建立一种常态下的组织，由事先规定好的组织者担负领导组织的职责。由于危机具有突发性、灾害性、破坏性、紧急性等特点，必须在事发现场立即产生组织者，这些组织者应该在常态下就能够意识到，当灾难发生时自己应该立即进入组织者的状态，按照预案的规定，通过事先训练的程序和技能担负起组织的职责。

（1）应急自救互助组织者基于社会基层组织，或按照人们生活、工作区域建立组织而产生。例如，在农村以村民居住地域划分出小组，并在小组中指定或选出应急自救互助组织者。特别是在山区、牧区等村民、牧民居住比较分散的情况下，更要在平时就建立起类似的应急自救互助小组；城市则以社区、街道、楼盘为基础划分出各个区域小组，并指定或选出小组负责人，一旦发生突发事件，小组负责人就要担负起组织自救互助的责任。这些组织者对区域的地势环境比较熟悉，对周围的人也比较了解，具有外来救援者所没有的基础条件。

（2）在人口密集、工作场所集中的区域以工作单位为基础建立应急自救互助组织，并产生组织者。如学校、医院、对外服务的公共场所、写字楼宇等区域。学校以班级建立小组，医院以病区或专业科室建立小组，而对外服务的公共场所则以服务人员为基础，担任起应急自救互助组织者的角色。例如，税务部门的纳税大厅、车站售票大厅等场所，人多且复杂，一旦发生灾难，服务人员应该立即指挥大厅人员疏散，组织对受伤人员实施自救互助等活动。

（3）在人员流动或公共活动过程中，应急自救互助小组应该以流动活动的组织者和参与者为基础担负自救互助的组织职责。例如，在汽车、火车、轮船和飞机的客运过程中，一旦发生事故，司机和服务员应该立即组织旅客采取防范措施，开展施救等工作。在举行集会、会展、促销等活动时，组织单位和机构应该事先建立应急预案，组织应急处理小组，防止突发事件发生，并能够在突发事件发生时立即采取有力的行动措施，控制住事态并阻止事态的进一步发展，迅速开展自救互助工作。

2. 应急自救互助组织者的基本特质

作为应急自救互助组织者，必须具备应有的特定素质和能力。根据应急管理和自救互助的特点，应急自救互助组织者应该具备以下基本特质：

（1）具有良好的心理素质，能够临危不惧，保持镇静，指挥从容。

（2）具有高尚的思想道德情操，乐于助人。

（3）处事果断、坚定，不惧艰难和危险，反应灵敏快捷。

（4）掌握必要的应急管理知识、救助技术，并能够熟练应用。

（5）具有较强的沟通说服能力、组织指挥能力、判断分析局势的能力。

（6）善于协调合作，具有一定的凝聚力、号召力和感染力。

3. 应急自救互助组织者的培养和成长

应急自救互助组织者应有的特质和能力不是与生俱来的，需要经过培养和自我修炼。在赋予应急自救互助组织者职责任务的同时，还要对他们进行必要的经常性的培养和训练，使他们能够具备应急自救互助的组织管理能力，并且能够掌握和正确应用自救互助的管理技能和自救技术。这样，在灾难发生时，他们就能够担负起组织者的职责。

（1）对应急自救互助组织者的选拔基于自救互助组织者的基本特质，发现并选拔出具备自救互助组织者特质潜能的人员。在初级选拔过程中可以将选拔范围扩大，尽量多吸收一些人员参加。

（2）对于在日常工作中负有应急自救互助组织职责的人员，按照自救互助组织者的要求进行培训。一般来说，这些人员应该是从事公共服务的工作人员，如航空公司的空中服务人员，列车、汽车上的司机和服务员，售票大厅和业务大厅的工作人员及学校的教师等。这些人员在发生灾难时都应该担负起自救互助的职责和任务。

（3）对应急自救互助组织者进行重点培训，各级组织，特别是基层组织要重视对这些人员的培训工作，在工作之余或安排专门的时间组织培训和演练工作，不断提高他们的自救互助的心理素质、组织能力和技术技能。

（4）尽量将日常工作与应急自救互助组织相结合。提高他们的危机意识，赋予他们做好预防预警工作的职责和任务，经常检查自救互助的基本器械设备是否处于正常状态，保证一旦发生灾难就能立即投入使用并发挥功能。如果平时工作没有与危机防范工作相联系，就很容易思想松懈、麻痹大意，在危机发生时就会慌乱，不能及时展开自救互助，造成不必要的损失和伤害。

三、应急自救互助组织的职责和作用

应急自救互助组织多数是群体性的自发组织，而不是正式的行政组织机构，正式的应急组织机构对其负有指导和监管的职责，同时自救互助组织自身在应急管理过程中也负有一定的职责和任务。

1. 在应急管理的预防、预警阶段的职责

自救互助在应急管理的预防、预警阶段担负以下职责：

（1）组织宣传、教育和普及急救、自救基本常识和技术。

（2）协助组织急救、自救的练习和演练。

（3）经常检查和巡视所在区域的安全防范设备器械的状态，及时发现危机、危害隐患，并及时报告和排除。

（4）协助有关应急管理组织做好基层预防、预警工作。

2. 在危机初发阶段的职责

自救互助在危机初发阶段承担的职责如下：

（1）及时报警，立即启动基层预警方案。

（2）及时向有关部门和组织通报情况，请求救援。

（3）及时展开自救互助措施，控制事态的发展，避免或降低危害带来的损害和损失。

（4）在救援人员到达后，与救援人员共同参与危机处理工作，为救援人员提供必要的支持和帮助。

3. 在应急管理恢复阶段的职责

自救互助在应急管理的恢复阶段承担以下职责：

（1）以自救互助的方式迅速恢复常态下的工作和生活。

（2）积极开展自我安抚和疏导工作，开展心理自救和心理互助活动。

（3）对受害受伤人员或失去亲人、家庭等人群实施互助，并帮助他们树立信心，积极开展自救活动。

（4）组织总结自救互助的经验教训，提出改进方案，为改进以后的自救互助工作提出对策和建议，并组织实施。

四、应急自救互助组织的管理

应急自救互助组织是群体性的自发组织，地方区域应急管理部门应该对其实施必要的管理工作，其管理的形式主要包括指导性管理、支持性管理和自我管理。

1. 指导性管理

无论是在城市，还是在农村，应急自救互助组织的管理工作应该得到当地相关组织部门的指导，纳入正式组织管理的范围。在农村，村、乡、镇基层组织应将对应急自救互助组织的指导工作作为日常管理工作的一部分，指导他们开展自救互助的宣传、知识普及、技术训练、实地演练等工作。在城市，对应急自救互助组织的指导工作比较复杂一些，一般可以分为在工作区域和在生活区域两种情况。在工作区域，自救互助组织应该在所在组织的统一领导下开展日常的管理工作；在生活区域，应该以街道、居住小区为基础，依托街道居民委员会、物业管理组织、业主委员会或楼栋管理组织等，对应急自救互助组织的管理工作实施指导。

指导性管理的主要内容是保持与自救互助组织的联系，指导其组织开展经常性的预防预警、知识普及、技术培训等工作，以及日常危机防范工作的检查和督促。

2. 支持性管理

支持性管理主要是在指导性管理的基础上给予自救互助组织必要的支持性帮助。这些支持性帮助主要是在组织自救互助活动时提供管理支持、人员支持（如培训师）和设备支持等。

（1）管理支持。主要是作为自救互助组织的支持性组织，成为其主要依托。虽然一些自救互助组织是群众性的自发组织，但是要发挥其预防预警、自救互助的作用，还必须要依托于所在地的正式组织的支持。这种支持不仅是在危机发生时的支持，更重要的是危机预防预警中的支持。

（2）人员支持。主要是对自救互助组织在开展工作时提供所缺乏的技术人员、管理人员、培训人员的支持，特别是在预防预警阶段开展技术人员培训支持、组织管理人员支持和宣传教育人员支持。

（3）设备支持。无论是危机预防预警阶段，还是危机处理和恢复阶段，开展自救互助工作都需要一定的救助设备和物质。所以，自救互助组织所在区域的相关组织应该给予必要的设备支持，使得自救互助组织能够在关键时刻发挥其应有的功能和作用。

3. 自我管理

自我管理是自救互助组织管理的主要形式。根据自我管理的基本定义，所谓自我管理，就是指个体对自己本身，对自己的目标、思想、心理和行为等进行的管理，自己把自己组织起来，自己约束自己，自己激励自己，自己管理自己。①

自救互助组织的自我管理同样也要遵循自我管理的基本原则，将自己建设成真正能够发挥作用的组织。自我管理组织的基本原则是：

（1）目标原则。作为一个组织，无论组织特性如何，都应该有一个清晰的工作目标。有目标和没有目标的组织是不一样的，在精神面貌、拼搏精神、承受能力、个人心态、人际关系、生活态度上均有明显的差别。

（2）效率原则。浪费时间就等于浪费生命，特别是在应急管理中，效率原

---

① 资料来源于百度百科（http://baike.baidu.com/view/1120297.htm）。

则显得更加重要。自救互助组织的各项活动都是在非常有限的时间内开展的，所以，要分析、记录自己的时间，并本着提高效率的原则，合理安排自己的时间，在实践中尽可能地按计划贯彻执行。

（3）成果原则。自我管理也要坚持成果优先的原则。做任何工作时，都要先考虑这项工作会产生什么样的效果，对目标的实现有什么样的效用。这是安排自我管理工作顺序的一个重要原则。

（4）优势原则。充分利用自己的长处、优势积极开展工作，从而达到事半功倍的效果。这是自我管理的一个非常重要的原则。

（5）要事原则。工作应分轻重缓急，重要的事情先做。在ABC法则中，我们把A类工作（重要的工作）放在首先要完成的工作的位置。在应急自救互助组织的自我管理中，A类工作（重要的工作）就是按照应急管理原则，首先完成与自救密切相关的工作，严格遵守72小时生命法则，以抢救生命为第一要素。

（6）决策原则。在应急管理中，一是决策要果断，优柔寡断是自我管理的大忌，想好了就要迅速定下来。二是贯彻要坚决。不管遇到多大阻力，都要坚定不移地贯彻到底。三是落实要迅速。决策定下来就要迅速执行，抓住时机，努力工作。

（7）检验原则。实践是检验真理的标准，实践的目标正确与否，需要实践来检验。无论是应急前的实习演练，还是应急时的实际操作，都要坚持“以人为镜”，认真听取同事们的意见和建议，检查自我管理的实际效果。

（8）反思原则。自我管理也要定期进行反思，检查自己的目标执行情况，分析自我管理中存在的问题，制订、调整和修正方案。从落实的实际出发，保证自我管理健康地向前发展。

第三节 应急自救互助常识教育与培训演练

一、应急自救互助的常识教育

1. 应急自救互助纳入学校教育

在“5·12”汶川大地震中，安县桑枣中学师生因曾经操练过自救知识而在地震中全员成功避险的事例给了人们深刻的启发。在2010年全国政协会议上，全国政协委员张帆提交了一份提案，呼吁政府将应急自救知识纳入中小学教育体系，目的正在于关爱生命，为教育体系补上自救知识这一课。张帆说：“目前，在我国的教育体系内，有关地震、火灾等紧急时刻的自救互助知识均是空白。”作为一名政协委员，他认为掌握紧急时刻的自救互助知识应是公民的一种基本素质，希望基础教育体系中纳入两三个课时的应急自救互助内容，给中小学生以观念的启蒙，教育工作者也要自觉将这项内容纳入日常教学，教材中应加入紧急时刻自救互助的知识。张帆强调，掌握应急自救互助知识也许只要简单的两三个课时，但这项知识却能挽救人的生命![1]

这项提案很快得到了人们广泛的响应。许多中小学开始设计和安排应急自救互助常识教育。这种教育也扩大到大学范围，许多大学生自发组织起来学习应急自救互助知识，并参与演练活动。

在将应急自救互助知识教育纳入学校教育的同时，要加强对学校教师的自救互助组织能力素质的教育。“5·12”汶川大地震中发生的“范跑跑事件”说明，不仅要强调教师们在危机发生时应担负救助的责任，更重要的是要培训他们掌握必要的救助知识和具备必要的现场组织救助的能力。

在当今社会发展过程中，突发事件发生频率在逐渐增加，应急自救互助的基本常识教育从中小学开始是非常必要的。应急自救互助常识和技术教育已经成为人们生存与发展的重要知识和技能。通过自救互助教育的常态化、规范化，使人们从小就树立自救互助的思想和理念，掌握必要的自救互助技术和技能，这样人们才能更加有信心预防和处理突发事件，降低灾害对他们造成的损失和伤害。

2. 应急自救互助知识的普及与推广

应急自救互助知识教育除了要纳入学校教育体系之外，更重要的是要进行社会普及和推广教育。如何在社会层面广泛普及和推广应急自救互助的基本知识，对于应对危机事件发生，能够在第一时间通过自救互助挽救更多人的生命，保障更多人的安全而言，是非常重要的。

应急自救互助知识涉及面广泛，普及对象众多，类型也比较复杂。因此，对应急自救互助知识的编辑显得非常重要。在编辑应急自救互助知识时，应主要结合应急管理预防预警工作，认真调研当地易发灾难的类型以及危害人们生命的关键救护知识。

应急自救互助知识的普及与推广需要严密的组织和热心的参与者。政府、事业单位、企业、街道、社区、农村乡镇等各级组织及各地应急机自救互助组织应该紧密配合，有序开展应急自救互助知识的普及推广工作，动员和吸引具有急救专业知识的人员投入和参与自救互助知识的普及推广工作，如医护人员、消防人员等，应该成为急救知识普及推广的主力军。

自救互助知识的普及和推广主要采取有组织的专题讲座、专业人员示范及演

---

① 贺霞. 张帆委员：危机自救互助也是重要的公民素质［EB/OL］. http://2010lianghui.people.com.cn/GB/180669/11086653.html, 2010－03－16.

示，以及个体自学等形式。

3. 应急自救互助知识的宣传与传播

应急自救互助知识的宣传与传播具有广泛性的特点，是非常好的应急管理知识教育途径和方法。在应急自救互助知识的宣传与传播方法上，应充分发挥媒介作用，在宣传资料方面更多地采用图文并茂的形式，使其通俗易懂，达到较佳的宣传效果。常用且较为简易的宣传与传播方式如下：

（1）墙报、简报。墙报、简报是我国基层单位使用最为广泛的一种宣传形式。它因地制宜、方便直观，容易被人们接受，可以收到较好的宣传效果。墙报一般可以设计在人们居住地、工作地及来往道路周围，便于人们观看阅读。但是，墙报、简报所宣传的信息内容含量有限，一般比较适合简单的提醒和警惕性的内容。

（2）宣传小册子。应急自救互助知识宣传小册子是一种急救知识的专业读本，可以详细系统地介绍有关应急自救互助的专业知识。宣传小册子也利于人们长期保存，随时阅读学习，也可以在人群中传阅交流。

（3）报纸、广播、电视。报纸、广播、电视等都是公共传媒的重要途径，而应急自救互助知识是公众必须掌握的生活常识，利用公共传媒宣传和传播基本的自救互助常识可以达到传播范围广、直观性强、与现实生活联系紧密的效果。这种宣传和传播不仅传授基本的自救互助知识，而且可以提高人们对自救互助的认知，加强对危机的预警预防的重视。

（4）志愿者活动。将应急自救互助知识的宣传和传播纳入志愿者活动的范围，通过志愿者活动，向广大市民、村民等公共群体宣传和传授基本的应急自救互助常识。志愿者活动不仅是在突发事件发生后作为应急管理的一个重要组成部分，而且更重要的是自救互助知识的教育和传授能将应急管理的重心前移，加强应急管理的前期工作。

二、应急自救互助的技能培训

1. 应急自救互助技术、技能培训计划的制订

应急自救互助知识的宣传和传播使人们提高了对应急自救互助的认识，了解了基本的应急自救互助知识。但是，在突发事件发生时，人们还要能够将这些基本知识应用到实际的自救互助活动中，这才是最重要的。因此，应急自救互助技术、技能培训是至关重要的。通过应急自救互助培训，使灾难发生的现场人员在第一时间能够迅速组织疏散和逃生，以及利用所学习的紧急救护技术及时抢救灾难现场的受伤人员，解救有生命危险的被困人员，为其脱离险境或为进一步医疗抢救赢得时间。

为了提高应急自救互助培训效益，事先需要制订出比较完整的培训计划。在制订培训计划时应注意以下步骤和环节：①培训需求分析；②培训时间安排；③培训内容确定；④培训师的选拔与邀请；⑤培训对象的确定与召集。

2. 应急自救互助技术、技能培训计划的实施

在应急自救互助技术、技能培训计划制订之后，接下来的工作就是按照计划有步骤地实施。这可能是在应急培训建立阶段的一项复杂任务。由于培训对象类型多，年龄、职业差异比较大，而且都很难集中和坚持，因此在培训计划实施阶段应该根据当地的环境特点和受训人员的特征，分批、分阶段、分层次地进行培训。在应急自救互助技术、技能培训计划实施中应该特别注意以下步骤和环节：①在培训内容方面尽量选择简单易懂、容易操作的技术技能。②选择专业人员进行示范和指导，在专业人员的指导和现场监督下实施有关技术的操作训练。③做好安全防护工作措施，防止技术技能操练过程中发生意外事故，教育受训人员遵守操作规则和程序。④安排适当的培训周期和相关技术技能培训的重复率，因为有些技术技能是需要通过反复实践才能掌握的。⑤应急自救互助培训计划实施过程中，要做好各方面的协调工作，如场地、设备、专业培训人员、受训人员等都必须统一协调合作。

3. 应急自救互助技术、技能培训效果的评估

从理论上讲，参加应急自救互助技术、技能培训人员在一次突发事件应对中的表现就能够反映出培训效果，这是对培训效果的最好评估。前面我们列举了邱集镇王林办事处红十字会在村头办起了卫生救护培训班的事例，该培训班向村民普及现场急救知识和技能，通过现场急救知识和技能的普及与培训，使村民在以后的交通事故中都能够及时进行简单的急救，从而挽救了生命。这些都是对应急自救互助培训效果的最好验证。然而，在现实生活中，并不是所有参加应急自救互助培训的人员都有可能使用他们所学的急救知识和技能，因此，培训人员可以根据效能标准化评估准则来制定合适的测试方法，规定出使测试与实际应急工作具有一致性和相关性的必要程序和准则，所有培训内容都应该进行测试和演练，借此了解学员的培训效果。

三、应急自救互助演练

1. 应急自救互助演练的目的与作用

应急演练不同于应急管理技术、技能的培训。应急自救互助演练应该是应急演练过程中的一部分，是在模拟的情景下实施自救互助的演习和实践，同时也是以演练的方式对应急自救互助的实践效果的检验和评估。应急自救互助演练的主要目的和作用是：

（1）让受训人员在模拟的真实情景下实践，锻炼自己在学习和培训中掌握的急救技能。

（2）为自救互助的组织者提供机会，以检验和评估自救互助知识、技术、技能学习及培训的效果，并总结经验，不断改进工作。

（3）应急自救互助演练可以提高组织者的组织能力、策划能力、全局观念和系统思考的能力。

（4）应急自救互助演练可以提高人们在应急情况下的心理素质，能够培养应急人员镇静、从容地处理复杂问题的心态和心理能力。

（5）应急自救互助演练可以协调社会各方面的力量，加强人们之间的合作和相互关爱，促进和谐社会的发展。

2. *应急自救互助演练的计划与实施*

应急自救互助演练可以是区域应急演练的一部分，也可以作为单独的应急演练项目。无论采用何种形式，应急自救互助演练都必须事先进行策划，准备工作要充分、细致。

应急自救互助演练计划是指在未来的一段时期内对区域内各种类型的应急自救互助演练活动的安排，即确定演练的类型和项目、举行的时间和地点、参加的人员、组织人员、专业指导人员、使用的设备器械等。由于演练设计的内容比较广，项目要求比较高，参加人员众多且复杂，所以演练计划工作必须与相关部门和组织共同协助制订，必要时要上报领导部门批准，并得到其指导。

根据应急演练的分类，应急自救互助演练的方式可以分为三种类型：桌面演练、单项演练和综合演练。桌面演练是指演练组织者在约定的时间让参加演练人员集中在室内举行非正式演练活动。演练的内容主要是以突发事件案例为背景，组织参加人员在案例情景下讨论如何处理突发事件，采取怎样的自救互助技术，并预测自救效果。桌面演练的优点是无须在真实的环境中模拟突发事件情景及调用真实的应急资源，演练成本较低，有利于实现成本效益的最大化。桌面演练主要是锻炼参加人员对自救互助知识和技术的理解与认识，将其知识、技术概念化，初步实现知识、技术内化。桌面演练的不足在于不能进行应急自救互助技术、技能的操作性锻炼。

单项演练是在桌面演练的基础上进行小规模的现场演练，主要是训练参加人员自救互助技术技能的操作能力，使其熟练掌握完成某项特定任务的技巧，如灭火、救生、避险等方法和技术。下图就是专业人员指导小学六年级学生进行心肺复苏的演练。①

① http://www.zzty.gov.cn/Article/ZXZX/ZXZX/2010/12/07/6234.htm.

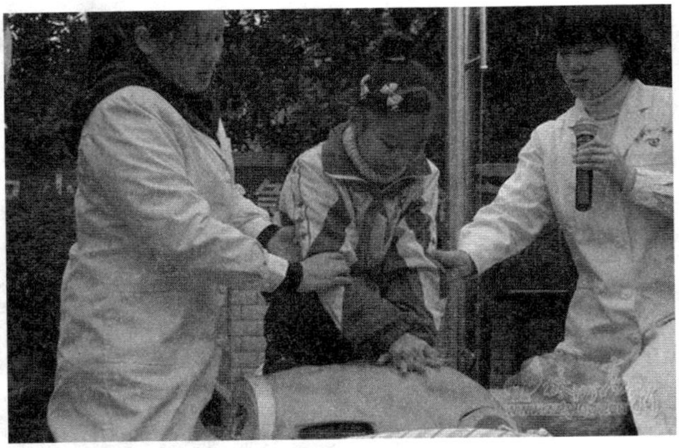

心肺复苏演练图

单项演练比桌面演练的规模要大，需要动用一定的资源、设备、器械等，因此必须进行充分的准备。准备的内容包括模拟的器械、应急设备、演练场地、演练计划和实施步骤等。单项演练的特点是目的性强，演练活动主要是围绕特定的自救互助技术和技能展开，具有明确的针对性；收效比较快，当场就能检验技术操作的正确与否，虽然使用的模拟对象是一个替代品，也能给人一种真实感觉，达到“实战”锻炼的基本效果。

综合演练是指自救互助演练被纳入应急演练的内容，结合应急演练的整体实施模拟演练。综合演练主要是要协调各方关系，要有全局的观念和系统的思考。综合演练的规模较大，演练内容和程序较为复杂，对人们的训练要求也很高，所以在实施综合演练时，更需要周密计划，协调实施，认真总结。

3. 应急自救互助演练的评估

评估是应急自救互助演练的最后环节，也是非常重要的部分。应急自救互助演练评估的目的是：

（1）应急自救互助演练主要是检验急救组织能力和急救技术操作的熟练程度，给自救互助参与者提供实践的机会。

（2）应急自救互助演练过程的逼真程度和生动程度并不重要，其真正的意义在于能够发现自救互助中的问题和缺陷，以更好地安排自救互助的训练和知识、技术的传授。

（3）应急自救互助演练可以锻炼和培养参与者的心理素质，以便在真实的危机情景下，人们可以战胜恐惧心理，保持镇静，熟练发挥其自救技术和技能，最大限度地减少损失和伤亡。

（4）应急自救互助演练培训参与者的协调能力和合作能力。在发生突发事件的真实情景下，现场人员不仅应能够对自己实施急救，而且应能够在保证自己安全的前提下对周围的人采取互助行为。

应急自救互助演练评估是一项比较复杂的工作，必须作出周密的安排和计划，对评估人员提出明确的要求和标准，参与演练的人员要认真听取评估意见，做好记录，讨论今后的改进建议。为了确保评估结果的全面性、公正性，可以采取评估人员评议与参与人员汇报相结合的方式，也可以采取共同讨论、交流各自看法和意见的方式。

第八章　应急信息传播管理

信息传播管理在突发事件的预防与应对处理过程中扮演着非常重要的角色。系统论认为，突发事件之所以发生，根本原因在于，它作为身处大的社会情境之中的组织，其外部与内部的作为，与整个社会系统产生了摩擦与失衡。因此，在许多情况下，突发事件的预防、控制事态的发展、及时处理和应对的成败关键在于沟通。正如英国学者迈克尔·里杰斯特所说："只有进行有效的信息传播管理，才能进行有效的危机管理。"① 尽管突发事件的产生与发展可能是各种因素综合作用的结果，但毫无疑问，在突发事件的预防、处理和恢复的整个过程中，信息传播管理将起到非常重要的作用。

第一节　应急信息传播管理概述

一、突发事件信息传播的特点

"突发事件"的概念是从事件的非常规性视角出发来分析社会风险的，是通过对事件发生方式的概括（突发事件的突然性、不确定性、破坏性、持续性、机遇性）来强调公共管理的。② 因此，突发事件的信息传播管理也应遵从突发事件的情境性。于是，突发事件信息传播作为异化情境下的一种特殊传播形态，便具有了双重属性：一方面它遵循所有社会传播的基本特点；另一方面它又由于突发事件的各项变量的介入，而呈现出一些独有的特点。

1. 紧张的传播情境

突发事件具有"突然性"，巨大的时间压力使遭遇突发事件的组织陷入一种时间、人力、物力和财力资源短缺的紧张情境之中，由此可能造成信息传播渠道堵塞等紧张的传播情境。同时，由于突发事件具有持续性，并具体表现为传导性和蔓延性，在其动态演变过程中，往往一个危机会引发另一个危机，一些学者将

---

① 吴宜蓁. 危机传播：公共关系与语艺观点的理论与实证［M］. 苏州：苏州大学出版社，2005. 7.

② 陈淑伟. 社会风险治理的三个视角［J］. 唯实，2007（2）：86～89.

此称为“涟漪反应”或“连锁反应”。[1] 如2003年中国经历的SARS，就不仅仅是一场纯医学意义上的突发事件，而且还造成了旅游、商业、国际贸易以及看不见的民众心理等方面的危机状态，这就使突发事件的信息传播面对的并非是常态下单纯的信息传播情境。

2. 混乱的信息共享

社会传播是一种信息共享活动。也就是说，它是一个将单个人或少数人所独有的信息转化为两个人或更多人所共有的信息的过程。这里的共享信息概念意味着社会信息的传播具有交流、交换和扩散的性质。[2]

突发事件的“突然性”和“不确定性”导致传播通道和载体的混乱成为突发事件信息传播的一个显著特征。组织与利益相关者对符号的选择、编码和解码都面临着困难。[3] 突发事件状态下的信息共享是一场混战，曾经一度辉煌的品牌名称可能瞬间就变成了灾难制造者的象征，曾经受人尊重的发言人可能会被视为说谎者的代表，一个权威的政府可能被人看作是不负责任的利益工具。信息的混乱带来公众对事件认识的模糊不清，由此产生猜疑和心理上的恐慌，这是突发事件信息传播的又一个特点。

3. 非秩序化的主客体互动

从传播的社会关系性和双向沟通的角度来讲，它又是一种双向的社会互动行为。这就是说，信息的传递总是在传播者和传播对象之间进行的。传播过程中的这种“双向性”具有强弱之分，即传播行为的发起人——传播者通常处于主动、优势地位，受传者——传播对象则处于相对弱势的地位。但传播对象也不是单纯的被动角色，它可以通过信息反馈来影响传播者。任何一种传播——无论其参与者是个人、群体还是组织，都必然是一种通过信息的接受和反馈而展开的社会互动行为。[4]

在突发事件的情境中，组织在常态下的传播强势可能不复存在，利益相关者的个体弱势也可能被利益损害下的愤慨和反抗取代。各种舆论压力从四面八方汇集而来。同时，组织所面对的传播对象是多元的、分散的，而不同层次的利益相关者都会根据与自己利益的相关程度作出不同的反应，于是组织接收到的便是更为复杂的反馈信息。组织与多元的利益相关者之间呈现出一种复杂的、有异于常态的互动形式，这也是突发事件传播的一个特点。

---

① 罗伯特·希斯. 危机管理［M］. 北京：中信出版社，2004.

② 郭庆光. 传播学的研究对象和基本问题（上）［J］. 国际新闻界，1998（2）：40～47.

③ 胡百精. 危机传播管理［M］. 北京：中国传媒大学出版社，2005. 52.

④ 郭庆光. 传播学的研究对象和基本问题（上）［J］. 国际新闻界，1998（2）：40～47.

4. 变异的社会关系

一切社会传播都是在一定的社会关系中进行的，同时又是一定社会关系的体现。传受双方表述的内容和采用的姿态、措辞等，无不反映着各自的社会角色和地位。社会关系是人类传播的一个本质属性。通过传播，人们保持既有的社会关系，并建立新的社会关系。

突发事件信息传播亦是在一定社会关系中进行的。此时，由于大量不确定性信息通过各种渠道、以各种形式进行传播，导致组织与利益相关者之间的既有社会关系被打破，形成突发事件情境中变异的社会关系状态。原本的信任可能荡然无存，信息的真实性、准确性遭到质疑，误读、错解滋生。人们对大声疾呼往往视而不见，将义正词严视为托词辩解，将好言相劝视为欺骗诱导。

5. 失衡的传播系统

当我们把传播视为“系统”的时候，我们是在更加综合的层面上考虑问题。这就是把社会传播看作是一个复杂的“过程的集合体”，不但考察某种具体的传播过程，而且考察各种传播过程的相互作用及其所引起的总体发展变化。

突发事件对社会破坏的延展性使组织的基本价值和行为准则都遭到了严重的威胁和破坏，基于特定结构方式的常态传播系统亦不可避免地受到牵连，失去平衡。结构和秩序的改变，使传播系统的内、外能量输出受到干扰，甚至导致系统崩溃。原本有章可循的信息传播过程，为各种难以求证、整合的信息碎片所充斥，整个传播系统面临着被肢解、打碎的危险。

二、突发事件信息传播的类型

传播学将传播分为非人类传播与人类传播，后者又可分为多种类型。目前流行的是“四分法”，即非社会传播（自我传播）与社会传播，社会传播又分为人际传播、组织传播和大众传播。在突发事件情境下，传播与事件本身会产生交互作用：一方面突发事件会影响传播的效果；另一方面传播也会作用于突发事件。除此之外，突发事件自身的特性也赋予了各类传播特殊的表现形式和传播途径。我们着重对社会传播中的人际传播、组织传播和大众传播三种类型进行介绍和分析。

（一）突发事件中的人际传播

人际传播是两人或多人之间借助语言和非语言符号彼此交换各种不同的观点、意见和感情的信息交流活动，可以分为面对面的直接交流和依赖简单媒介而非大众媒介的非面对面交流。在实际社会交往过程中，人与人之间通过大量的人际传播建立起相互联系、相互影响、相互作用的人际关系。因此，人际传播是其他传播活动（包括大众传播）的基础，它是一种最古老、最常见、最频繁的社会活动。

1. 突发事件与人际传播的交互作用

（1）人际传播在突发事件中的作用。

在突发事件的突然性和不确定性等情境变量的作用下，社会的透明度下降，人与人之间的信任感下降。人际传播的首要功能就是帮助个体实现自我认知和对他人的认知。对于社会民众来说，突发事件造成的最大危害在于社会正常秩序遭到破坏，并由此产生脆弱的社会心理。因而，保持稳定的社会秩序，恢复原有的社会运行轨迹是突发事件管理的首要任务。而进行心理救治的最好方法就是让民众参与到突发事件的管理进程中来。从传播的角度来说，个体在社会参与的过程中，能够恢复一度被中断的人际传播，一定程度上满足了个体在突发事件中对信息的渴求、对人际关系的需要；同时了解了自己的处境和现状，并通过与他人建立紧急状态下的人际关系，增加合作，平复突发事件给人带来的心理冲击。例如，美国“9·11”恐怖事件无疑给纽约市民带来了极大的创伤。然而纽约市在经历几个月的混乱后，市民就镇静下来。这是因为在纽约市市长朱利安尼的动员下，市民积极地参与到城市救援的行动中来，进行了大范围的献血活动和募捐工作。这不仅降低了政府处理事件的成本，还使民众在参与过程中，了解了真相，消除了恐惧，从而缓解了突发事件所产生的消极作用。同时，随着城市中人际关系的丰富，纽约市的正常秩序也较快得到了恢复。当社会传媒在街头访问时，许多纽约市民都认为，在经历了恐怖事件后，人们开始有人情味了。一向冷清的教堂开始人潮涌动，而且是不分种族、不分彼此地一起为纽约的未来祷告，越来越多的人加入了各项服务性质的活动之中。

（2）突发事件对人际传播的影响。

在突发事件情境中，各项变量的介入形成了人际传播的约束条件，给人们正常的人际交往带来诸多负面影响。

首先，在突发事件情境中，人际交往的方式和范围可能会受到影响。人际传播，特别是面对面人际传播具有多渠道传递和接受信息的特点。传受双方不仅可以使用语言，而且能用动作、表情、眼神等非语言符号传递信息，所用的传递方法都比较灵活。[①] 然而在突发事件中，其特殊性往往需要人们对原有的生活方式、交往方式作出比较大的调整。例如，由于SARS疫情猖獗，人们就要养成在日常生活中戴口罩、勤洗手的习惯。同时还不要去人群密集的地方，改变饮食习惯，尽量减少走亲访友活动，避免大型集会，等等。诸如此类的变化，导致人们

① 郭庆光. 传播学教程［M］. 北京：中国人民大学出版社，2002. 33.

直接的、面对面的交流显著减少了。

其次，在突发事件情境中，人际关系的质量和交往的效果可能被削弱。人际传播的过程具有很强的双向性，能够得到及时的反馈。它以你来我往的形式进行着，传播双方可随时根据对方的反应来把握自己的传播效果，对传播内容进行修正、补充或改换传播方法。因此，常态下的人际传播是一种高质量的传播，尤其在说服或沟通感情方面，其效果往往要好于其他形式的传播活动。然而，突发事件通常都是恶性事件，爆发后往往给人们带来极大的心理震荡，此时，人们不仅在生理上、认知上、情感上受到消极影响，而且人际关系方面也会遭受冲击，产生诸如与他人交往困难、冲突增加、社交恐惧、工作和学习上的退步、对他人的言行过多猜疑等不良后果。①

再次，在突发事件情境中，人际传播的准确性可能降低。突发事件中存在大量不确定性的信息，当此种信息与人际传播的双方或一方相关时就会导致人们受制于紧张的情境，对于信息的理解力和判断力就会不自觉地降低。甚至当传播者作为突发事件的直接利益相关者时，他在信息交流的过程中就可能带有强烈的负面情绪，导致不确定性信息被进一步严重扭曲，最后产生难以修正的负面印象。同时，这种情绪也会在信息传播过程中传递给对方。

2. 突发事件过程中人与人之间的特殊互动形式

通信技术的发展和以互联网为代表的新媒体的兴起，不仅形成了新的传播格局，也改变了人际传播的形式，更扩大了人际传播的影响力。尤其是在突发事件时期，人们对信息的渴求使人与人之间的互动行为以特殊的方式得到极大的增强，由此必然使得各种各样的消息传播得更快。总结突发事件情境中的特殊人际互动形式，主要体现在以技术为中介的人际传播和区分为层次的人际传播结构两方面。

（1）以技术为中介的人际传播。

虽然突发事件的负面性往往使得管理者需要以“隔离”、“阻断”等手段防范事态的进一步恶化，但这并不意味着人与人之间的交往会因此而减少。而能做到这一点的关键在于各种以技术为中介的人际传播形式。由于电话、短信、互联网的存在，信息传播速度超乎想象。这些传播形式都在非常时期增加了人际传播的威力。

---

① 罗春明. 人际传播媒介论［J］. 西南师范大学学报，1998（5）：77～82.

1）手机短信在突发事件传播中的角色①。

在人际交往的范围和程度都受到限制的突发事件情境中，手机短信极大地满足了人与人之间交流的需要，填补了人际交往渠道的暂时空白，在突发事件人际传播中表现出其他媒介不可替代的优势。主要表现为：①手机的便携性使传播可以随时随地进行，而不受时间、距离的限制，更凸显了人际传播的强双向性、强反馈性和强互动性。②手机短信传播信息依靠的主要是文字信息，但除了文字，短信还可以传输声音、图像、数字等符号，丰富了人际传播的方式。③在人与人之间的日常交流中，手机短信对维持和发展良好的人际关系发挥了重要的作用，在突发事件情境中，它的随意性更使人们深感这种信息交流方式之便利。②

利用这种优势，短信传播可以在突发事件中发挥积极的作用，主要表现为：通过科普短信可以传播突发事件中的相关知识；通过关怀短信可以暖人心扉，缓和社会紧张情绪；通过歌颂短信，可以激发出人们共同抗击灾难的积极情绪。

然而，一些负面短信也给突发事件的传播管理带来了困难。在突发事件传播过程中，呈现出一些短信制造的不和谐音符。主要表现为：①复制技术带来短信的同质化和各种有害的“垃圾短信”现象，使突发事件传播更加困难。②身体缺位降低了短信传播者的责任感，为谎言提供了平台。③ 利用手机短信进行传播，由于传受双方是看不见彼此的，交流行为丧失了面对面的现场感。身体的缺位使得有些传播者在传播过程中不像面对面传播那样负责任。因为有对方无从验证的心理，说谎、欺骗在一些人看来就变得稀松平常了。而在突发事件情境下，此种短信经过反复复制和传播，会在极短的时间里形成流言的大范围覆盖，增加社会的负面情绪，更会增加突发事件的不确定性和复杂性，对突发事件传播管理造成灾难性的后果。比如 SARS 时期，尽管政府每天都在公布各地 SARS 疫情，但仍有居心叵测者无中生有，编造虚假“疫情”，通过短信传播。明明市场商品丰富、货源充足，却有别有用心的个别人制造紧张气氛，传播虚假商情，造成大量群众盲目跟风抢购，从而导致市场上口罩、体温计、消毒水等产品短缺的奇异现象。

2）互联网虚拟社区的建立与匿名意见领袖④。

现代传播环境下，手机成为人们交流、沟通不可或缺的手段，除此之外，互

---

① 周静. 手机短信使用动机研究——以清华大学学生手机短信使用情况为例［R/OL］. http：//www. sina. com. cn，2003－07－10.

② 保罗·莱文森. 手机：挡不住的呼唤［M］. 北京：中国人民大学出版社，2004.

③ 郝晓云. 短信在人际传播中的优势与缺陷［J］. 今传媒，2007（5）：60～61.

④ 意见领袖是指活跃在人际传播网络中经常为他人提供信息、观点或建议，并对他人施加个人影响的人物。

联网更是扮演了重要的角色。在突发事件的人际传播中，匿名的意见领袖在互联网上建立起的虚拟社区对突发事件传播产生重要作用。

人际沟通的功能之一是通过传递信息满足个人的心理需求。人具有成就动机和赞许动机。人的许多活动是为了获得他人的赞赏，个别人在强烈的赞许动机驱使下，会故意表现自己。心理学家指出，“赞许本能”和“自炫本能”同为人类的重要本能之一。在聚集于互联网虚拟社区的人们中，“自炫本能”和“赞许本能”较强的人自然能成为活跃的意见领袖，成为互联网虚拟社区的积极传播者。他们的积极活动往往能形成一个个舆论群，又以辐射方式扩散，经常对民间舆论的形成产生巨大的作用。这种借助于互联网的人际传播方式，具有更大的灵活性和时效性①。

（2）区分为层次的人际传播结构。

突发事件使组织的原有规范都暂时失效，从而带来秩序上的混乱。此时人们一方面求助于内心的平和，希望保持良好的心态；另一方面在灾难面前，急需建立归属感，这样的归属感既包括把自己看作社会的一个成员，也包括以新的方式和家庭成员、朋友等保持或重建密切的情感联系。此时，人际传播突出地表现为区分为层次的人际传播结构。

以 SARS 期间的人际传播结构为例：2003 年初的 SARS 疫情最大的受害者是患者的家人和医护工作者，也就是与患者接触频繁的人。医护工作者涉及的是特殊病例中的医患关系——家人、亲属、朋友甚至同事，这涉及个人在社会生活中得以“立足”的特定环境。SARS 事件对这些群体及特性的影响无疑是复杂的，其亲密、面对面的互动、温情和合作因为疫病无情的传染性而使自身受到损伤，但事件本身也可以成为增强小群体乃至整个社会凝聚力的契机，使群体成员的联系更为密切。于是在突发事件发生期间，我们经常会看到一种“分中有合”、“合中有分”的社会状态。

（二）突发事件中的组织传播

1. 组织传播的基本概念

所谓组织传播，是指某个组织凭借组织系统的力量所进行的有领导、有秩序、有目的的信息传播活动。组织作为有序化的人群，首先要有既定的共同目

---

① Danet, B., Rudeenberg, L. & Rosenbaum Tamari, T. Hmmm... Where. Sal that Smokecoming from: Writing, Play and Performance on Internet Relay Chat. In S. Rafaeli, F. Sudweeks & M. McLaughlin (Eds.), *Networks and Netplay: Virtua Groups on the Internet.* Cambridge, MA: AAAI/MIT. (also available in: *Journalo Computer Mediated Communication*, 1997, 2 (4). Found on: http: //www. ascusc. org/jcmc/vo12/issue4/danet. html.

标，其次要有协调统一的系统，再次要具备有普遍约束力且全体成员共同遵守的规范，而这些都离不开信息的沟通和联系。任何组织都是与信息传播同步生成的：组织形成的过程就是信息传播的过程；组织的目标、系统、规范的形成和运作都离不开传播；而组织传播活动又必须凭借组织的系统才能进行。任何人要加入某一组织，他的第一件事就是接受组织传来的有关信息。

人类社会组织包括政治组织（政党、公共管理机构、公众团体等）、经济组织（各种企业）、军事组织（军队）、教育组织（学校）、宗教组织等。各种组织每日每时都要进行组织信息传播活动。任何组织要是不进行组织信息传播活动就不成其为组织。组织是身体，传播就是循环器官，信息是血液；血液通过循环器官传送至身体各个部位，从而使得身体健康发展。如果信息传播不畅，组织就要衰亡。从某种意义上讲，组织的首要职能就是传播。组织传播活动就这样渗透在人类社会活动的各个方面。多数组织的传播活动是手段，通过传播来实现组织自身的任务。但有些组织本身就是以传播为任务，最典型的便是学校。绝大多数的组织是固定的，但也有临时的、专为传播信息而组织起来的组织，最常见的便是会议。

在突发事件中，组织传播的主要任务是沟通，包括组织内部、组织与组织之间、组织与公众之间的沟通。

2. 突发事件给组织传播带来的挑战

就组织而言，处于“地球村”以及充满不确定性的社会大背景下，如何处理突发事件，关系到组织的生死存亡。组织的传播水平在突发事件面前遇到巨大的考验。突发事件对组织传播提出的挑战主要有两点：

（1）突发事件极强的破坏性要求组织传播不能掉以轻心。突发事件爆发时的复杂性、无法预测性、巨大的影响面和强烈的冲击程度，使得突发事件再也不是单纯环境年代里的“有限风暴”，而是一场能给组织带来巨大伤害的“飓风”。它不仅会导致组织大量的经济损失和社会成本流失，而且还可能由于组织与社会次系统的互动，从而出现“滚雪球效应”或“多米诺骨牌效应”，最终使组织的形象彻底受损，使组织运作完全瘫痪，甚至引发一场全社会危机。例如，1989年，埃克森石油公司 Valdez 号超级油轮搁浅在阿拉斯加海域，泄漏原油 3.6 万吨，致使 609 千米海岸和 7 700 平方千米海面被严重污染，导致大量海洋动物死亡，污染区域恢复原有生态至少需 10 年。事件发生后，埃克森石油公司忽视了伤害性的扩散，没有及时进行组织传播。后来在大众传媒、环保组织、当地原住民以及美国政府的关注和参与下，埃克森石油公司形象迅速恶化，股票大跌，民意一边倒，支持政府对其采取惩罚性措施，全社会抵制其石油产品，致使该公司损失达80亿美元之巨。[①]

（2）组织的利益相关者广度和深度的深刻变化给组织传播沟通水平带来巨大挑战。所谓利益相关者是指那些直接或间接受到某一组织内部决定与外部行为影响的利益集团，并且它们的反应也能直接或间接影响某一组织的生存与生产环境。当环境中各个部分互动度较低、连接性较弱时，组织的利益相关者也较单一。当环境各个部分互动程度增强、连接性变强时，组织的利益相关者也复杂起来。[②]

现代组织的利益相关者，不论是广度还是深度都发生了深刻的变化。随着技术的发展，我们的世界成为一个高度连接的世界。特别是交通技术、通信技术以及网络技术的发展，使得组织的各种利益相关者不再局限于狭隘的区域，他们相互之间联系的频率、性质、强度都有了改变。许多过去看来不相关的利益相关者，现在都可能直接影响组织的生存与发展。

正是在这种背景下，一旦突发事件发生，各种利益相关者之间复杂的联系会给组织传播带来更大的挑战。组织传播的沟通任务变得比以往任何时候都要艰巨。例如，在SARS发生之前，几乎没有哪个国家的领导人在防范自己国家的流行病时需要考虑其他国家政府及人民的感受与压力，即使是艾滋病的流行也没有造成世界各国在防治传染病上的单一权威性。但是，SARS疫情消息在信息发达时代的迅速传播，公共媒体的集中报道至少改变了中国政府对重要利益相关者的看法，至少使世界卫生组织成为中国政府卫生政策的重要利益相关者，因为世界卫生组织在SARS期间获得了发布旅行警告、取消旅行限制的权利。

3. 建构有效预防和应对突发事件的组织传播机制

鉴于组织复杂的生存环境，组织传播不仅要在组织的日常运作中发挥保持组织对突发事件的信号习惯性警觉的作用，更要在突发事件发生时积极协调组织与环境之间的关系，同时关注组织内部的关系协调度和信息沟通的畅通度。一个组织忽视危机信号的警示，或在突发事件过程中信息沟通不畅，有心理上的原因，也有其组织上的原因。领导层认为他们最清楚事情的来龙去脉，尤其是一些大型企业的领导层，认为他们的资源最丰富，研究最严谨，更愿意相信自己单位技术人员的报告结果，缺乏对周围环境的反馈信息作理性分析的主动性，使组织经常陷入自我陶醉的陷阱，从而错过了通过与外界进行信息沟通，帮助组织度过危机的最好时机。因此，一个能有效地预防和应对突发事件的组织传播机制，应该可以在组织与其利益相关者之间建立起有效沟通的桥梁。

---

① 鲍勇剑，陈百助．危机管理——当最坏的情况发生时［M］．上海：复旦大学出版社，2003．10．

② 鲍勇剑，陈百助．危机管理——当最坏的情况发生时［M］．上海：复旦大学出版社，2003．53．

以壳牌石油公司油轮沉船引发舆论战[1]为例。1995 年 4 月 9 日，著名跨国企业壳牌石油公司欲将已报废的黑鹰号油轮下沉大西洋底，与以保护环境为名的绿色和平组织产生冲突，后者声称运油船底部的微量放射性元素与毒性物质将破坏海底的生态环境，并且带来了一大批媒体记者，给壳牌石油公司带来一场意想不到的舆论战。在应对这次突发事件的过程中，壳牌石油公司的领导层出于对自己管理人员的技术的信赖，在研究人员取得了相关数据能够证明油轮下沉海底后对环境的影响可谓微不足道的情况下，采取一种强硬的态度，坚持以科学的理论数据来说服公众。而在组织上，大型企业内部的部门繁多，错综复杂，各部门的信息无法迅速及时地汇总在一起进行处理以得出有意义的结论，从而错过了识别突发事件的危机信号的时机。

再如，美国“9・11”恐怖袭击之前，也有一些情报机关分别获得恐怖分子将对美国本土进行攻击的情报，但是这些部门各自为政，互不通气，美国政府无法将这些情报汇总在一起进行分析，从而未能避免一场有可能避免的灾难，这也就是“9・11”之后，美国要将许多情报部门合而为一组成国土保安部的原因。

在突发事件情境中，有效的信息沟通往往不是日常指令的上传下达能够实现的。美国组织学者维克关于“安全性高标准组织”的研究，对于组织建构有效预防和应对突发事件的组织传播机制具有极大的启示意义。总结要点，其总体要求可以概括如下[2]：

（1）建立失误与问题报告的组织传播机制，持续关注组织日常运作中的失误，并及时加以修正。

（2）突破组织所习惯的解释框架，鼓励组织内部通过便捷的行动以获取全面的信息，随时呈现组织的现实图景。

（3）畅通自下而上的沟通渠道，保证基层信息的有效上传。

（4）突破传统的科层信息沟通模式，鼓励不同部门、层级成员之间“谦恭地互动”。

（5）疏通专家意见表达渠道，建立专家，特别是一线专家参与决策的机制。

（三）突发事件中的大众传播

1. 大众传播的基本特征和功能

现代社会是一个以报刊、广播、电视为代表的大众传播事业高度发达的社

---

① 鲍勇剑，陈百助. 危机管理——当最坏的情况发生时［M］. 上海：复旦大学出版社，2003. 199.

② Karl E. Weick. *Making Sense of the Organization*［M］. Oxford，UK：Malden，MA：Blackwell，2002.

会。大众传播是伴随着近代印刷、电子传播技术的发展而产生的一种特殊的社会信息系统。说其特殊，是因为它具有其他社会传播形式所不具有的特点，大众传播的主要特点体现在：①大众传播是专业传播机构从事的有组织的传播活动；②传播对象是广泛而分散的、多数的一般社会成员；③采用现代化技术手段大量生产、复制和传播信息；④传播内容是公开的，有别于私下或内部传播活动；⑤大众传播也有反馈机制（如读者来信或观众/听众热线电话等），但这种反馈是滞后的，受众对传播过程缺乏即时的干预能力。

大众传播的这些特点，使它拥有广泛而强大的社会影响力，渗透到我们生活的方方面面。大众传播已成为人们生活方式的重要组成部分，也是促使人们思维方式发生变化的重要力量。从这个意义上来讲，大众传播既是社会互动系统，也是极其重要的社会管理和社会控制系统。

早在1948年，被称为传播学“四大先驱”之一的美国传播学家拉斯韦尔就在他的著作《传播在社会中的结构与功能》一文中提出了大众传播的三大功能：环境监视、社会协调、传承文化。在突发事件中，组织原有规范的暂时失效，社会基本秩序的紊乱，社会关系的混乱状态给人际传播和组织传播都带来极大的阻碍。[①] 此时，能将社会成员紧紧联系在一起的最有效手段就是大众传播。报纸、广播、电视、网络等大众传媒的无所不在，使大众传播在突发事件中成为人们最主要的信息来源，成为人与人、人与社会在突发事件情境中进行联系的主要手段。同时，由于突发事件的特殊性，大众传播也失去了常态下发挥其社会功能的传播情境。两者表现出鲜明而强烈的交互作用。

2. 突发事件与大众传播环境监视功能的交互

环境监视是大众传播最主要的社会功能。在突发事件的背景下，大众传播的环境监视功能具有两个方面的作用。一方面，该功能在突发事件中发挥着积极的作用。大众媒介不断地向人们提供关于突发事件的各种信息。在突发事件潜伏期，将已经暴露出来的线索公之于众，如自然灾害或战争威胁等信息，向人们发出警告，促使人们及早防御。在突发事件爆发期，提供可能对人们生活有影响的任何信息，如灾害情况的报道等，以满足社会和个人对突发事件信息的需求。更为重要的是，大众传媒对环境的监视还包括将突发事件中暴露出来的有违社会规范的行为在媒介上公开，引发社会大讨论，激起社会各方面的谴责，使社会规范得以巩固和加强，推动突发事件处理的进程。另外，在突发事件中，大众传播的环境监视功能还表现为在对某些人物加以报道后，能使人获得威望，提高他们的社会地位，这就是所谓“授予地位”的功能。同时，从社会统治的角度而言，

① 郭庆光．传播学教程［M］．北京：中国人民大学出版社，2002．223．

新闻自由流通有助于维护和巩固统治，具有监视或管制舆论的作用。

另一方面，在突发事件的影响下，大众传播在环境监视的过程中也会表现出一些负功能。对组织而言，大众传媒如果对于组织可能引发突发事件的相关信息施以浓墨重彩，或对关于即将来临的某种威胁的警告过度渲染，同时却不进一步加以解释，也可能会引起严重的社会恐慌，或直接成为组织突发事件的导火索。对个人而言，受到过多的负面新闻冲击，会产生无所适从、不知所措的感觉，这就是所谓的“信息超载”。对于政府而言，有些反映真实情况的信息，如战事失利、领导人的劣迹，以及敌对方的宣传等，一旦得到传播的机会，就会影响政府的威信，甚至危及社会秩序的稳定。因此，对于大众传播的环境监视功能的负功能，需要大众传播的社会协调功能有效地对其进行控制。

3. 突发事件与大众传播社会协调功能的交互

在突发事件应对过程中，大众传播的社会协调以一种组合式功能呈现，即大众传播通过对新闻信息的选择、解释与评论，提出相应的解决方案，从而把人们的注意力集中到当前的突发事件上，这样就可以避免环境监视的负功能。在对社会的各组成部分加以组合以应对突发事件的活动中，大众传播能够激励和动员社会各类成员，包括政府、社会组织、群众等在公共突发事件面前团结一致，同仇敌忾，共渡难关，并提出抵御有碍社会稳定的各种威胁的对策；通过解释与评论防止因报道某些敏感事件和敏感问题而造成的过度刺激；将公众的注意力集中于某些事件以使之广为传播，成为公众议论的中心，这也就是所谓的“议题设置”。

此外，大众传播对新闻的选择和评价，甚至加以解释或提出对策，都能更好地发挥这些新闻的作用。对社会或个人来说，都有助于他们摄取信息，以防止受传者由于突发事件信息过量而无所适从。

4. 突发事件与大众传播文化传递功能的交互

文化传递功能也可以说成社会遗产传递功能，它是指通过大众传播把文化传递给后代，并继续教育离开了学校的成年人，使社会成员共享统一的价值观、社会规范和社会文化遗产。可见，这是延续社会传统、传播社会经验与知识的教育功能。这一点，对社会或个人都有相同的积极意义。对于文化体系来说，这种功能可促成该体系的一致性和标准化。

大众传播的教育功能由来已久，并且在当代越来越显示出它的重要性。在突发事件传播中，大众传媒在普及突发事件的有关知识、传达政府的相关政策措施、诠释社会各界对突发事件的应对行为的时候，无形中就对公众进行了一次思想教育工作。比如在SARS疫情应对过程中，人们正是在大众传媒生动的现场报道、深刻的本质分析中受到感染，从而揭开了全民抗击SARS的序幕，并最终取得这次战役的胜利。从这个角度来说，大众传播的教育功能在应对突发事件过程中，甚至突发事件预防中都是不可或缺的。

三、信息传播管理在应急管理中的预警作用

在突发事件中，信息传播，特别是大众传媒是一把双刃剑，它既能充当“灭火器”，也可能是“助燃剂”。在突发事件潜伏期或萌芽阶段，如果媒体能够及时发现其存在的前兆和苗头，及时向相关组织传递潜在危机的信息，引起有关部门的注意，把事件消灭在萌芽状态之中，就会避免突发事件的爆发或减轻突发事件给社会带来的震荡。然而，如果媒体处置不当，就会成为突发事件的“助燃剂”，对突发事件起到推波助澜的作用。信息传播对突发事件所造成的这种冲击足以凸显对信息传播管理的必要性。信息传播在突发事件中至关重要的地位可以从它所扮演的以下四种角色中体现出来：

（一）社会风险的预警者

信息传播在突发事件中扮演了突发事件的社会预警者角色。这种角色主要是通过改变人们的注意力分配和提高决策的理性程度来发挥其功能的。一方面，对于普通公众而言，大多数人并不具备对周围环境变化的信息搜索、处理、分析鉴别的专业素质，地理位置和经济条件也限制了个体对可能发生的突发事件的线索性信息的掌握。信息传播对于各种正在发生或潜在的危险可以及时地向社会发出警报，从而引起公众注意，并采取正确的措施，提高自我保护的意识和能力。另一方面，对于组织的管理者而言，虽然现代社会高度发达的信息技术为他们获取危机信息提供了极大的便利，但是，处于组织内部却经常容易使人们对于自己掌握的情况盲目自信，从而不能对日趋繁杂的社会事务一一作出及时回应。此时，社会信息传播媒介对某一事件的持续关注就会给组织的管理者敲响警钟，从而及时调整对已知信息的判断和解读，对可能爆发的突发事件做充分的准备。

因此，倘若社会信息传播媒介对社会风险预警持漠视的态度，就会使组织和公众陷入危险的境地，使个人在遭遇突发事件的时候措手不及，使组织在应对突发事件的时候封闭狭隘，从而造成决策失误。

（二）社会舆论的导向者

社会舆论代表的是公众的意见，从传播学的角度来说它至少包含两层含义，其一是公众对于突发事件本身的认知和态度，其二是公众对于组织在应对突发事件时的一系列管理行动的理解和态度。这使得舆论对于突发事件的成功应对具有极其重要的作用。社会信息传播媒介在舆论形成过程中的重要作用主要表现在其

对社会“意见气候”的塑造上。

从突发事件本身来说，事件发生后，公众往往希望最大限度地获得有关信息，如事件性质、规模、危害程度、发展趋势，以及应当采取什么样的防范措施等。如果公众无法从正当、权威的渠道获取信息，他们就会转向别的信息来源，这就给流言和不真实的小道消息提供了生存和膨胀的空间。在2003年SARS发生初期，社会大众传媒集体失语，社会舆论以“传闻”的形式迅速蔓延就是很好的例证。

从组织的应急管理行动来讲，当社会舆论与组织的行动相一致时，公众表现为对组织的高度理解、信任和支持。这时，组织和社会就会形成一种整合的力量，应急管理活动往往也就比较有效。例如，SARS期间，由于初期政府没有及时公布真相和采取强有力的措施，当政府真正开始采取行动时，尽管此时官方、媒体的报道连篇累牍，但百姓仍将信将疑，他们依旧从其他渠道搜集信息，并以此作为行动的参考。在这种情形下，社会信息传播就可以从两个方面来发挥舆论引导作用：一方面，及时地搜集、表达公众的意见和需求，使公众的声音能够进入组织的决策议程；另一方面，及时地宣传、解释组织的行动，引导公众理解和支持组织的行动。

（三）社会互动的沟通者

在突发事件中，信息传播的作用还表现在社会各个组织及公众相互之间的互动沟通上。信息传播媒介要按照新闻传播的自身规律，对突发事件处理过程进行实事求是的报道，促使事件向好的方面转化。社会信息传播媒体介于组织和公众之间，形成一种三角互动关系，充当着组织与公众沟通的桥梁。

这种桥梁的角色，在应急管理实践中可以发挥两个方面的功能：其一，社会动员。一方面，在突发事件发生之前，信息传播媒体通过持续不断的宣传、解释，提高公众的风险意识和应急能力，并及时做好各种应急准备工作。例如，媒体对地震、火灾、传染性疾病的预防、自救知识的宣传教育等。另一方面，当突发事件发生后，在突如其来的打击面前，公众可能陷入惊慌失措、无所适从的境地，这时信息传播媒体通过及时传递政府的行动，以及公众应当采取的正确行动等信息，可以很快将公众的注意力和行动统一到政府所期望的目标上来，从而恢复正常的社会秩序。例如，1998年的抗洪和2003年的抗击SARS行动，我国的大众传媒就起到了很好的社会动员作用。其二，社会整合功能。社会动员是使社会成员行动起来，社会整合则是在此基础上，协调各方的行动，提高整体效能。传播学研究认为，公众倾向于关注和思考传媒所注意的那些问题，并按照信息传播媒体给各个问题确定的次序，分配自己的注意力。因而，信息传播媒体可以通过预先有意识、有选择的安排和设计来调动公众的注意力。

相反，倘若信息传播媒体没有在组织和公众之间形成有效的沟通，就会导致传播渠道阻塞，对于组织来说，将得不到外界环境变化的准确信息，不能及时了解利益相关者的态度，就不能作出恰当的决策，使组织陷入孤立无援的境地。对于公众来说，会对组织产生怀疑、不理解、不信任等，从而助长社会整体的不安全感和个人的恐慌。

(四) 危机信息的把关者

危机信息把关者的角色要求信息传播媒介除了及时、准确、全面、公正地传播相关信息之外，还必须清醒地把握好突发事件的传播程度、视角、态度等。信息传播媒体有责任、有义务、有权利将事件的来龙去脉告之受众，发挥新闻媒体的舆论监督功能，并使负面信息的传播收到正面积极的效果。尊重并维护公众的知情权，是大众传播媒介应尽的职责。但这并不意味着，对突发事件的报道就没有“禁区”。媒体在传播新闻信息时，还需对所报道的负面新闻信息进行一定程度的限制和调控。由于突发事件报道具有强辐射力，并且可能引起社会不安定因素的膨胀，因此突发事件炒作过度，更会加剧人们的恐慌心理。在 SARS 事件报道的中后期，人们几乎有了一种“谈非色变”的心态，因而产生种种过激反应，这与当时铺天盖地的 SARS 负面报道不无关系。

另外，大众传媒认识事件的视角、态度也极大地影响着人们的相关认知和判断。信息传播媒体应当从正确的角度对信息进行筛选和甄别。对突发事件不加甄别地盲目报道无疑加深了突发事件中的矛盾，使媒体在突发事件中扮演了“麻烦制造者”的角色。按照“混沌理论”的主张，在突发事件发展过程中，信息传播会产生“递增回馈效应”（positive feedback effect）以及随之而来的“扩音作用”（amplification）[①]（见下图），从而使原本不起眼的议题成为巨大的杂音，使突发事件的影响范围以及处理难度最终超出组织的控制能力。

如 SARS 期间，国外许多主流媒体的报道将疫情与政治紧密挂钩，结果在西方受众面前呈现出完全不同的关于 SARS 的认识结果。在我国媒体报道万众一心抗击 SARS 的同时，西方媒体观察到的却是整个中国陷于恐慌、混乱和不满之中，这对中国的国际形象影响极坏。

---

① 所谓“递增回馈效应”和“扩音作用”，指的是将一个扩音器放在一个麦克风之前，扩音器发出的声音，透过麦克风传入另一个扩音器，原来的声音就会被“递增”，从而进一步“扩音”。类似动作若不断重复，则原来微弱的声音将持续递增扩大，以致一种开始只能在近距离才能察觉到的微弱声音最终变为震耳欲聋的巨大杂音。

"递增回馈效应"与"扩音作用"

资料来源：蔡树培．媒介与危机沟通管理——以经济日报所引发的一项抢汇危机为例．台湾辅仁大学"第二届媒介与环境学术研讨会"论文，1998.

第二节　突发事件信息传播的基本方法

许多心理学家的实验结果已经表明，同一信息，由同一个人在同一情况下通过同样渠道向同一对象传播，由于所采用的方法不同，所产生的效果也有很大不同。因此，必须重视突发事件的传播方法。

一、卡尔·霍夫兰的强化传播方法

第二次世界大战期间，心理学家卡尔·霍夫兰与一批心理学家一起在美国陆军部新闻及教育署研究所主持研究战争宣传与美军士气问题，取得了大量资料。战后，他们又到耶鲁大学进行态度改变的专门研究。这种研究有三个特点：一是致力于理论性探索和基础研究；二是从不同领域，包括心理学与相关学科引申出理论上的创见；三是强调要通过控制性实验测试一些命题。霍夫兰的传播策略主要有以下五种：

（一）淡化处理策略

淡化处理策略是指在大众传播中，传递者在披露某些新闻事件时，为了防止信息接受群体产生心理反作用，有意采取低调、淡化或回避的处理方法，达到控制信息介绍群体的心理，使之朝着有利于社会稳定的方向发展的策略。[①] 这类新闻事件主要指有一定负面影响，但作为新闻又不得不报道的事件，如恐怖事件、罢工等。如果这些报道过于强化或披露过多细节，会产生效仿心理，而淡化处理则可以尽量减少心理反作用。在大众传播中，淡化处理包括淡化注意、淡化事

① 刘京林．大众传播心理学［M］．北京：北京广播学院出版社，1997．210.

实、淡化评论等。以淡化注意为例，它主要表现在版面设计中标题或版面处理上的淡化，如不放在头条、不以醒目的文字出现等。有的事件报道的目的是给人们起提醒、警觉的作用，如犯罪分子如何窃取国家机密、警察如何侦破案件等，为了不泄露国家机密，同时防止效仿行为的产生，可以简化对过程的描述，但对处理结果要作强化报道，以警示后人。

（二）单面传播与双面传播的策略

单面传播指的是只有一种观点，而且大多数是有利于信息传递者的一面之词的传播。双面传播指含有正、反两个方面观点的传播。单面传播与双面传播的选择受到信息传递者的意图、媒介内容、受者因素的影响。信息传递者意图不同，其策略也就不同，如果是为了造成社会舆论，可选择单面传播。如 2003 年的 SARS，有的公众不理解对疑似病人所采取的隔离措施，不支持抗击 SARS 的活动。此时，无须讨论，信息传递者应采用单面传播，要大张旗鼓制造舆论，影响受众态度。在 SARS 后期，即 2003 年 5 月上旬以后，当 SARS 患者数量大幅下降、感染者日渐减少时，传者可采取双面传播，这种策略给对立观点以发言机会，给人一种“公平”感，可以消除说服对象的反感心理。同时，受众对媒介内容的熟悉程度会影响传播策略。一般来说，受众对传播内容不熟悉，一时不易理解，但又是必须贯彻的，一般采用单面传播。如 SARS 疫情流行期间，对疫区回来的人实行强制隔离等问题，宜采取单面传播的方式。

如今，双面传播策略在大众传播中已成为主流。使用这一策略的方式很多，如信息传递者直述正、反观点，使受众能全面认识事件本身；借受众的调查报告，客观反映各种观点，使受众全面了解自己、他人与社会，有效调节自己的心理与行为；信息传递者也可借助媒体让受众有机会参与其中，通过讨论、辩论、反思等方法让参与者本人和广大受众受到启发与教育；媒体也可以通过对事件正、反两个方面的报道，引起受众比较，或使正、反两方进行面对面的讨论，从而增加对对方观点的了解，以达成共识与谅解。

（三）“诉诸情感”与“诉诸理智”的策略

在大众传播中，以什么方式“打动”对象也是影响传播效果的重要因素。人们通常有两种做法：一种是通过冷静地摆事实、讲道理，运用理性或逻辑的力量来达到说服的目的；另一种主要是通过营造某种气氛或使用感情色彩强烈的言辞来感染对方，以谋求特定的效果。

两种方法的有效性是因人、因事、因时而异的，有些问题只能靠“诉诸理性”的方法来解决（如科学上的争论靠感情说服不了对方），有些问题采取“诉诸感情”的方法可能更有效（如在紧急情况下，“振臂一呼”较之于慢节奏的说理有效得多），而在一般的突发事件传播中，将两者结合起来的“动之以情、晓之以理”的方法则更能收到良好的效果。另外，由于每个人的性格、经历、文化水平不同，其行动受理性和感性支配的程度也有明显的差异，有些人易于接受道理的说服，而另一些人则更容易受情绪或气氛的感染，因此，无论使用哪种方法，正确把握问题的性质并充分了解要说服的对象，是取得良好效果的基本前提。

（四）唤起恐惧（敲警钟）的策略

这是信息传递者借助带有较强恐惧性情绪色彩的媒介信息去唤起受众的危机意识和紧张心理，促成他们的态度和行为向一定方向发生变化的策略。使用这种策略的目的在于借助情绪的刺激作用，通过对事物利害关系的强调，最大限度地唤起人们的注意，促成他们对特定传播内容的应激。它所造成的紧迫感可促使人们迅速采取行动应对事件。

需要特别注意的是，由于这种策略基本上通过刺激人们的恐惧心理来追求特定效果，可能会给受众带来一定的心理不适，如果分寸把握不好，容易导致自发的防卫性反应，从而对传播效果产生负面影响。

（五）“明示结论”与“不明示结论”策略

在书面语言的说服力方面，霍夫兰就“明示结论”与“不明示结论”的效果做了一次简单的比较实验①。实验以“美国是否应该实行货币贬值政策”为论题，以大学生为研究对象，在实验中将实验对象分为两组，分别向他们播放演讲录音，演讲的主旨都是主张“美国应实行货币贬值政策”，但对第一组明确提示了结论，而对第二组则只是提供判断材料，不给予结论。实验结果是，在明确提示了结论的一组中，“纯说服效果”（态度向赞同方向变化的比例减去向相对方向变化的比例）达 48%，而在未给予明确结论一组中“纯说服效果”只有 19%。前者的效果大大好于后者。

当然，这次实验的结果并不能完全证实“明示结论”的效果一定好于“不明示结论”。“明示结论”可以使得观点鲜明，读者易于理解作者的意图和立场，但其生硬性也容易引起读者的反感，它在论题和论旨比较复杂、被说服对象的文化水平和理解能力较低的情况下较为适用。“不明示结论”是文章中没有明确的

---

① 何芳．浅谈影响电视新闻收视效果的因素［A］．刘京林，周光荣．新闻心理学论文集［M］．北京：北京广播学院出版社，1996．259．

结论，仅仅提供引导性材料，将观点寓于材料中，让读者在不知不觉中接受作者的观点，产生一种观点得于自己的感觉。它适用于论题简单、论旨明确、对方文化程度较高、能够理解论题与论旨的情况。

二、斯蒂文·芬克的危机传播方法

斯蒂文·芬克（Steven Fink）在1986年提出了危机传播四阶段论的模式①。第一个阶段是危机潜伏期。这个阶段是危机处理最容易的时期，却也是最不易为人所知的时期。因此，决策者应树立一种应对突发事件的意识，尽早察觉突发事件可能发生的“警告标”，应该多想一想“万一……怎么办”的问题。第二个阶段被称为危机突发期。这是四个阶段中时间最短，但是感觉最漫长，对人们的心理造成的冲击最严重的阶段。此阶段的特征是事件的急速发展和严峻态势的出现。危机管理者在此阶段面临的最大威胁就是事件雪崩式的速度和巨大的力量。此阶段尤其要协调好与公众、媒体的关系，要尽快公布事件真相并立即采取行动。第三个阶段被称为危机蔓延期。这是四个阶段中时间较长的一个阶段，但是如果危机管理得力，将会大大缩短这一时间。此阶段主要是采取措施，控制危机态势的发展，挽回危机突发期造成的损失。这是危机之后的恢复时期，但是决策者要勇于进行自我怀疑和自我分析，认真分析危机产生的深层次原因，了解是外部因素导致危机，还是因为内部功能的失效而导致危机。一个组织有无危机管理计划，将在很大程度上影响到危机恢复时间的长短。第四个阶段是危机解脱期。此时，组织从危机的影响中完全走了出来，但是仍要保持高度警惕，因为危机可能去而复来。

三、托马斯·伯克兰的突发事件传播方法

托马斯·伯克兰（Thomas Birkland）在1997年提出了焦点事件理论②。他的理论基础是建立在议程设置功能和对危机传播事件的公共政策运用上的。他认为那些“突然发生的、不可预知的事件”，在促进公共政策讨论方面起着重要作用。伯克兰相信，“鉴于社会变革往往是衰退的结果，而且有着广泛的社会和经济原因，所以社会变革和冲突往往产生突发事件”。伯克兰称这些事件为“焦点事件”。一个焦点事件有极大的冲击力，能够唤起公众的注意力，并且在制定公共

---

① Steven Fink. *Crisis Management*: *Planning for the Inevitable* ［M］. New York: American Management Association, 1986.

② Thomas Brikland. *After Disaster*: *Agenda Setting*, *Public Policy and Focusing Events* ［M］. Washington D. C.: Georgetown University Press, 1997.

政策方面容易被人接受。比较著名的例子有：1989 年埃克森石油泄露事件，导致 1990 年美国《石油污染法》的出台；1999 年发生在科罗拉多州的校园枪击事件，把公众的注意力吸引到家庭和校园暴力方面。

托马斯·伯克兰相信焦点事件在设置公众议题方面具有扮演主要角色的能力，因为媒体对焦点事件的采访能够引起广泛关注，并促使事件有关方采取改善行为。他认为，议程设置就是一个问题及其解决方案得到或失去公众和公共管理机构注意的过程。一个焦点事件不能自然地改变政策，但是它可以促使媒体长时间地关注某件事，这样就为新的法律政策的制定提供了“机会之窗”。

托马斯·伯克兰认为，焦点事件主要有两种类型：第一种类型是常规型焦点事件，如飓风、龙卷风、暴风雨、地震等。第二种类型是新型焦点事件，指以前从未发生过或发生时间已经很长，已被人们淡忘的事件。这种新型焦点事件往往是因为技术和社会的变化而引起的，如 1993 年世贸中心爆炸案等。新型焦点事件往往出乎人们意料、违反常规，易产生不确定性和不可预知性。这类新型事件对日常媒体传播的常规、可预知的活动来说，是一种冲击。新型事件具有很大的创新性，它迫使人们以新的态度、新的引导标准来对待，甚至制定新的法令。例如，1999 年小城校园枪击案使人们在控制枪支和校园暴力问题上进行了广泛的讨论，该校也制定了一系列规定，如在教学楼门口增加金属探测器等。新型焦点事件表明，危机事件对公共政策能产生一定的影响。

托马斯·伯克兰的理论受到思通（Stone，1997）和艾得曼（Edelman，1964）的影响。思通认为，在作出决定的过程中，标志性事件、戏剧性新闻事件更具有说服力，公众会在很大程度上依靠这些标志性事件来解释复杂的思想或原因①。

四、威廉·L. 班尼特的突发事件传播方法

在突发事件传播研究中，威廉·L. 班尼特（William L. Benoit）是利用模型来发展宏观模式的最有影响力的学者。班尼特的理论建立在这样的假设之上：个人或组织最重要的资产是它的声誉。他认为，就像其他有价值的资产一样，声誉或公众形象应该从战略高度去维护。任何社会组织必须最大限度地提高其声誉和形象②。在班尼特看来，声誉处在特殊环境中，操纵在别人手中，形象的树立总是在一个流动的、永远变化的环境之中形成的。班尼特的理论几乎适用于芬克理

---

① Stone, D.. *Policy Paradox: The Art of Political Decision Making* [M]. New York: W. W. Norton. , 1997.

② Benoit, W. L.. Sears' Repair of Its Auto Service Image: Image Restoration Discourse in the Corporate Sector [J]. *Communication Studies*, 1995 (46): 89 ~ 105.

论的危机突发和蔓延阶段，当然其他阶段也并非没有借鉴意义。班尼特的理论实际上就是个人或组织为了放大其声誉应该采用的一系列的战略方法，这种方法建立在攻击—防御、刺激—反应的动力学基础上。

班尼特把他的危机传播模式分为五大策略，其中很多又可细分为不同的战术差异。第一个策略是否认。班尼特把否认分为简单否认和转移视线两种。转移视线的好处在于它可以把个人或组织描绘成不公正环境的牺牲品，以引起人们对替罪羊的直接责问。第二个策略是逃避责任。这是最复杂的策略。这个策略有四个方面的战术差异。①不可能性：在危机状态发生时，由于信息不对称，并不是由组织内部自身的原因而导致危机的发生。②刺激：行为随着有害因素的产生而发生，这样，这种行为天生具有防御性。③偶发性：危机发生时往往不被人注意，总存在缓和敌对行为的可能。④良好意图：坏的事件发生，但它总预示着好的、真挚的解决意图。第三个策略是减少敌意。他提出六种战术，以使组织减少其责任，保护其声誉和形象。这六种战术分别是援助、最小化、区分、超脱、反击、补偿。援助是指为了补偿受害者的损失而采取的救助措施；最小化包括弱化错误行为或者对错误行为只是轻描淡写，以使负面影响降到最低；区分是指把人为错误与社会大环境的深层次矛盾区别开来；超脱是指向人们描绘一种美好前景或新的发展机会，而不局限于危机事件；反击就是进行申辩和分散公众注意力；补偿包括直接向受害者提供帮助，以减轻其痛苦。总而言之，第三个策略就是从各个方面减少错误行为传播的范围和程度。第四个策略是亡羊补牢。这种策略是通过制定相关法律、规定来预防以后类似事件的发生。这种亡羊补牢式的做法，与上面提到的补偿的区别在于，它是针对未来的，而补偿则是针对当前的损失。塞农（Sellnow，1998）认为亡羊补牢法应该和其他改善形象的战略共同使用，如否认、援助等，以促进组织重建，维护其合法性。第五个策略是自责。这个策略包括道歉、忏悔和寻求公众的宽恕。班尼特认为，其他战略必须相互依赖，而这个策略可以单独发挥作用。

第三节　应急信息传播管理的基本策略

在常态的信息传播情境中，组织、媒体和公众三方力量可以达到一种动态平衡，即处于中间的媒体满足了社会两端——组织和公众一定程度上的信息需求，公众通过媒体表达对组织社会行为的认知和态度，组织在自身目标的驱动下，结合大众传媒传达的公众反馈信息调整自身的行为，实现组织的进一步发展。然而，在突发事件中，这种动态平衡被打破，传播情境处于一种紧张的状态，稍有疏忽就会给组织导致无可挽回的灾难，也会使媒体丧失公信力，丧失对舆论的导向能力，导致整个社会传播系统的崩溃。

因此，突发事件传播实际上就是在突发事件过程中，信息由传播者发出，经过各种中间环节，传向受众的过程。它是由作为信息传播过程的“信息流”、作为效果形成和发散过程的“影响流”、作为信息受阻和失控过程的“噪音流”三部分组成的。因此，对突发事件传播的管理，也就是对这三部分的管理。

从传播学的角度来看，突发事件传播管理是突发事件传播系统的基本功能。在突发事件中，信息传播管理要修正突发事件的特性给传播系统带来的紊乱，协调系统内部和外部的关系，促进传播系统的正常运转。信息流的传播效果在突发事件传播中取决于“新闻发言人制度”的完善程度；影响流的传播效果主要取决于传播渠道的质量和功能，在现代突发事件传播中主要的信息传播渠道是“大众传播媒介”。在实践中，突发事件传播经常面临着信息混乱、渠道不畅的困境，从而使传播环境呈现出噪音源的泛化和噪音强化的特征，并以“谣言”的形态突出表现出来，这便是“噪音流”。因此，突发事件的传播管理理应突破存在于传播内容、传播渠道和传播环境这三方面的困境。

一、信息传播渠道的管理——引导大众传媒

突发事件信息传播管理的主要功能是在突发事件情境下保持组织内部的联系与协调，搜集、整理和传达系统内部和外部环境变化的信息，由此保持组织的正常运行和发展。在社会日益信息化的今天，尽管传播渠道的数量激增，但大众传媒仍然是人们进行信息交流的主要渠道。因此，引导大众传媒成为突发事件传播管理中的核心问题。

突发事件信息传播的管理者需要正确处理媒体对突发事件情境的威胁和贡献之间的关系，使媒体能够在突发事件信息传播过程中扮演积极、正面的角色，与媒体形成良性的互动关系，促进突发事件传播的顺利进行。这些都需要管理者很好地规划大众传媒的引导策略。

（一）控制大众传媒的活动范围

组织需要尽可能地确定禁止媒体涉足的范围。如果突发事件的情境不严重，媒体反应便仅限于当地，且程度较轻。大规模且可预测突发事件的情境一般会引起区域媒体的关注。如果没有媒体控制的准备，就会引发混乱，不仅不能使组织与利益相关者之间的紧张关系得到协调，还会干扰其后的反应及支援行动，并造成相互矛盾的报道。之后，媒体将会做更多的准备工作，并竭尽全力报道与众不同的消息，最后造就一批盲目的受众，给组织带来消极的舆论压力。

因此，突发事件信息传播管理者要主动对大众传媒的活动进行控制。最有效的方法就是通过确定媒体参与和不能参与的领域来控制现场。当然，为了不给媒体造成“封闭消息”的消极印象，组织必须通过媒体发布信息。然而，如果突发事件情境异常紧张，管理者也不能冒着现场失控的风险而贸然对媒体毫无保留地公开信息。可采取在突发事件初期阶段时对媒体透露有限信息的策略。管理者必须明白其所发布的任何信息都可能会被众多媒体转载，因此在突发事件没有得到控制的情况下只将有限的信息透露，一方面可以防止媒体自己挖掘信息而造成流言满天飞的后果，另一方面可以利用媒体暂时的耐心，为自己应对突发事件赢得尽量多的时间。

（二）鼓励媒体发表社会各界不同的见解

突发事件发生后，社会各界的见解反映了不同领域的组织应对突发事件的行为及态度，是组织调整预案、制订突发事件传播计划的重要依据。对此，媒体应保持客观公正的态度，而不是把自己当成公众的代言人。媒体的主观臆断很可能产生“扩音作用”，从而恶化组织应对突发事件的环境，因此，要鼓励媒体报道社会各界的不同见解，特别是当政府是应对突发事件的主体的时候，很容易对媒体施加政治压力，导致媒体对一部分领域的言论不能充分反映，造成危机信息传播渠道的阻塞。

这里的主要策略在于组织的管理者要利用面对媒体发言的时机，表明组织愿意和社会各个领域进行合作，听取公众的意见和建议。利用媒体这个传声筒，将积极的态度传播出去，进而给组织营造一个比较和谐的外界舆论环境。

除此之外，不同领域的声音，也有助于缓解组织应对突发事件时的压力。很多突发事件刚开始会产生一边倒的舆论，这主要是由于社会各界在突发事件初期出于对事态的不甚了解，而倾向于听取大众传媒的一面之词。传媒在报道时总难逃利益的驱使和主观的限制，而来自各界不同的见解可以在一定程度上将事实更加明确化。比如SARS时期，许多专家通过大众传媒向公众传达了SARS传播的科学理论，理性分析了SARS的影响，起到了稳定人心的作用。

二、信息传播内容的管理——完善新闻发言人制度

（一）新闻发言人制度

新闻发言人制度是在一定时间内就某一重大事件或时局问题，举行新闻发布会或约见个别记者，发布有关新闻或阐述政府、部门的观点及立场，并代表政府或部门回答提问的制度。我国的新闻发言人制度起源于2003年。SARS疫情之

后，政府开始重视新闻发言人制度，这对于政府向社会大众第一时间传达应对突发事件的政策、措施等相关信息起到重要作用。

然而完整的新闻发言人制度远非新闻发布一个环节，而是涵盖了从突发事件爆发的一刻开始，到突发事件最终得到解决的整个突发事件应急管理的全过程。新闻发言人制度的建立等于完善了组织对外传播信息的机制，是组织在突发事件中重塑传播系统与外界环境之间良好互动的关键所在。

（二）新闻发言人制度在突发事件应对中的作用

1. 形成舆论权威

新闻发言人制度负责整合与突发事件有关的信息资源，判断、制订信息发布计划，表明组织立场，形成权威信息，从而形成舆论。同时，新闻发言人具有权威效应，可以肃清此前对组织不利的社会情绪，从而避免谣言四起或覆盖已经形成的谣言。

2. 有效防止组织内部的信息过滤

新闻发言人制度的确立使组织具备随时随地监控组织内信息沟通的效率和质量。组织内信息流的传播速度取决于组织内部层次和相互联系的多少。层次和相互联系越多，信息传递得越慢，信息内容就越不可靠。随着接收和发送信息的人的增多，信息失真和过滤的可能性增大。人们压缩信息，选择其中自以为重要的内容，强行加进自己的理解或主张，甚至故意篡改或删除“坏消息”。因此，最初的信息就会变得面目全非。

信息过滤有多方面的原因。有时是为了维护个人在组织内的利益而刻意保留一些信息，许多上级是在下级需要信息的时候才给予信息，这些都会在一定程度上影响后来信息的准确性。此外，因为组织成员不愿意看到因传播那些“坏消息”带来的后果而进行信息过滤，这可能导致决策者对前景持乐观态度。拒绝传达所有消极信息的做法，会给组织日后应对突发事件埋下隐患。

新闻发言人制度的建立等于在组织内部开发了突发事件信息告知的专用系统。由于新闻发言人和组织的高层保持着密切的联系，同时深入组织的各个层级搜集信息，因此，具有统筹组织信息的功能。同时，新闻发言人制度的设立等于简化了组织内信息沟通的渠道，极大地确保了信息不被过滤，确保了信息的真实度。

三、信息传播环境的管理——控制谣言传播

（一）突发事件中的谣言

1. 谣言的本质

在谣言研究领域颇有建树的美国学者阿尔波特和波茨曼主张将谣言界定为“缺乏具体资料以证实其确切性的、与当时事件相关的命题”。美国学者比德逊和盖斯特在《谣言与舆论》一文中指出：“谣言是未经证实的阐述或诠释。”①我国学者丁鹏认为谣言是在社会中出现并流传的未经官方公开证实或已经被官方辟谣的信息。总之，谣言产生于强不确定性的信息传播环境当中，其本质上是一种未经证实的信息。

2. 谣言的传播方式

美国社会学家希布塔尼认为，谣言是一群人在议论过程中产生的即兴新闻。他提出，谣言是一群人集体智慧的汇总和扩散，以求对事件得出一个满意的答案。由此我们了解到了谣言的一个重要特征，即谣言产生于特定的人群当中。谣言的现实意义是容易引起特定人群的关注，因为它的传播往往在有共同兴趣或利益取向的人群中最为迅速。

与此相应，谣言传播的主要渠道是具有极大直接性、随意性的人际传播，而不是系统化、制度化较强的组织传播和大众传播。人们甚至有时通过传播谣言加强人际关系或协调社会关系，特别是谣言内容中包含的评价成分，会引发个人的情绪反应。当个体接受并相信传播者的谣言后，不言而喻的是承认了两者的观点相同。它通过体现出相似的情绪反应加强两者的联系。反之，由于谣言的传播往往通过较为熟悉的人完成，因此，有时候拒绝一个谣言就等于拒绝了传播者本人。特别是当传播者带着一定的情绪反应和个人评价进行传播时，听者对谣言的怀疑会对两人的关系产生负面影响。

3. 谣言的危害

（1）污染传播环境，混淆公众视听。

有时造谣者并非存有主观先决的恶意，而是在特定时间、环境中基于错误认识和判断形成了谣言。这种谣言是由于信息传播流通渠道不畅和认识有所偏差造成的，如果没有得到及时的修正，则会进一步污染传播环境，混淆公众视听，形成某种刻板印象。20 世纪 90 年代以来国人对河南人的印象就是例证，甚至有人将身边所有不良现象都认作是“河南人干的”。2005 年春，某市某派出所公开悬挂横幅

---

① 卡普弗雷．谣言［M］．郑若麟，边芹译．上海：上海人民出版社，1991．6．

“打击河南籍犯罪”，这样的过激行为也是因误解积累造成的直接后果。

（2）降低公信力，削弱传播效果。

突发事件有时发生在竞争对手之间，谣言可能出自特定的社会利益集团。造谣者为实现某种政治、社会性的目标而制造谣言，这种谣言通常都是由貌似正义使者的人以一种积极的态度与公众对话传播的，十分具有迷惑性。对于被造谣的组织来说，这无疑使组织在公众心目中原有的公信力受到巨大冲击。

（3）具有煽动性，使事件失控。

当谣言的产生基于人们的愿望、期待和意志未能得到实现或满足时，便会充满抱怨和牢骚。这种谣言本质上是一种基于不满情绪的宣泄。若获得受传者情绪性上的共鸣，势必造成群体极化①，使事态失控。

4．谣言的演化

谣言的产生与变化有着极其复杂的过程和路径，看似偶然的传播，实际上却蕴涵着共同的传播模式。

（1）勒莫的三阶段模式。

学者勒莫在《黑寡妇：谣言的示意及传播》一书中提出了谣言传播的三阶段模式。勒莫将谣言的产生和发展划分为“幼虫”、“成蛹”和“出茧”三个阶段（见下表）②。

谣言传播的三阶段模式

幼虫阶段	成蛹阶段	出茧阶段
神话	现实	想象
社会环境	个人环境	表象
传染	孵化	爆炸
集体记忆、行动冲动、过去的压力	中间状态	社会震荡、破裂

人们总是努力构造和维系一个关于和谐社会的神话。然而当神话在现实的冲击下，充斥不公、愤恨、荒谬和困境时，人们便会记住这些残缺。在集体规范和压力的作用下，这些记忆被不断传染和复制，汇成与社会系统相冲突的力量。此即为谣言的幼虫阶段——土壤正在培育，集体意识正在形成。

---

①　群体极化是指成员中原已存在的倾向性得到加强，是一种观点或态度从原来的群体平均水平加强到具有支配性地位的现象。

②　弗朗瓦斯·勒莫．黑寡妇：谣言的示意及传播［M］．唐家龙译．北京：商务印书馆，1999．156．

偶然或必然的现实打碎了既有的心理平衡，个人对不满的记忆从孵化中迅速成长为谣言的“蛹”。信息和能量从一个系统交换到另一个系统，从一个群体扩散到另一个群体，从一个层面渗透到另一个层面，所有的压力都可能爆发，所有的潜能都会变成行动，此即为谣言的“成蛹”阶段。

当权威信息源和公开渠道缺失、薄弱时，人们开始不断为个体和整体记忆注入新的幻想。幻想构造出各种事实和一个连缀一体的象征性现实，它在口耳相传中迅速膨胀。而当特定的导火索出现，幻想的底线被突破，象征的边界被击碎时，谣言就此喷发。此即为谣言的“出茧”阶段。

（2）阿尔波特的“记忆失真”理论。[①]

美国心理学家阿尔波特于 1947 年提出了著名的谣言公式：$R=i*a$。其中，R = rumor（谣言），i = important（重要性），a = ambiguity（模糊性）。从该公式中可以看出，事件的重要性和不确定性决定了流言的传播。在此基础上，阿尔波特开展了一系列的实验，以求证留言的失真机制。最后他提出了谣言传播的“失落—强化—吸收”机制，并称之为谣言传播的失真模式。

人们总是希望别人更明确地理解自己，因此总是努力使信息更加简明通俗。谣言传播首先遭遇的也是信息失落，即信息“数字”和“细节”的减少，以使之更简短，更易于理解和传播。SARS 谣言即是如此，复杂的医学原理在传播过程中被“删除”，棘手的应对方案被“削平”，唯有三个关键词在人们之间辗转流传：神秘、病毒、死亡。

一方面是失落，另一方面则是强化。传播谣言者本能地突出信息中自己最感兴趣、最关切的部分，使之产生与“削平”机制相对应的“磨尖”效应。例如，在有关 SARS 的谣言中人们格外强调确诊和死亡数据；广西南丹透水事件中人们特别关注政府渎职和腐败；新疆德隆危机中人们则对上市公司的黑幕异常关注。

（二）谣言的消解

1. 提升组织公信力

谣言滋生的前提是特定事件的不确定性内容没有得到官方的明确。其未知性往往包含两层含义。一是权威部门未公开事情的确实真相，二是权威部门虽然公开真相，但未能取得大众的理解和信任。怀疑是人的本能，尤其是当人们的利益被牵扯其中时，就更驱使他们不停地追问：究竟还有多少不为人知的真相隐藏其中？一个典型的案例是 1976 年唐山大地震的谣言传播。

---

① Gordon Willard Allport, Léo doseph Postman. *The Psychology of Rumor* [M]. New York: Henry Holt, 1947.

1976年唐山大地震后，由于官方未及时公开死亡人数，导致谣言铺天盖地。港台和外国报纸有的说“据可靠预测死亡60万人”，有的说“不下70万”，有的说“百万之巨，惨烈不堪”。显然，政府如果及时公布死亡数据，便不致陷入“劫后余震”——来自全球的舆论危机。1979年，新华社发布消息称唐山大地震确切死亡人数为24万。尽管数字来自官方震情通报会，但由于错过最佳公布时机，至今仍有人存疑。

因此，辟谣的前提之一就是提升组织公信力，并且及时发布权威信息。

2. 反谣言机构的设置及运作

第二次世界大战中，波士顿有名的《旅行者先驱报》于1942年3月至1943年12月，在心理学家的帮助和指导下开辟了一个每周专栏（也有学术著作称其为星期特刊），称为“谣言诊所”。其任务之一就是每一期反驳一则当前流传的谣言，被反驳的谣言或是由一些读者自发地指出，或是由一组专门在居民中为报纸搜集情报的人提出来。反驳谣言一般以采访一些较为权威的领导人或介绍一些使谣言无法成立的事实为主。而且还专门与马萨诸塞州公共安全委员会联合制定并下发了《有关部门制止和控制战时谣言的标准》。该标准较为详细，措施很具体，其中有不少方法值得借鉴。该做法引起美国和加拿大的40多家报纸与许多杂志的注意和效仿。客观上，这些“谣言诊所”不仅成功地撇清了一些谣言，也起到了一定的预防作用，体现为使民众培养了一种审慎的态度和反谣言的意识。这些反谣言设置及其运行，出现在特定的历史时期，因此也体现出了一定的局限性。但这些机构的出现为我们提供了启示，即反谣言机构的设置及运行有一定的可行性。由于反谣言的工作是一项系统工程，而并不仅仅是单纯地通过发布相关信息进行辟谣，甚至大部分工作都体现在辟谣之外，因此，这种反谣言机构的职能并非一定是有针对性地辟谣，而是可以适当地发挥协调作用，完成大部分反谣言所必需的其他工作。当社会处于突发事件的紧张状态中时，谣言总是能够伴随事件的爆发而大规模产生。专业心理机构、大众媒体及国家新闻发言机构由于精力的牵制、任务的要求难以做到对暂时谣言专门进行调查、核实及澄清，这种机构的设置及运行就显出其必要性了。

3. 谣言止于公开

中国有两句古话代表了两种谣言控制的观念：一是“谣言止于智者”，二是“谣言止于公开”。前者暗含的意思是克服谣言的关键在于人的判断力，因此需要有“智者”出现才能使谣言得到控制。然而，在突发事件中，信息的不确定性导致人们陷入一种迷茫的状态，“智者”出现的前提在很多情况下是不存在的。后一句“止于公开”则揭示了突发事件中控制谣言的关键所在——公开。

首先，设立权威、明确的信息源是谣言管理的基础。谣言本质上是一种未经证实而广为流传的信息，因而权威、明确的信息源的设立是谣言管理的基础。权威信息源，可以是代表公共意志和权力的官方，也可以是相关领域拥有权威与话语权的专门机构和个人。

其次，借助大众媒介公开真相，遏制谣言。谣言产生于随意性很大的人际传播，消除则要依靠具有公信力的大众媒介。大众媒介以其信息把关、解释和辐射功能，在粉碎谣言方面有着无可替代的优势。因而，重用、善用大众媒介是谣言管理的一个基本手段。实际上，正是大众媒介的初期失语才会导致谣言泛滥不可收拾。

最后，给出正确意见。谣言实际上包含着“未经证实的信息”和“主观判断”双重含义。组织对真相作出声明之后，有时并不能彻底消除谣言，这正是由于组织一度丧失的公信力没有完全恢复所致的。因此，组织此时需要给出有说服力的正确意见，对公众的行为作出明确的指导。

参考文献

［1］邱鸿钟，梁瑞琼．应急与心理危机干预［M］．广州：暨南大学出版社，2008.

［2］李程伟，翟校义．突发事件心理援助体系的建设［M］．北京：中国社会出版社，2010.

［3］时勘．灾难心理学［M］．北京：科学出版社，2010.

［4］刘新民．重大灾难性事件的心理救助［M］．北京：人民卫生出版社，2009.

［5］段鑫星，程婧．大学生心理危机干预［M］．北京：科学出版社，2006.

［6］王丽莉．突发事件心理援助体系的建设［M］．北京：中国社会出版社，2010.

［7］高小平，刘一弘．我国应急管理研究述评［J］．中国行政管理，2009（10）．

［8］邓仕仑．美国应急管理体系及启示［J］．国家行政学院学报，2008（3）．

［9］陈安，陈宁，倪慧荟等．现代应急管理理论与方法［M］．北京：科学出版社，2009.

［10］张沛，潘锋．现代城市公共安全应急管理概论［M］．北京：清华大学出版社，2007.

［11］刘铁民．应急体系建设和应急预案编制［M］．北京：企业管理出版社，2004.

［12］樊运晓．应急救援预案编制实务［M］．北京：化学工业出版社，2006.

［13］宋英华．突发事件应急管理导论［M］．北京：中国经济出版社，2009.

［14］黄顺康．公共危机预警机制研究［J］．西南师范大学学报（社会科学版），2006，32（6）．

［15］舒彬，廖巧红，聂绍发．我国突发公共卫生事件预警机制建设现状［J］．中华疾病控制杂志，2005，9（6）．

[16] 范珉，刘晓君. 基于突变理论的公共场所集群事件预警分级 [J]. 中国安全科学学报，2010 (2).

[17] 王陇德. 突发公共卫生事件应急管理——理论与实践 [M]. 北京：人民卫生出版社，2008.

[18] 刘铁民，刘功智，陈胜. 国家生产安全应急救援体系分级响应和救援程序探讨 [J]. 中国安全科学学报，2003，13 (12).

[19] 郭德勇，刘金城，姜光杰. 煤矿瓦斯爆炸事故应急救援响应机制 [J]. 煤炭学报，2006，31 (6).

[20] 计雷，池宏，陈安等. 突发事件应急管理 [M]. 北京：高等教育出版社，2006.

[21] 杨太东，张积洪. 机场运行指挥 [M]. 北京：中国民航出版社，2008.

[22] 张金龙，焦建栋. 急性职业中毒事故现场卫生应急处置演练 [J]. 中国职业医学，2010，37 (3).

[23] 张振学. 领导者应对和处理突发事件的 9 种能力 [M]. 北京：中国致公出版社，2009.

[24] 乐国安，张丽萍. 灾难心理学 [M]. 北京：人民卫生出版社，2010.

[25] 程果，寇敏. 灾后救援人员心理干预方法探讨 [J]. 全科护理，2009 (26).

[26] 吴宜蓁. 危机传播：公共关系与语艺观点的理论与实证 [M]. 苏州：苏州大学出版社，2005.

[27] 陈淑伟. 社会风险治理的三个视角 [J]. 唯实，2007 (2).

[28] 罗伯特·希斯. 危机管理 [M]. 王成等译. 北京：中信出版社，2004.

[29] 郭庆光. 传播学的研究对象和基本问题（上）[J]. 国际新闻界，1998 (2).

[30] 胡百精. 危机传播管理 [M]. 北京：中国传媒大学出版社，2005.

[31] 郭庆光. 传播学教程 [M]. 北京：中国人民大学出版社，2002.

[32] 罗春明. 人际传播媒介论 [J]. 西南师范大学学报，1998 (5).

[33] 周静. 手机短信使用动机研究——以清华大学学生手机短信使用情况为例 [R/OL]. http://www.sina.com.cn，2003-07-10.

[34] 保罗·莱文森. 手机：挡不住的呼唤 [M]. 北京：中国人民大学出版社，2004.

[35] 郝晓云. 短信在人际传播中的优势与缺陷 [J]. 今传媒，2007 (5).

［36］鲍勇剑，陈百助．危机管理——当最坏的情况发生时［M］．上海：复旦大学出版社，2003.

［37］刘京林．大众传播心理学［M］．北京：北京广播学院出版社，1997.

［38］何芳．浅谈影响电视新闻收视效果的因素［A］．刘京林，周光荣．新闻心理学论文集［M］．北京：北京广播学院出版社，1996.

［39］卡普弗雷．谣言［M］．郑若麟，边芹译．上海：上海人民出版社，1991.

［40］弗朗瓦斯·勒莫．黑寡妇：谣言的示意及传播［M］．唐家龙译．北京：商务印书馆，1999.

［41］B. E. Gilliland，R. K. James．危机干预策略［M］．肖水源等译．北京：中国轻工业出版社，2000.

［42］Benoit，W. L.．Sears' Repair of Its Auto Service Image：Image Restoration Discourse in the Corporate Sector［J］．*Communication Studies*，1995（46）．

［43］Thomas Birkland. *After Disaster*：*Agenda Setting*，*Public Policy and Focusing Events*［M］．Washington D. C.：Georgetown University Press，1997.

［44］Gordon Willard Allport，léo Joseph Postman. *The Psychology of Rumor*［M］．New York：Henry Holt，1947.

［45］Steven Fink. *Crisis Management*：*Planning for the Inevitable*［M］．New York：American Management Association，1986.

［46］Stone，D.．*Policy Paradox*：*The Art of Political Decision Making*［M］．New York：W. W. Norton.，1997.

［47］Karl E. Weick. *Making Sense of the Organization*［M］Oxford，UK：Malden，MA：Blackwell，2002.